500만 독자와 **감**

세상이 아무리 바쁘게 돌아가더라도
책까지 아무렇게나 빨리 만들 수는 없습니다.

길벗은 독자 여러분이
가장 쉽게, 가장 빨리 배울 수 있는 책을
한 권 한 권 정성을 다해 만들겠습니다.

독자의 1초를 아껴주는 정성을
만나보세요.

미리 책을 읽고 따라해 본 2만 베타테스터 여러분과
무따기 체험단, 길벗스쿨 엄마 2% 기획단,
시나공 평가단, 토익 배틀, 대학생 기자단까지!
믿을 수 있는 책을 함께 만들어주신 독자 여러분께 감사드립니다.

㈜도서출판 길벗 www.gilbut.co.kr
길벗 스쿨 www.gilbutschool.co.kr

실무 완전 정복!

직장인을 위한

실무 엑셀 파워포인트 워드+한글

WE DID IT))

박미정, 박은진 지음

길벗

실무 완전 정복!

직장인을 위한
실무
엑셀
파워포인트
워드+한글

엑셀

박미정, 박은진 지음

길벗

직장인을 위한 실무 **엑셀 & 파워포인트 & 워드 + 한글**

The Business Practice Series · Excel&PowerPoint&Word+Hangeul

초판 발행 · 2023년 4월 10일

지은이 · 박미정, 박은진
발행인 · 이종원
발행처 · (주)도서출판 길벗
출판사 등록일 · 1990년 12월 24일
주소 · 서울시 마포구 월드컵로 10길 56(서교동)
대표 전화 · 02)332-0931 | **팩스** · 02)322-0586
홈페이지 · www.gilbut.co.kr | **이메일** · gilbut@gilbut.co.kr

기획 · 박슬기(sul3560@gilbut.co.kr), 안수빈(puffer@gilbut.co.kr)
표지 디자인 · 박상희 | **본문 디자인** · 이도경 | **제작** · 이준호, 손일순, 이진혁
영업마케팅 · 전선하, 차명환, 박민영 | **영업관리** · 김명자 | **독자지원** · 윤정아, 최희창

편집진행 · 안혜희 | **전산편집** · 김정미 | **CTP 출력 및 인쇄** · 교보피앤비 | **제본** · 경문제책

ISBN 979-11-407-0397-5 03000
(길벗 도서번호 007173)

가격 25,000원

독자의 1초를 아껴주는 정성 길벗출판사

길벗 | IT교육서, IT단행본, 경제경영서, 어학&실용서, 인문교양서, 자녀교육서 www.gilbut.co.kr
길벗스쿨 | 국어학습, 수학학습, 어린이교양, 주니어 어학학습, 학습단행본 www.gilbutschool.co.kr

작가의 말

직장인들을 위한 친절한 진짜 실무 참고서!

직장인들에게 오피스 프로그램은 필수로 알아야 할 기본 소양이면서 골머리가 아픈 애증의 대상이기도 합니다. 인터넷 검색이나 선배 동료를 통해 어깨너머로 배운 지식은 기초가 부족해서 응용하기 어렵고, 팁 위주의 유튜브 영상은 효율적이지 못한 방법으로 설명하는 경우가 많아서 오히려 일을 어렵게 하는 줄도 모르고 따라 하는 경우가 많습니다. 이 책은 20년 이상의 실무 강의 경력을 가진 강사들의 현장 경험을 토대로 직장인들이 자주 사용하는 기능을 제대로, 효율적이면서 빠르게 일하는 방법을 명확하게 알려줍니다.

스마트한 오피스 활용 능력 강화!

엑셀은 다양한 현장의 요구 사항을 반영하여 보다 편리하고 효율적으로 처리할 수 있는 함수와 통계 및 분석 기능이 추가되었고 트랜디한 시각화 도구도 업그레이드되었습니다. 따라서 스마트 지원 기능으로 협업과 공유 및 강력한 분석 도구로서의 면모를 갖추게 되었습니다. 파워포인트는 좀 더 쉽고 빠르게 시각화 자료를 만들 수 있는 기능과 디자인 아이디어를 통한 AI의 레이아웃 제안 및 코칭을 이용하여 전문가처럼 문서를 만들고 프레젠테이션할 수 있습니다. 이러한 편리하고 효율적인 최신 기능을 쉽게 터득하고 실무에 바로 활용할 수 있도록 실무 교육 현장에서 사용되는 다양한 예제와 디자인을 활용해 학습하고 실습하여 독자 여러분들이 시간을 더욱 효율적으로 사용할 수 있게 되기를 희망합니다.

모든 버전에서 사용할 수 있습니다!

이번 책은 오피스 최신 버전에만 제한되지 않고 이전 버전 이용자들과 Microsoft 365 사용자도 문제없이 사용할 수 있도록 범용 기능에 맞추어 집필했습니다. 그리고 오피스 활용 실무 능력과 경쟁력을 확보해 현장에서 빠르게 실무에 적용하는 데 도움을 줄 수 있도록 구성했습니다. 이제 독자 여러분도 완벽한 비즈니스 툴로서의 오피스를 경험해 보세요.

마지막으로 집필 기간 동안 애써주신 길벗의 박슬기 부장님, 안혜희 실장님, 그리고 항상 용기를 주는 저의 가족에게 깊이 감사드립니다.

2023. 4

저자 **박미정, 박은진** 드림

이 책의 구성

나에게 필요한 핵심 기능부터 빠르게 익힐 수 있도록 [활용도], [실무 활용 사례], [업무 시간 단축]을 제공합니다. [Tip]과 [잠깐만요!]를 통해 추가로 알아두면 더 좋은 유용한 정보를 익히고, [온라인 영상 강의]로 더 쉽고 직관적으로 학습할 수 있습니다.

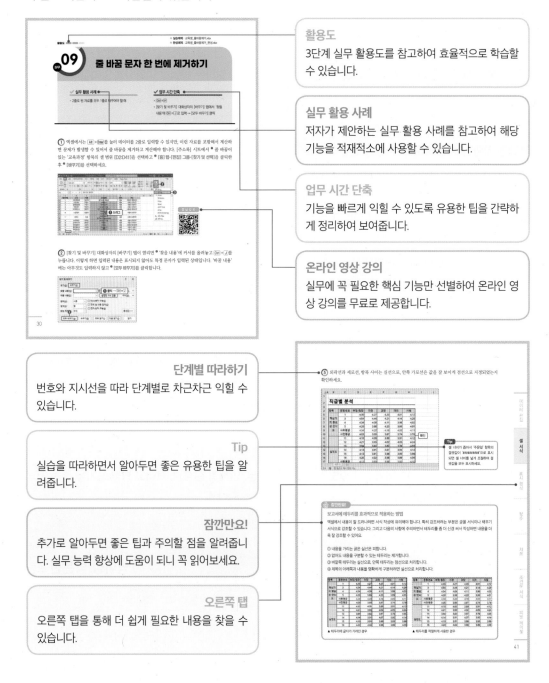

활용도
3단계 실무 활용도를 참고하여 효율적으로 학습할 수 있습니다.

실무 활용 사례
저자가 제안하는 실무 활용 사례를 참고하여 해당 기능을 적재적소에 사용할 수 있습니다.

업무 시간 단축
기능을 빠르게 익힐 수 있도록 유용한 팁을 간략하게 정리하여 보여줍니다.

온라인 영상 강의
실무에 꼭 필요한 핵심 기능만 선별하여 온라인 영상 강의를 무료로 제공합니다.

단계별 따라하기
번호와 지시선을 따라 단계별로 차근차근 익힐 수 있습니다.

Tip
실습을 따라하면서 알아두면 좋은 유용한 팁을 알려줍니다.

잠깐만요!
추가로 알아두면 좋은 팁과 주의할 점을 알려줍니다. 실무 능력 향상에 도움이 되니 꼭 읽어보세요.

오른쪽 탭
오른쪽 탭을 통해 더 쉽게 필요한 내용을 찾을 수 있습니다.

직장인을 위한 핵심 포인트!

실제 업무에 100% 활용할 수 있는 핵심 기능을 엄선했습니다. 쉽게 찾아 빠르게 배울 수 있도록 정리했으니, 이 책의 내용을 모두 읽은 후에도 필요할 때마다 이 페이지를 펼쳐 적극 활용하길 바랍니다.

목차

QR코드로 동영상 강의를 시청해 보세요!

책에 실린 QR코드를 통해 저자의 동영상 강의를 바로 시청할 수 있습니다. 유튜브에서 『오피스랩』을 검색해도 강의를 무료로 볼 수 있어요.

❶ 책 속 QR코드를 찾으세요.

❷ 스마트폰 카메라를 실행하고 QR코드를 비춰보세요.

❸ 동영상 강의 링크가 나타나면 화면을 터치해 강의를 시청하세요.

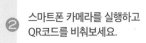

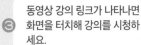

CHAPTER ❸ 차트와 비주얼 서식 지정해 보고서 시각화하기

차트 ⋯⋯ SECTION **07** | **차트로 데이터 표현하고 분석하기**

조건부 서식 ⋯⋯ SECTION **08** | **스파크라인과 조건부 서식 지정해 보고서 강조하기**

CHAPTER **04** 데이터 관리 기술과 피벗 테이블로 데이터 분석하기

예제 파일 및 완성 파일은 홈페이지에서 다운로드하세요!

이 책에 사용된 예제 파일 및 완성 파일은 **길벗출판사 홈페이지**(www.gilbut.co.kr)에서 다운로드할 수 있어요. 홈페이지 검색 창에 『**직장인을 위한 실무 엑셀 파워포인트 워드 한글**』을 검색하고 **[자료실]**을 클릭해 실습 파일을 다운로드하세요. 회원 가입을 하지 않아도 누구나 부록을 다운로드할 수 있습니다.

CHAPTER 01

데이터 전처리부터
실무 보고서 작성까지!

현업에서 다루는 엑셀은 많은 부분이 수식으로 이루어져 있지만 문서의 기본은 역시 데이터와 서식입니다. 그중에서도 현업의 데이터는 다른 장비와 위치에서 가져오는 경우가 많으므로 바로 엑셀에서 수식을 연결해 사용할 수 없는 경우가 많습니다. 실무에서는 데이터 가공이 무엇보다도 중요합니다. 따라서 이번 장에서는 전처리 상황과 기술을 익힐 수 있도록 구성했고 셀 서식과 표시 형식으로 깔끔한 보고서 작성을 위한 방법을 제시합니다. 또한 업무 능력을 향상시킬 수 있는 다양한 Tip과 바로 가기 키에 대한 정보도 알아보겠습니다.

01

데이터를 좀 더 빠르게 편집하기

데이터 선택부터 편집, 데이터 가공은 실무에서 가장 많은 시간이 소요되는 작업으로, 제대로 기능을 사용할 수 없으면 모두 수작업으로 진행해야 합니다. 이번 섹션에서는 바로 가기 키(단축키)를 비롯해서 데이터를 편집할 때 업무 시간을 단축하고 효율적으로 문서를 작성하기 위해 필요한 다양한 필수 팁을 학습해 보겠습니다.

◉ **실습예제** : 이름상자_범위선택.xlsx

01 데이터 빠르게 선택하는 방법 익히기

많은 양의 데이터를 선택할 때는 마우스보다 바로 가기 키나 이름 상자에 셀 범위를 직접 입력해서 선택하는 것이 편리합니다. 셀 범위는 다음과 같이 다양한 방법으로 선택할 수 있어요.

① 바로 가기 키로 범위 선택하기

바로 가기 키	기능
시작 셀 클릭 → Ctrl + Shift + ↓	열 방향으로 연속 범위를 선택합니다.
시작 셀 클릭 → Ctrl + Shift + →	행 방향으로 연속 범위를 선택합니다.
Shift + → / ←	오른쪽/왼쪽 방향으로 한 셀씩 추가 선택합니다.
Shift + ↓ / ↑	아래쪽/위쪽 방향으로 한 셀씩 추가 선택합니다.
Ctrl + A	전체 워크시트를 선택합니다.
Ctrl + Spacebar	워크시트에서 전체 열을 선택합니다.
Shift + Spacebar	워크시트에서 전체 행을 선택합니다.
Ctrl + Shift + Home	셀 선택 영역을 워크시트의 시작 부분까지 확장합니다.
Ctrl + Shift + Spacebar	워크시트에 데이터가 있으면 현재 영역을 선택합니다.

② 이름 상자 이용해 단일 범위 선택하기

이름 상자에 직접 셀 주소나 셀 범위를 입력해서 빠르게 범위를 선택할 수 있습니다.

▲ 이름 상자에 셀 범위 'A1:G13'을 입력하고 Enter를 눌러 범위를 한 번에 선택한 경우

③ 이름 상자 이용해 다중 범위 선택하기

이름 상자에 여러 범위의 주소를 쉼표(,)로 구분해서 입력하면 다중 범위를 선택할 수 있습니다.

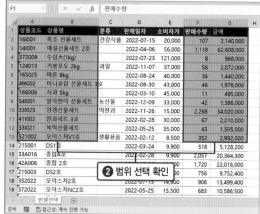

▲ 이름 상자에 셀 범위 'A1:B13,F1:G13'을 입력하고 Enter를 눌러 다중 범위를 한 번에 선택한 경우

14

◉ **실습예제 : 수식선택.xlsx**

기본 02 수식 있는 데이터 선택하기

✓ **실무 활용 사례**

• 다른 직원이 작성한 수식을 확인해야 할 때
• 수식이 있는 위치로 빠르게 이동해야 할 때

✓ **업무 시간 단축**

• Ctrl + G 로 [이동] 대화상자 열기
• Alt + S , F 로 수식 선택

① 다른 사용자가 작성한 자료나 외부 데이터를 받으면 먼저 자료부터 파악해야 합니다. 이때 수식에 사용된 위치를 알아내고 수식 내용을 빠르게 이해하는 방법을 익혀야 해요. [주문통계(9월)] 시트에서 ❶ 데이터 영역에 있는 하나의 셀을 클릭하고 ❷ [홈] 탭-[편집] 그룹-[찾기 및 선택]을 클릭한 후 ❸ [수식]을 선택하세요.

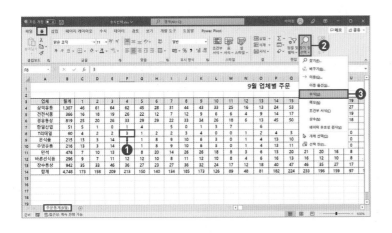

② 수식이 있는 셀 범위만 선택되었는지 확인합니다.

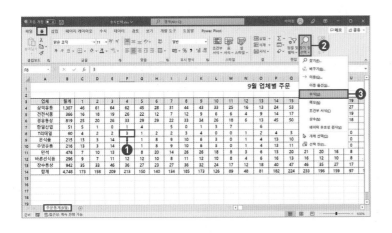

확인

● 실습예제 : 특수문자가 포함된 셀 찾기.xlsx
● 완성예제 : 특수문자가 포함된 셀 찾기_완성.xlsx

활용도 ■■■□□

특수 문자가 포함된 셀 찾아 한 번에 'O' 입력하기

실무 03

✔ 실무 활용 사례

• 다른 장비에서 수집한 데이터에 특정 문자가 삽입되어 있어서 0으로 바꿔야 할 때
• 특수 문자를 0으로 바꿔 계산에 포함시켜야 할 때

✔ 업무 시간 단축

• Ctrl+G, Alt+S
• [이동 옵션] 대화상자 열고 '상수'의 [텍스트]에만 체크 표시
• 'O' 입력 후 Ctrl+Enter로 범위에 복사

---

① 여러 장비(device)를 통해 엑셀로 저장되는 다양한 자료 중에는 특이한 데이터가 있을 수 있습니다. 이런 데이터 때문에 수식에서 오류가 발생할 수 있으므로 빠르게 선택해서 처리해야 합니다. 만약 특이한 데이터를 눈으로 확인할 수 없다면 이동 옵션으로 선택할 수 있어요. [주문통계(9월)] 시트에서 **❶ 숫자값이 있는 모든 범위([B4:AF14])를 선택**하고 **❷ [홈] 탭-[편집] 그룹-[찾기 및 선택]을 클릭**한 후 **❸ [이동 옵션]을 선택**하세요.

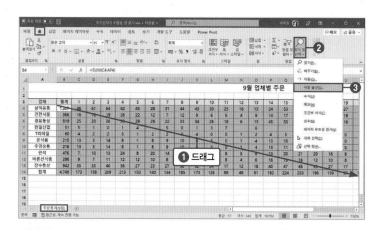

Tip

실무에서는 빈 셀을 찾아 누락된 값을 추가해야 하는 경우가 많습니다. 이때 Ctrl+G를 눌러 [이동 옵션] 대화상자를 열고 Alt+S, K를 눌러 빈 셀만 선택합니다. 이 상태에서 'O'을 입력하고 Ctrl+Enter를 눌러 값을 채우면 좀 더 빠르게 작업을 진행할 수 있어요.

② [이동 옵션] 대화상자가 열리면 ❶ '종류'에서 [상수]를 선택하고 ❷ [텍스트]에만 체크 표시한 후
❸ [확인]을 클릭합니다.

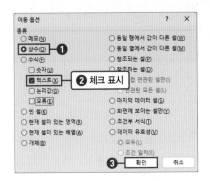

③ 비어있는 것처럼 보이는 셀들이 선택되었는지 확인합니다.

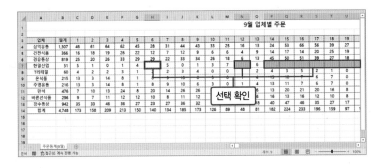

Tip

선택된 셀은 빈 셀처럼 보이지만 빈 셀이 아닙니다. [이동 옵션] 대화상자에서 [빈 셀]을 선택하면 '셀 없음'으로 나타납니다.

④ 비어있는 것처럼 보이는 셀들을 선택한 상태에서 ❶ 0을 입력하고 Ctrl+Enter를 누른 후 ❷ 선택한
셀 범위에 모두 '0' 값이 입력되었는지 확인하세요.

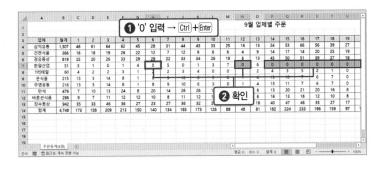

◉ **실습예제** : 주간점검표_일정간격입력.xlsx
◉ **완성예제** : 주간점검표_일정간격입력_완성.xlsx

활용도 ▣▣▣ ▣▣ ▣▣

일정한 간격으로 데이터 입력하기

① 일정한 간격으로 셀을 복사하거나 연속 데이터를 입력하려면 그 간격만큼 셀 범위를 선택하고 자동 채우기 핸들을 사용해 입력해야 합니다. [Sheet1] 시트에서 ❶ **[C5] 셀**에 12/1을 입력하고 Enter 를 누릅니다. ❷ 다시 셀 범위 **[C5:C6]**을 선택한 후 ❸ **[C6] 셀**의 자동 채우기 핸들(➕)을 더블클릭하세요.

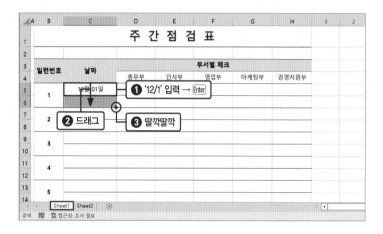

② 일련번호가 입력되어 있는 [C28] 셀까지 2행 간격으로 날짜가 입력되었는지 확인합니다.

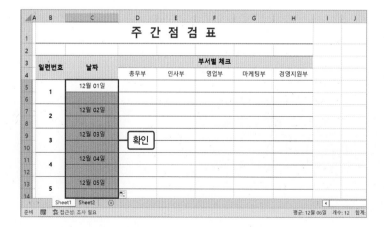

18

◉ 실습예제 : 프로젝트지원_A열추가.xlsx
◉ 완성예제 : 프로젝트지원_A열추가_완성.xlsx

활용도 ■■■ ■■ ■

05 A열에 서식 있는 새로운 열 추가하기

실무

① A열 앞에 새로운 열을 삽입하면 서식이 없는 빈 열이 삽입되어 서식을 지정할 수 있습니다. [프로젝트현황] 시트에서 ❶ **A열**의 열 머리글을 클릭하고 ❷ 마우스 오른쪽 단추를 클릭한 후 ❸ [삽입]을 선택하세요.

Tip

열 머리글을 선택한 후 바로 가기 키 Ctrl+NumLock + 를 눌러도 빈 열을 빠르게 삽입할 수 있습니다.

② ❶ A열에 빈 열이 추가되었는지 확인하고 ❷ [옵션] 단추(🖌)를 클릭한 후 ❸ [오른쪽과 같은 서식]을 선택합니다.

Tip

적용되는 서식에는 열에 적용된 테두리나 채우기 또는 맞춤 등의 서식뿐만 아니라 표시 형식까지 적용된다는 것을 기억하세요. 만약 '마감일' 항목과 '담당자' 항목 사이에 열을 삽입하면 '마감일' 항목의 표시 형식인 날짜 서식이 적용됩니다.

③ 새로운 열인 A열에 오른쪽의 '프로젝트ID' 항목과 같은 서식이 적용되었는지 확인합니다.

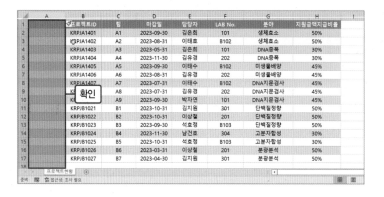

빠른 채우기로 특정 위치의 데이터 추출하기

규칙적인 데이터를 추출하기 위해 첫 번째 제품명인 '바람막이 점퍼'를 입력하고 다음 셀에 두 번째 제품인 '식기 세트'의 첫 글자인 '식'을 입력하면 나머지 셀에도 규칙에 맞게 문자열이 자동으로 추출됩니다. 이 상태에서 Enter를 누르면 데이터를 빠르게 채울 수 있어요.

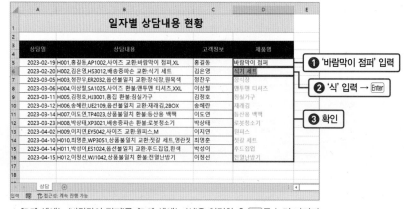

▲ [D5] 셀에는 '바람막이 점퍼'를, [D6] 셀에는 '식'을 입력한 후 Enter를 눌러 나머지
   셀에도 규칙에 맞게 문자열을 추출할 수 있습니다.

◉ **실습예제** : 데이터가공_공백.xlsx
◉ **완성예제** : 데이터가공_공백_완성.xlsx

활용도 ■■■ ■■■ ■■

필요 없는 공백 문자 빠르게 제거하기

✓ 실무 활용 사례

• 문서 전체에 불필요한 공백 문자를 한 번에 제거해야 할 때

✓ 업무 시간 단축

• 해당 범위 선택 → Ctrl + H
• [찾기 및 바꾸기] 대화상자의 [바꾸기] 탭에서 '찾을 내용'에 공백 문자 입력 → [모두 바꾸기] 클릭

① 데이터 앞뒤에 있는 공백은 계산하면서 값을 비교할 때 항상 문제가 됩니다. [실적] 시트에서 직위별 인원수를 계산하기 위해 **[J3] 셀**에 **=COUNTIF($E$3:$E$20,I3)**을 입력하고 Enter를 눌러 결괏값을 확인하세요.

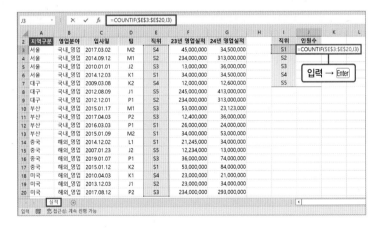

함수식 설명

=COUNTIF($E$3:$E$20,I3)

➡ '직위' 필드에서 'S1'의 셀 개수를 반환합니다.

② **❶** 직위값의 뒤에 있는 공백 때문에 결괏값이 '0'으로 나옵니다. 공백을 없애기 위해 **❷ [홈] 탭-[편집] 그룹-[찾기 및 선택]**을 클릭하고 **❸ [바꾸기]**를 선택하세요.

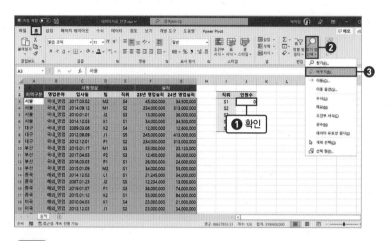

Tip

직위인 'S1', 'S2', …… 값 뒤에 있는 공백을 제거해야 직위별 인원수를 정확하게 계산할 수 있습니다.

③ [찾기 및 바꾸기] 대화상자의 [바꾸기] 탭이 열리면 **❶** '찾을 내용'에는 Spacebar 를 눌러 공백을 입력하고 '바꿀 내용'은 비워둔 상태에서 **❷ [모두 바꾸기]**를 클릭하세요.

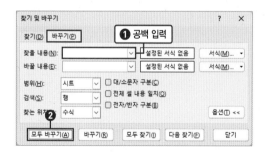

④ 20개 항목이 바뀌었다는 메시지 창이 열리면 **❶ [확인]**을 클릭합니다. [찾기 및 바꾸기] 대화상 자의 [바꾸기] 탭으로 되돌아오면 **❷ [닫기]**를 클릭하세요.

⑤ [J3] 셀의 값이 0에서 **5**로 변경되었는지 확인합니다.

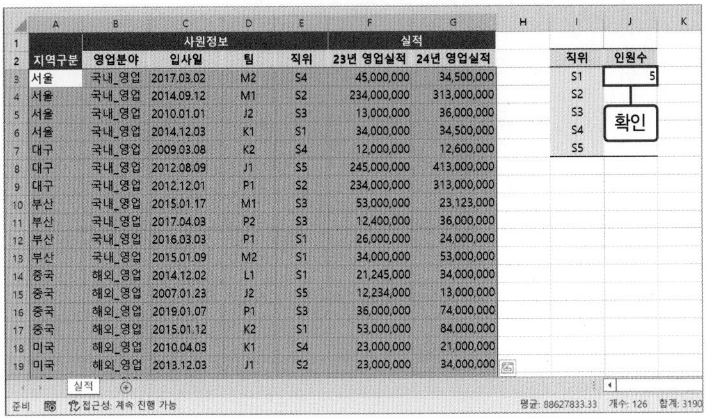

⚘ 잠깐만요!

빈 셀이 있는 행 한 번에 삭제하기

빈 셀이 포함된 자료(행) 전체를 삭제하려면 먼저 데이터 범위에서 Ctrl+G, Alt+S, K를 차례대로 눌러 빈 셀만 선택한 후 Ctrl+-를 누릅니다. [삭제] 대화상자가 열리면 [행 전체]를 선택해 한 번에 행을 삭제할 수 있습니다.

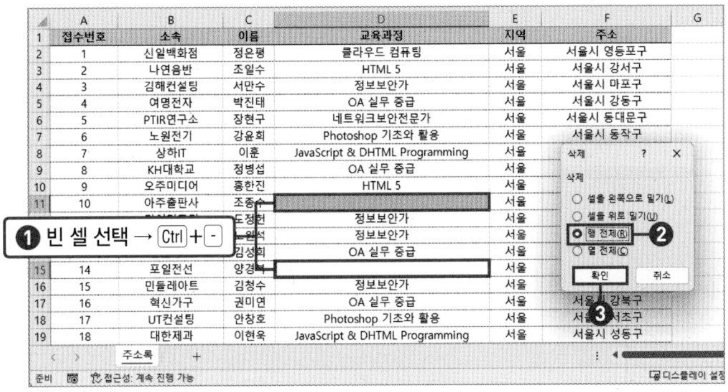

▲ 빈 셀만 선택한 후 [삭제] 대화상자에서 행 전체를 한 번에 삭제할 수 있습니다.

활용도 ■■■ ■ ■

잘못된 날짜 데이터 빠르게 수정하기

✔ 실무 활용 사례

• 형식이 일정하지 않은 날짜 데이터를 엑셀 데이터로 바꿔야 할 때

✔ 업무 시간 단축

• Alt + A, E로 텍스트 나누기
• 텍스트 마법사 마지막 단계에서 [날짜] 선택

① '2023.1.1.'처럼 입력된 데이터는 엑셀에서 날짜로 처리되지 않습니다. 잘못 입력된 날짜 데이터를 다시 날짜로 변경하기 위해 [실적] 시트에서 ❶ 셀 범위 [C3:C20]을 선택하고 ❷ [데이터] 탭-[데이터 도구] 그룹-[텍스트 나누기]를 클릭하세요.

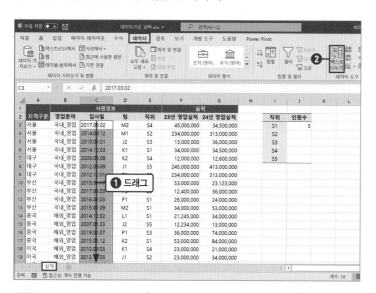

> **Tip**
>
> '텍스트 나누기' 기능은 한 셀에 있는 데이터를 여러 셀로 나누어 각 열에 서식을 추가하여 분리하는 기능입니다. 여기서는 마지막 단계에 있는 날짜 형식을 사용하기 위해 '텍스트 나누기' 기능을 사용하는 것입니다.

② [텍스트 마법사 – 3단계 중 1단계] 대화상자가 열리면 옵션을 변경하지 않고 **❶ [다음]**을 클릭합니다. [텍스트 마법사 – 3단계 중 2단계] 대화상자에서도 옵션을 변경하지 않고 **❷ [다음]**을 클릭하세요.

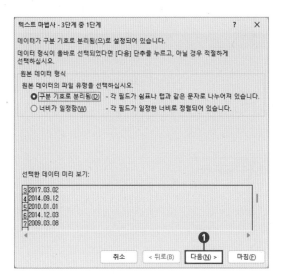
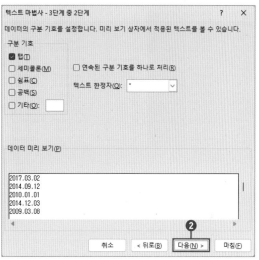

③ [텍스트 마법사 – 3단계 중 3단계] 대화상자가 열리면 '열 데이터 서식'에서 **❶ [날짜], [년월일]**을 지정하고 **❷ [마침]**을 클릭합니다.

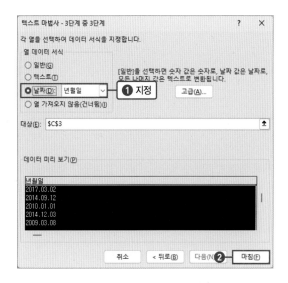

표시 형식

함수

차트

조건부 서식

피벗 테이블

④ 입사일이 날짜 데이터로 변경되었는지 확인합니다.

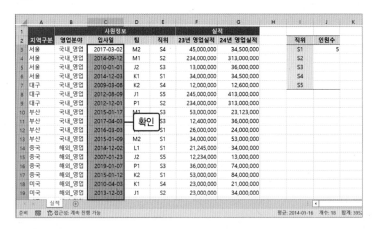

◉ 실습예제 : OK백화점1월주문_단가할인.xlsx
◉ 완성예제 : OK백화점1월주문_단가할인_완성.xlsx

08 할인율 적용해 수식 없이 단가표 수정하기

✔ **실무 활용 사례**

• 이미 작성한 주문 자료에서 할인된 단가로 수정해야
  할 때

✔ **업무 시간 단축**

• Ctrl + C 로 할인율 복사 → 필터로 'PB'만 추출
• 매출 단가 선택 후 Alt + ; 으로 범위 변경
• Ctrl + Shift + V → [선택하여 붙여넣기] 대화상자에
  서 [곱하기] 선택

① [OK백화점1월자료] 시트에서 1월에 주문된 제품 중 I열의 매출 단가를 7% 할인한 값으로 수정해
볼게요. ❶ 수정하기 전 매출 단가를 확인하고 ❷ [O2] 셀에 **0.93**을 입력한 후 Ctrl + C 를 눌러 복사하세요.

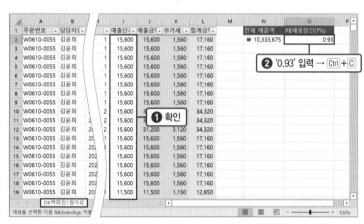

❷ '0.93' 입력 → Ctrl + C

❶ 확인

영상 강의

② ❶ '품목대분류' 필드의 필터 단추(▾)를 클릭한 후 ❷ 검색 입력 상자에 **PB**를 입력합니다.

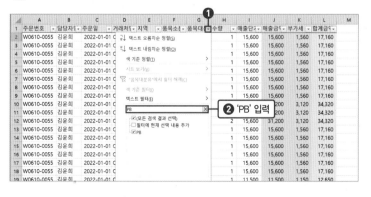

❷ 'PB' 입력

데이터 편집

셀 서식

표시 형식

함수

차트

조건부 서식

피벗 테이블

③ ❶ 'PB' 품목만 필터링되었는지 확인하고 ❷ 해당 매출 단가의 전체 범위를 선택한 후 `Alt`+`;`을 눌러 화면에 보이는 단가만 선택합니다.

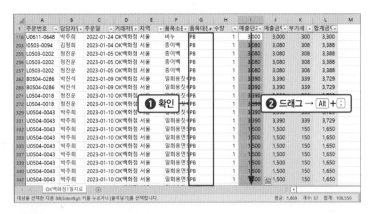

Tip

`Alt`+`;`은 [홈] 탭-[편집] 그룹-[찾기 및 선택]을 클릭하고 [이동 옵션]을 선택해 [이동 옵션] 대화상자를 연 후 '종류'에서 [화면에 보이는 셀만]을 선택하는 것과 같습니다.

④ ❶ 선택한 범위에서 마우스 오른쪽 단추를 클릭하고 ❷ **[선택하여 붙여넣기]**를 선택합니다.

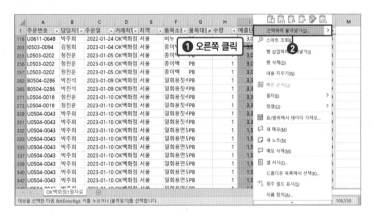

⑤ [선택하여 붙여넣기] 대화상자가 열리면 ❶ '연산'에서 [곱하기]를 선택하고 ❷ [확인]을 클릭하세요.

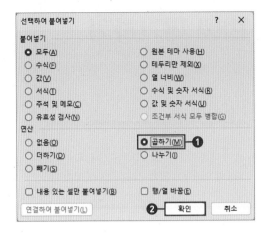

⑥ 'PB' 품목의 '매출단가'의 값이 7% 할인된 값으로 변경되었는지 확인합니다.

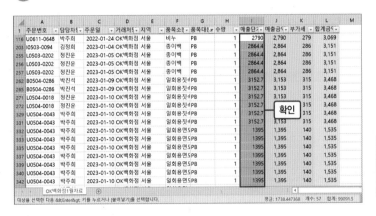

> **Tip**
> [O2] 셀에 '0.93'을 입력했으므로 '매출단가' 항목의 값이 7% 할인된 값으로 구해졌습니다.

⑦ ❶ Ctrl+Shift+L 을 눌러 필터를 해제하고 ❷ [N2] 셀의 전체 매출액의 값도 변경되었는지 확인합니다.

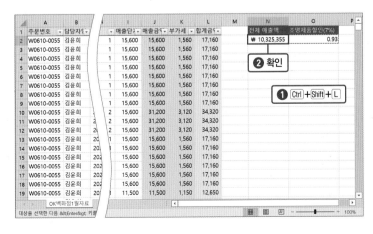

> **Tip**
> 'PB' 품목만 값이 바뀌었는지도 확인하세요.

활용도 ■■■ ■■ ■

줄 바꿈 문자 한 번에 제거하기

✓ **실무 활용 사례**

• 2줄로 된 자료를 모두 1줄로 바꾸어야 할 때

✓ **업무 시간 단축**

• Ctrl + H

• [찾기 및 바꾸기] 대화상자의 [바꾸기] 탭에서 '찾을 내용'에 Ctrl + J로 입력 → [모두 바꾸기] 클릭

① 엑셀에서는 Alt + Enter를 눌러 데이터를 2줄로 입력할 수 있지만, 이런 자료를 포함해서 계산하면 문제가 발생할 수 있어서 줄 바꿈을 제거하고 계산해야 합니다. [주소록] 시트에서 ❶ 줄 바꿈이 있는 '교육과정' 항목의 셀 범위 **[D2:D41]**을 선택하고 ❷ **[홈] 탭-[편집] 그룹-[찾기 및 선택]**을 클릭한 후 ❸ **[바꾸기]**를 선택하세요.

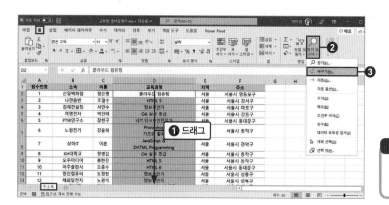

Tip

'바꾸기' 기능의 바로 가기 키는 Ctrl + H입니다.

② [찾기 및 바꾸기] 대화상자의 [바꾸기] 탭이 열리면 ❶ '찾을 내용'에 커서를 올려놓고 Ctrl + J를 누릅니다. 이렇게 하면 입력된 내용은 표시되지 않아도 특정 문자가 입력된 상태입니다. '바꿀 내용'에는 아무것도 입력하지 않고 ❷ **[모두 바꾸기]**를 클릭합니다.

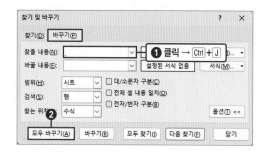

③ 7개 항목이 바뀌었다는 메시지 창이 열리면 **❶ [확인]**을 클릭하고 [찾기 및 바꾸기] 대화상자로 되돌아오면 **❷ [닫기]**를 클릭하세요.

④ '교육과정' 항목에 있는 줄 바꿈이 제거되면서 모든 교육 과정의 내용이 1줄로 바뀌었는지 확인합니다.

	A	B	C	D	E	F	G
1	접수번호	소속	이름	교육과정	지역	주소	
2	1	신일백화점	정은평	클라우드 컴퓨팅	서울	서울시 영등포구	
3	2	나연음반	조일수	HTML 5	서울	서울시 강서구	
4	3	김해건설팅	서만수	정보보안가	서울	서울시 마포구	
5	4	여명전자	박진태	OA 실무 중급	서울	서울시 강동구	
6	5	PTIR연구소	장천구	네트워크보안전문가	서울	서울시 동대문구	
7	6	노원전기	강윤회	Photoshop 기초와 활용	서울	서울시 동작구	
8	7	상하IT	이훈	JavaScript & DHTML Programming	서울시 관악구		
9	8	KH대학교	정병섭	OA 실무 중급	서울	서울시 동작구	
10	9	오주미디어	홍한진	HTML 5	서울	서울시 동작구	
11	10	아주출판사	조종수	HTML 6	서울	서울시 동대문구	
12	11	명인컴퓨터	도정헌	정보보안가	서울	서울시 성동구	
13	12	해와달전자	노원석	정보보안가	서울	서울시 성북구	
14	13	신현정기	김성희	OA 실무 중급	서울	서울시 광진구	
15	14	포일전선	양경복	OA 실무 중급	서울	서울시 양천구	
16	15	민들레아트	김정수	정보보안가	서울	서울시 도봉구	
17	16	혁신가구	권미연	OA 실무 중급	서울	서울시 강북구	

02

셀 서식 지정해
깔끔한 보고서 완성하기

엑셀에서는 일반 워드프로세에서는 다루기 힘든 여러 가지
서식 기능이 있습니다. 이번 섹션에서는 셀에 적용할 수 있
는 다양한 맞춤 기능과 테두리 서식을 이용해 깔끔한 보고서
를 작성하는 방법에 대해 알아보겠습니다.

01 자주 사용하는 바로 가기 키 익히기

실무

엑셀에서 바로 가기 키(단축키)를 사용하면 문서를 더욱 빠르게 작성하고 계산할 수 있습니다. 이번에는 Ctrl과 Alt를 이용한 바로 가기 키를 소개하므로 함께 알아두는 것이 좋습니다.

① 엑셀 기능과 관련된 바로 가기 키

바로 가기 키	기능
Ctrl + Shift + :	현재 시간을 입력합니다.
Ctrl + :	현재 날짜를 입력합니다.
Ctrl + 1	[셀 서식] 대화상자를 표시합니다.
Ctrl + A	전체 워크시트를 선택합니다.
Ctrl + E	첫 셀의 내용을 기준으로 규칙에 맞게 빠르게 전체 데이터 열을 채웁니다.
Ctrl + F	[찾기 및 바꾸기] 대화상자의 [찾기] 탭을 표시합니다.
Ctrl + G	[이동] 대화상자를 표시합니다.
Ctrl + H	[찾기 및 바꾸기] 대화상자의 [바꾸기] 탭을 표시합니다.
Ctrl + N	새로운 빈 통합 문서를 엽니다.
Ctrl + NumLock +	빈 셀을 삽입하는 [삽입] 대화상자를 표시합니다.
Ctrl + NumLock -	선택한 셀을 삭제하는 [삭제] 대화상자를 표시합니다.
Ctrl + Y	가능한 경우 마지막으로 실행한 명령이나 작업을 반복합니다.
Ctrl + Z	실행 취소 명령을 사용하여 마지막으로 실행한 명령을 취소합니다.
Alt + ;	[이동 옵션] 대화상자에 있는 [화면에 보이는 셀만]과 같은 기능입니다.
Ctrl + Shift + L	필터 단추를 표시 및 제거합니다.
Ctrl + 9 / Ctrl + Shift + 9	선택한 행을 숨기기/숨기기 취소합니다.
Ctrl + 0	선택한 셀에 있는 모든 열을 숨깁니다.
Ctrl + Alt + V	[선택하여 붙여넣기] 대화상자를 표시합니다.
Shift + F3	[함수 마법사] 대화상자를 열고 수식이 있으면 [함수 인수] 대화상자를 실행합니다.

33

② 셀 서식과 관련된 바로 가기 키

바로 가기 키	기능
Ctrl + 1	[셀 서식] 대화상자를 표시합니다.
Ctrl + Shift + _	선택한 셀 범위에 테두리를 제거합니다.
Ctrl + Shift + ~	숫자 데이터에 일반 표시 형식을 적용합니다(음수는 괄호 표시).
Ctrl + Shift + $	숫자 데이터에 기호가 포함된 통화 표시 형식을 적용합니다.
Ctrl + Shift + %	숫자 데이터에 백분율 표시 형식을 적용합니다.
Ctrl + Shift + #	연, 월, 일로 날짜 서식을 적용합니다.
Ctrl + Shift + @	시간, 분, AM/PM으로 시간 표시 형식을 적용합니다.
Ctrl + Shift + !	천 단위 구분 기호(,)를 표시합니다.
Ctrl + B	굵은 글꼴 서식을 적용 및 해제합니다.
Ctrl + U	밑줄을 적용 및 해제합니다.
Ctrl + I	기울임 글꼴 서식을 적용 및 해제합니다.
Ctrl + 5	취소선을 적용 및 해제합니다.
Ctrl + 5	취소선을 적용 및 해제합니다.

③ 자주 사용하는 Alt 와 관련된 바로 가기 키

바로 가기 키	기능
Alt + A	[데이터] 탭으로 이동합니다.
Alt + F	[파일] 탭으로 이동합니다.
Alt + H	[홈] 탭으로 이동합니다.
Alt + H, B	원하는 테두리를 추가합니다.
Alt + H, A, C	셀 내용을 가운데에 맞춥니다.
Alt + H, H	채우기 색을 선택합니다.
Alt + M	[수식] 탭으로 이동합니다.
Alt + N	[삽입] 탭으로 이동합니다.
Alt + P	[페이지 레이아웃] 탭으로 이동합니다.
Alt + PgDn	워크시트에서 한 화면 오른쪽으로 이동합니다.
Alt + W	[보기] 탭으로 이동합니다.
Ctrl + Alt + =	화면을 확대합니다.
Ctrl + Alt + -	화면을 축소합니다.

활용도 ■■■ ■■ ■■

◉ 실습예제 : 지출결의서_균등분할.xlsx
◉ 완성예제 : 지출결의서_균등분할_완성.xlsx

실무 02 제목 깔끔하게 균등 분할 맞춤 정렬하기

✓ **실무 활용 사례**

• 양식 문서에서 제목을 깔끔하게 작성해야 할 때

✓ **업무 시간 단축**

• Ctrl+1
• [셀 서식] 대화상자의 [맞춤] 탭에서 [균등 분할 (들여쓰기)] 선택 → '들여쓰기'에 [1] 지정

① 양식 문서를 작성하다 보면 하나의 셀에 문자열을 깔끔하게 정리해야 하는 경우가 많습니다. 특히 제목은 문자 수에 맞추어 양쪽 맞춤 정렬하려면 다른 맞춤 기능을 사용해야 하죠. [Sheet1] 시트에서 ❶ Ctrl을 이용해 제목 범위인 [B5:B8]과 ❷ [D5:F7]을 함께 선택하고 ❸ [홈] 탭-[맞춤] 그룹-[맞춤 설정](↘)을 클릭하세요.

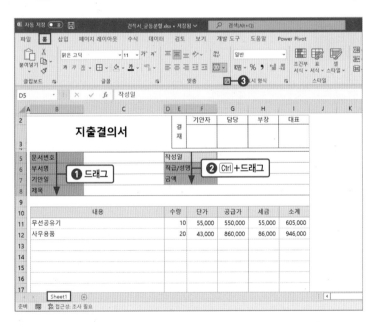

영상 강의

> **Tip**
> Ctrl+1을 눌러 [셀 서식] 대화상자를 열고 [맞춤] 탭을 선택해도 됩니다.

② [셀 서식] 대화상자의 [맞춤] 탭이 열리면 ❶ '텍스트 맞춤'의 '가로'에서 [균등 분할 (들여쓰기)]를 선택하고 ❷ '들여쓰기'에 1을 입력한 후 ❸ [확인]을 클릭합니다.

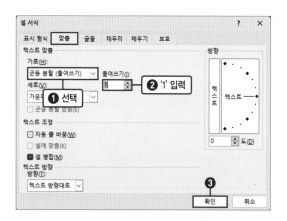

③ 제목 범위인 [B5:B8]과 [D5:F7]에 들여쓰기와 균등 분할 맞춤이 적용되었는지 확인합니다.

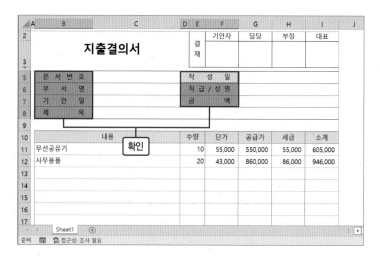

◉ **실습예제** : 쇼핑몰로그분석_맞춤.xlsx
◉ **완성예제** : 쇼핑몰로그분석_맞춤_완성.xlsx

활용도 ■■■ ■■■ ■■■

03
셀 병합하지 않고 범위 가운데에 제목 정렬하기

기본

✔ 실무 활용 사례

• 수식에 적용하는 제목을 가운데 맞춤 정렬해야 할 때

✔ 업무 시간 단축

• Ctrl + 1

• [셀 서식] 대화상자의 [맞춤] 탭에서 [선택 영역의 가운데로] 선택

① [Sheet1] 시트에서 ❶ Ctrl 을 이용해 제목 범위인 **[B3:D3]**과 ❷ **[E3:H3]**을 함께 선택하고 ❸ **[홈] 탭- [맞춤] 그룹-[맞춤 설정]**(⬛)을 클릭합니다.

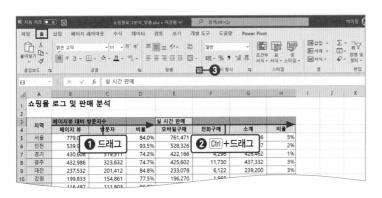

② [셀 서식] 대화상자의 [맞춤] 탭이 열리면 ❶~❷ '텍스트 맞춤'의 '가로'에서 **[선택 영역의 가운데로]**를 선택하고 ❸ **[확인]**을 클릭합니다.

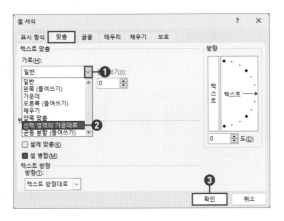

3 **①** 다시 [B3] 셀을 클릭하면 셀이 병합되지 않은 것을 알 수 있어요. 하지만 **②** 제목 '페이지뷰 대비 방문자수'와 '실 시간 판매'는 해당 범위의 가운데에 정렬된 것을 확인할 수 있습니다.

잠깐만요!

전체 병합해서 열 합치기

병합하려는 열들을 선택하고 [홈] 탭-[맞춤] 그룹-[병합하고 가운데 맞춤]을 클릭한 후 [전체 병합]을 선택하면 여러 개의 열을 하나의 열로 병합할 수 있습니다.

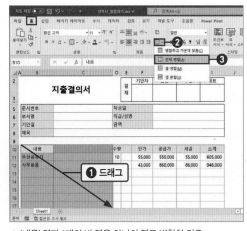

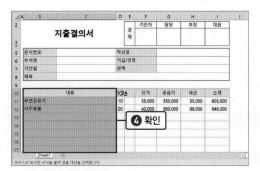

▲ '내용' 열과 1개의 빈 열을 하나의 열로 병합한 경우

38

◎ 실습예제 : 설문통계_테두리.xlsx
◎ 완성예제 : 설문통계_테두리_완성.xlsx

활용도 ■■■ ■■■ ■■

기본04 내용 강조하는 테두리 작성하기

① [테두리] 시트에서 테두리를 지정할 범위를 4개의 영역으로 나누어 표시해 볼게요. ❶ Ctrl을 이 용해 셀 범위 [B4:H4], ❷ [B5:H10], ❸ [B11:H18], ❹ [B19:H20]을 차례대로 선택합니다.

② ❶ [홈] 탭-[글꼴] 그룹-[테두리]를 클릭하고 ❷ [다른 테두리]를 선택하세요.

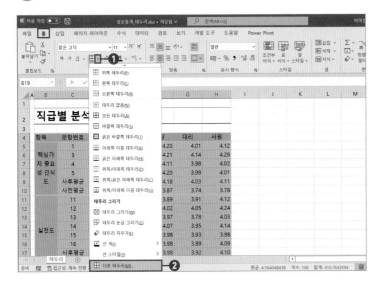

③ [셀 서식] 대화상자의 [테두리] 탭이 열리면 ❶ '선'의 '스타일'에서는 **[실선]**을, ❷ '미리 설정'에서는 **[윤곽선]**을, ❸ '테두리'에서는 **[안쪽 세로 선]**(囲)을 선택합니다.

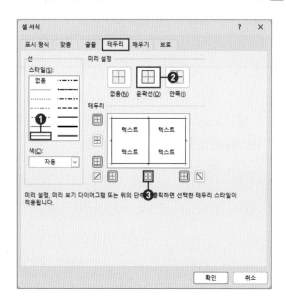

④ 다시 ❶ '선'의 '스타일'에서는 **[점선]**을, ❷ '테두리'에서는 **[안쪽 가로선]**(囲)을 선택하고 ❸ **[확인]**을 클릭합니다.

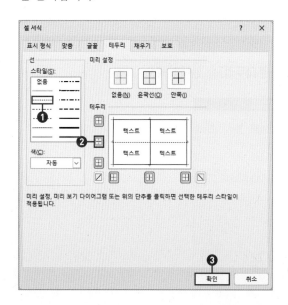

⑤ 외곽선과 세로선, 항목 사이는 실선으로, 안쪽 가로선은 값을 잘 보이게 점선으로 지정되었는지 확인하세요.

항목	문항번호	부장/팀장	차장	과장	대리	사원
	1	4.30	4.27	4.20	4.01	4.12
핵심가	3	4.54	4.44	4.21	4.14	4.29
치 중요	4	4.34	4.09	4.11	3.98	4.02
성 인식	5	4.20	3.98	4.20	3.99	4.01
도	사후평균	4.34	4.20	4.18	4.03	4.11
	사전평균	4.05	3.95	3.87	3.74	3.78
	11	4.10	4.00	3.89	3.91	4.12
	12	4.21	3.93	4.02	4.05	4.24
	13	3.94	3.82	3.97	3.78	4.03
실천도	14	4.14	3.91	4.07	3.95	4.14
	15	4.13	3.91	3.98	3.93	3.98
	16	4.20	4.02	3.98	3.89	4.09
	사후평균	4.12	3.93	3.98	3.92	4.10

제목: **직급별 분석**

확인

🎁 **잠깐만요!**

보고서에 테두리를 효과적으로 적용하는 방법

엑셀에서 내용이 잘 드러나려면 서식 작성에 유의해야 합니다. 특히 강조하려는 부분은 글꼴 서식이나 채우기 서식으로 강조할 수 있습니다. 그리고 다음의 사항에 주의하면서 테두리를 좀 더 신경 써서 작성하면 내용을 더욱 잘 강조할 수 있어요.

① 내용을 가리는 굵은 실선은 피합니다.
② 없어도 내용을 구분할 수 있는 테두리는 제거합니다.
③ 바깥쪽 테두리는 실선으로, 안쪽 테두리는 점선으로 처리합니다.
④ 제목의 아래쪽과 내용을 명확하게 구분하려면 실선으로 처리합니다.

항목	문항번호	부장/팀장	차장	과장	대리	사원
	1	4.30	4.27	4.20	4.01	4.12
핵심가	3	4.54	4.44	4.21	4.14	4.29
치 중요	4	4.34	4.09	4.11	3.98	4.02
성 인식	5	4.20	3.98	4.20	3.99	4.01
도	사후평균	4.34	4.20	4.18	4.03	4.11
	사전평균	4.05	3.95	3.87	3.74	3.78
	11	4.10	4.00	3.89	3.91	4.12
	12	4.21	3.93	4.02	4.05	4.24
	13	3.94	3.82	3.97	3.78	4.03
실천도	14	4.14	3.91	4.07	3.95	4.14
	15	4.13	3.91	3.98	3.93	3.98
	16	4.20	4.02	3.98	3.89	4.09

▲ 테두리에 글자가 가려진 경우

항목	문항번호	부장/팀장	차장	과장	대리	사원
	1	4.30	4.27	4.20	4.01	4.12
핵심가	3	4.54	4.44	4.21	4.14	4.29
치 중요	4	4.34	4.09	4.11	3.98	4.02
성 인식	5	4.20	3.98	4.20	3.99	4.01
도	사후평균	4.34	4.20	4.18	4.03	4.11
	사전평균	4.05	3.95	3.87	3.74	3.78
	11	4.10	4.00	3.89	3.91	4.12
	12	4.21	3.93	4.02	4.05	4.24
	13	3.94	3.82	3.97	3.78	4.03
실천도	14	4.14	3.91	4.07	3.95	4.14
	15	4.13	3.91	3.98	3.93	3.98
	16	4.20	4.02	3.98	3.89	4.09

▲ 테두리를 적절하게 사용한 경우

03

표시 형식 지정해
정확한 보고서 완성하기

엑셀에는 워드프로세서에는 없는 특별한 서식 기능이 있습니다. 대부분 숫자로 되어 있는 자료를 문서로 작성하므로 표시 형식을 사용해 일반 워드프로세서와 같이 다양하게 표현할 수 있습니다. 이번 섹션에서는 코드를 사용해서 데이터를 원하는 대로 표현하는 방법에 대해 알아보겠습니다.

활용도 ▪▪▪▫

01 자주 사용하는 사용자 지정 표시 형식 익히기

실무

실무에서는 엑셀에서 제공하는 서식만으로는 표현하기 힘든 데이터 표시 형식이 많습니다. 이때 사용자 지정 표시 형식을 사용하면 데이터를 좀 더 다양하게 표현할 수 있어요.

① 숫자와 문자 데이터에 사용하는 코드

숫자를 표시하는 대표적인 기호는 #, 0, ?로, 숫자의 위치를 표시합니다. 문자에 @을 입력하여 표시하면 문자의 앞뒤에 다른 문자를 표시할 수 있습니다.

기호	표시 형식	기능
#	###	숫자 표시 기호로, 유효하지 않은 0은 표시하지 않습니다.
0	000	숫자 표시 기호로, 유효하지 않은 0은 0으로 표시합니다.
?	??	소수점 위나 아래에 있는 유효하지 않은 0 대신 공백을 추가해서 자릿수를 맞춥니다.
@	@"님"	텍스트 표시 기호로, 입력한 텍스트를 의미합니다.
.	0.00	소수점을 표시합니다.
,	#,##0	세 자리마다 자릿수를 구분하여 표시하고 숫자 기호 뒤에 표시하면 3의 배수로 자릿수를 숨깁니다.
""	0"원"	큰따옴표("") 안의 문자를 그대로 표시합니다.
G/표준	G/표준"월"	표시 형식을 지정하지 않은 입력 상태 그대로의 숫자를 표시합니다.
₩, $	₩#,##0	통화 기호를 그대로 표시합니다.

② 날짜 데이터에 사용하는 코드

날짜를 표시하는 기호는 Y, M, D로, 날짜와 요일에 대한 표시 형식을 지정할 수 있습니다.

기호	표시 형식	기능	사용 예
Y	yy	날짜에서 '연도'를 두 자리로 표시합니다.	24
	yyyy	날짜에서 '연도'를 네 자리로 표시합니다.	2024
M	m	날짜에서 '월'을 표시합니다.	4
	mm	날짜에서 '월'을 두 자리로 표시합니다.	04
	mmm	날짜에서 '월'을 영문 세 글자로 표시합니다.	Apr
	mmmm	날짜에서 '월'을 전체 영문자로 표시합니다.	April
	mmmmm	날짜에서 '월'을 영문 대문자 한 글자로 표시합니다.	A

데이터 편집

셀 서식

표시 형식

함수

차트

조건부 서식

피벗 테이블

기호	표시 형식	기능	사용 예
D	d	날짜에서 '일'을 표시합니다.	1
	dd	날짜에서 '일'을 두 자리로 표시합니다.	01
	ddd	날짜에서 '일'을 영문 세 글자로 표시합니다.	Mon
	dddd	날짜에서 '일'을 전체 영문으로 표시합니다.	Monday
A	aaa	날짜에서 '일'을 한글 요일 한 글자로 표시합니다.	월
	aaaa	날짜에서 '일'을 한글 요일 세 글자로 표시합니다.	월요일

③ 시간 데이터에 사용하는 코드

시간을 표시하는 기호는 H, M, S로, 시간에 대한 표시 형식을 지정할 수 있습니다.

기호	표시 형식	기능	사용 예
H	h	시간에서 '시'를 표시합니다.	9
	hh	시간에서 '시'를 두 자리로 표시합니다.	09
	[h], [hh]	총 경과 시간을 '시'로 표시합니다.	33
M	m	시간에서 '분'을 표시합니다.	5
	mm	시간에서 '분'을 두 자리로 표시합니다.	05
	[m], [mm]	총 경과 시간을 '분'으로 환산하여 표시합니다.	545
S	s	시간에서 '초'를 표시합니다. 시간 데이터가 9시 5분 9초 (9:05:09)인 경우	9
	ss	시간에서 '초'를 두 자리로 표시합니다.	09
	[s], [ss]	총 경과 시간을 '초'로 환산하여 표시합니다.	32709
AM/PM	am/pm	오전과 오후를 영문으로 표시합니다.	9:09 AM
	[$-ko-KR] AM/PM	오전과 오후를 한글로 표시합니다.	오전 9:05

④ 공백과 반복 문자를 표시하는 코드

기호	표시 형식	기능
_	#,##0_Q	언더바(_) 뒤에 입력된 문자에 따라 공백의 크기가 결정되고 숫자 뒤에 Q의 너비만큼 공백이 표시됩니다.
*	₩*-#,##0	* 다음에 입력되는 문자를 셀의 빈 칸만큼 반복해서 채우는 기호로, * 다음의 문자 –가 통화 기호(₩)와 숫자 사이의 빈 칸만큼 반복해서 표시됩니다.

◉ 실습예제 : 온실가스통계_단위표시.xlsx
◉ 완성예제 : 온실가스통계_단위표시_완성.xlsx

활용도 ■■■ ■■

02 백만 단위로 자릿수 표시하기

✓ 실무 활용 사례

• 보고서에 큰 숫자를 천 단위로 표시해야 할 때

✓ 업무 시간 단축

• Ctrl + 1
• [셀 서식] 대화상자의 [표시 형식] 탭에서 [사용자 지정] 범주 선택 → '#,##0.0,,' 입력

① 값이 큰 데이터는 천 단위나 백만 단위 등으로 자릿수를 표시해야 할 때가 있습니다. [온실가스 통계] 시트에서 100만 톤 단위로 표시를 변경하기 위해 셀 범위 [B4:I11]을 선택하세요.

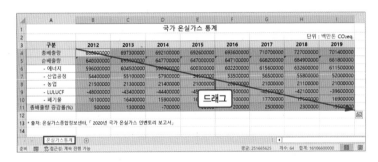

② ❶ [홈] 탭-[표시 형식] 그룹-[표시 형식]을 클릭하고 ❷ [기타 표시 형식]을 선택하세요.

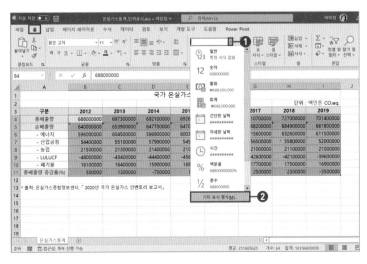

영 상 강 의

③ [셀 서식] 창의 [표시 형식] 탭이 열리면 ❶ [사용자 지정] 범주를 선택하고 ❷ '형식'에 #,##0.0,,를 입력한 후 ❸ [확인]을 클릭합니다.

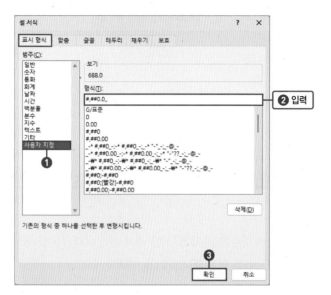

④ 셀 범위 [B4:I11]의 숫자 데이터가 100만 톤 단위로 변경되면서 소수점 이하 첫째 자리까지 반올림되었는지 확인합니다.

◉ 실습예제 : 거래현황_날짜표시.xlsx
◉ 완성예제 : 거래현황_날짜표시_완성.xlsx

활용도 ■■■ ■

실무 03 날짜를 요일로 표시하기

① 공문서의 날짜는 2023.1.1.처럼 표시하는데, 엑셀에서 이렇게 입력하면 텍스트로 인식되어 날짜와 관련된 계산을 할 수 없습니다. 따라서 날짜로 입력해도 원하는 서식으로 표현하려면 사용자 지정 서식으로 직접 입력해야 합니다. [단위지정] 시트에서 ❶ 날짜가 입력된 '주문일' 항목의 셀 범위 [C4:C33]을 선택하고 ❷ [홈] 탭-[표시 형식] 그룹-[표시 형식]을 클릭한 후 ❸ [기타 표시 형식]을 선택하세요.

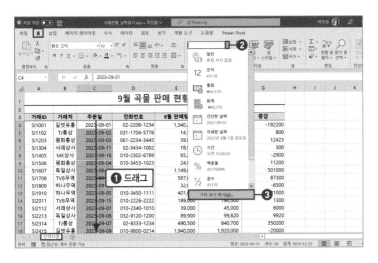

② [셀 서식] 대화상자의 [표시 형식] 탭이 열리면 ❶ [사용자 지정] 범주를 선택하고 '형식'에 ❷ yyyy. mm. dd. (aaa)를 입력한 후 ❸ [확인]을 클릭합니다.

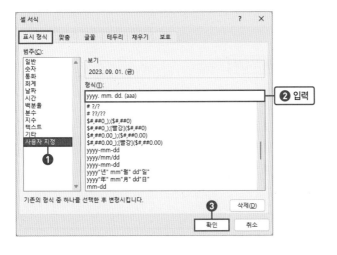

③ '주문일' 항목의 날짜가 지정한 형식으로 표시되었는지 확인합니다. 날짜 데이터이므로 수식 입력줄에 보이는 실제 데이터 형식은 2023-09-01입니다.

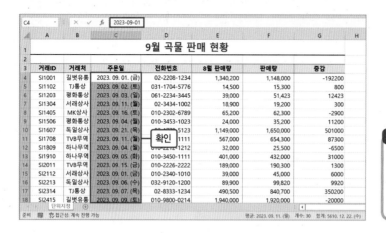

Tip

셀 너비가 좁아서 '주문일' 항목의 결괏값이 '##########'으로 표시되면 셀 너비를 넓게 조절하여 결괏값을 모두 표시하세요.

잠깐만요!

표시하고 싶지 않은 데이터 깔끔하게 숨기기

수식에 사용하는 값 중 일부 셀을 표시하고 싶지 않다면 글자 색을 흰색으로 표시하는 것보다 사용자 지정 표시 형식으로 감추는 것이 편리합니다. 사용자 지정 표시 형식은 [셀 서식] 대화상자의 [표시 형식] 탭에서 [사용자 지정] 범주를 선택하고 '형식'에 세미콜론(;)을 이용해서 '양수;음수;0;문자열'로 구분해 표시할 수 있습니다. 이 경우 4형식 기준으로 모든 값이 표시되지 않도록 사용자 지정 표시 형식을 ';;;'으로 입력하세요.

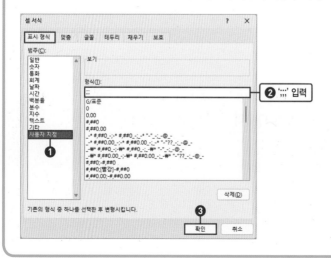

활용도 ■■■■■

04 전월 대비 상승 품목에만 ▲ 기호 표시하기

실무

① 전월 대비 증감값에서 양수값(상승 품목)에만 ▲을 표시해 볼게요. [단위지정] 시트에서 ❶ '증감' 항목의 셀 범위 **[G4:G33]**을 선택하고 ❷ **[홈] 탭-[표시 형식] 그룹-[표시 형식]**을 클릭한 후 ❸ **[기타 표시 형식]**을 선택하세요.

② [셀 서식] 대화상자의 [표시 형식] 탭이 열리면 ❶ **[사용자 지정]** 범주를 선택하고 양수값에 ▲을 입력하기 위해 ❷ '형식'에 자음 **"ㅁ**을 입력한 후 한자를 누릅니다. 자음 ㅁ에 해당하는 도형 목록이 표시되면 ❸ Tab 을 눌러 도형 목록을 확장하고 ❹ **[▲]**을 클릭하세요.

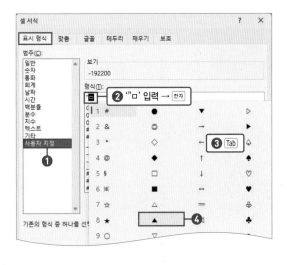

3 ▲이 입력되었으면 ▲의 뒤에 ❶ "#,##0;을 추가해 "▲"#,##0;을 입력하고 ❷ **[확인]**을 클릭합니다.

❶ 입력

❷ 확인

4 '증감' 항목에서 양수값에만 ▲ 표시 형식이 표시되었는지 확인합니다.

확인

◉ 실습예제 : 목차_채움선.xlsx
◉ 완성예제 : 목차_채움선_완성.xlsx

활용도 ■■■■

실무 05 목차의 항목과 페이지 사이에 채움선 채우기

✓ 실무 활용 사례

• 엑셀 보고서에 표지를 작성하여 목차처럼 표시해야 할 때

✓ 업무 시간 단축

• Ctrl + 1
• [셀 서식] 대화상자의 [표시 형식] 탭에서 [사용자 지정] 범주 선택 → '@*·' 입력

① 목차로 입력한 텍스트 뒤의 빈 영역에 가운뎃점(·)을 채움선처럼 표시해 볼게요. [목차] 시트에서 ❶ 'Part 1' 아래쪽에 있는 내용 영역인 셀 범위 **[B4:B7]**을 선택하세요.

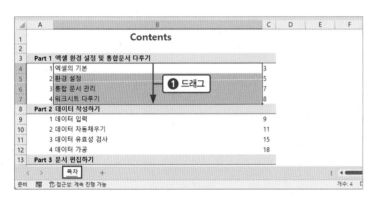

② ❶ [홈] 탭-[표시 형식] 그룹-[표시 형식]을 클릭하고 ❷ [기타 표시 형식]을 선택하세요.

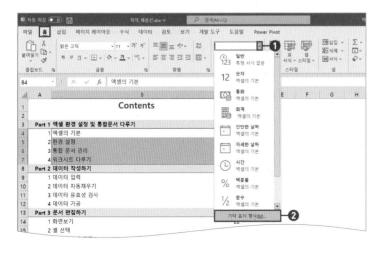

③ [셀 서식] 대화상자의 [표시 형식] 탭이 열리면 ❶ **[사용자 지정]** **범주**를 선택하고 ❷ '형식'에 @*를 입력한 후 기호 문자를 입력하기 위해 자음 **ㄱ**을 입력하고 [한자]를 누릅니다. 자음 ㄱ에 해당하는 도형 목록이 표시되었지만·현재 목록에 원하는 문자가 없으므로 ❸ ⬅ 단추를 클릭하거나 [Tab]을 누르세요.

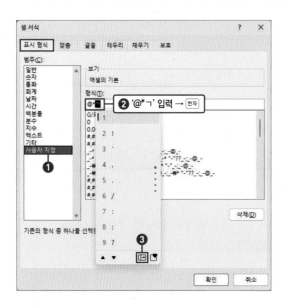

④ 도형 목록이 확장되면 ❶ 두 번째 열에서 가운뎃점 [·]을 선택하여 ❷ '형식'에 @*·을 완성하고 ❸ **[확인]**을 클릭합니다.

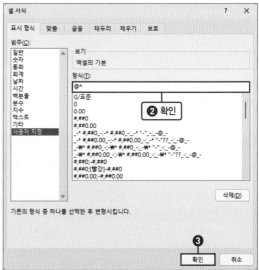

⑤ ❶ 목차 내용의 뒤에 채움선처럼 가운뎃점이 표시되었는지 확인합니다. ❷ 채움선을 다른 항목에 복사하기 위해 **[B4] 셀을 클릭**하고 ❸ **[홈] 탭-[클립보드] 그룹-[서식 복사]를 더블클릭**하세요.

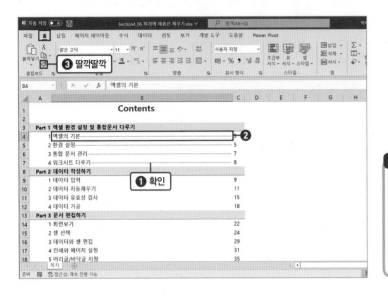

Tip

[홈] 탭-[클립보드] 그룹-[서식 복사]를 한 번 클릭하면 서식을 한 번만 복사할 수 있어요. 하지만 [서식 복사]를 더블클릭하면 [Esc]를 누를 때까지 계속 서식을 복사할 수 있어서 편리합니다.

⑥ ❶ 마우스 포인터가 ⊕ 모양으로 바뀌면 내용이 있는 모든 영역을 드래그해 ❷ 'Part 10'까지 차례대로 채움선 표시 형식을 복사합니다.

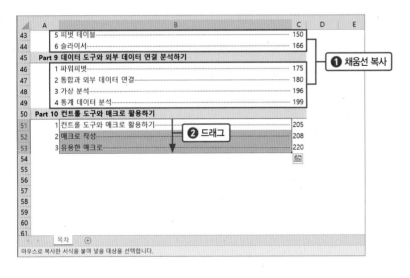

CHAPTER 02

능력 있는 직장인의 필수 조건!
함수 정복하기

데이터가 잘 정리되면 그 데이터를 기반으로 필요한 계산을 수행해야 합니다. 엑셀에서는 많은 함수를 제공하지만, 실제 실무에서는 그렇게 많은 함수가 필요하지는 않습니다. 그보다 빈도 높은 함수를 서로 중첩해서 사용하거나 활용도 높게 사용할 수 있는 다양한 방법을 익히는 것이 좋습니다. 이번 장에서는 실무에서 많이 사용하는 함수뿐만 아니라 다른 함수와 함께 사용할 수 있도록 여러 실무 예제를 다루고 있으므로 다양한 예제를 통해 각자 업무에 맞는 함수 사용법을 익혀보세요.

04

수식과 함수의
활용 방법 익히기

엑셀은 수식을 계산하고 분석하는 도구로, 셀 값을 계산하는 기본적인 수식 작성 방법과 연산자, 참조 방법까지 정확하게 이해하고 사용해야 합니다. 이번 섹션에서는 수식이 작성되면 수식에 적용된 참조 위치를 알아내는 방법뿐만 아니라 자동 합계와 빠른 분석을 통해 기본 통계값을 빠르게 작성하는 방법에 대해 알아봅니다.

● **실습예제** : 지역별실적_자동합계.xlsx
● **완성예제** : 지역별실적_자동합계_완성.xlsx

01 자동 합계로 소계와 총계 빠르게 계산하기

실무

① 소계와 총계를 구하는 것은 요약 보고서의 필수 내용으로, 이 작업을 가장 빠르게 실행할 수 있는 방법을 알아볼게요. [지역별실적_Subtotal] 시트에서 실적의 '소계' 셀을 한 번에 선택하기 위해 ❶ 셀 범위 [E9:E30]을 선택하고 ❷ [홈] 탭-[편집] 그룹-[찾기 및 선택]을 클릭한 후 ❸ [이동 옵션]을 선택하세요.

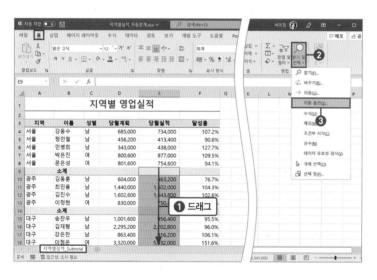

② [이동 옵션] 대화상자가 열리면 ❶ '종류'에서 [빈 셀]을 선택하고 ❷ [확인]을 클릭합니다.

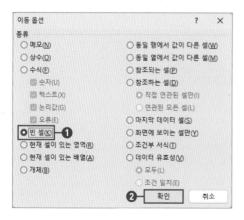

영상 강의

데이터 편집 · 셀 서식 · 표시 형식 · 함수 · 차트 · 조건부 서식 · 피벗 테이블

③ 빈 셀만 모두 선택되었으면 ❶ [홈] 탭-[편집] 그룹-[자동 합계]를 클릭하고 ❷ 빈 셀에 자동 합계 결과가 표시되었는지 확인하세요.

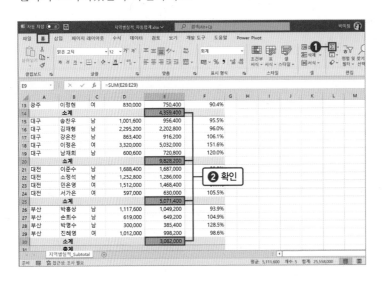

④ 이번에는 ❶ '총계' 셀인 [E31] 셀을 클릭하고 ❷ [홈] 탭-[편집] 그룹-[자동 합계]를 클릭한 후 Enter 를 누릅니다. ❸ [E31] 셀에 '소계' 값을 모두 더한 결괏값이 표시되었는지 확인하세요.

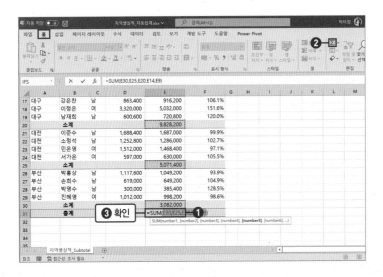

◉ 실습예제 : 실적비교_다중범위수식.xlsx
◉ 완성예제 : 실적비교_다중범위수식_완성.xlsx

활용도 ▆▆▆ ▆▆▆ ▆▆▆

02 다중 범위에 같은 수식 빠르게 작성하기

✓ 실무 활용 사례

• 같은 수식으로 보고서를 빠르게 작성해야 할 때

✓ 업무 시간 단축

• Ctrl + G, Alt + S, K로 빈 셀 선택해 '계획대비 실적' 항목의 셀만 선택
• 수식 작성 후 Ctrl + Enter로 수식 복사

① 여러 범위에 같은 수식을 적용할 경우에는 범위를 한 번에 선택한 후 빠르게 수식을 작성할 수 있어요. [실적비교] 시트에서 ❶ Ctrl을 이용해 '계획대비 실적' 항목에 해당하는 셀 범위 **[D3:D16]**과 ❷ **[G3:G16]**을 함께 선택하고 **=F3/E3**을 입력하세요.

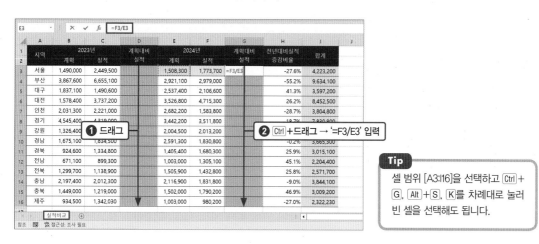

> **Tip**
> 셀 범위 [A3:I16]을 선택하고 Ctrl + G, Alt + S, K를 차례대로 눌러 빈 셀을 선택해도 됩니다.

② 수식을 입력했으면 ❶ Ctrl + Enter를 눌러 전체 범위에 수식을 복사하고 ❷ 결괏값을 확인합니다.

지역	2023년		계획대비 실적	2024년		계획대비 실적	전년대비실적 증감비율	합계
	계획	실적		계획	실적			
서울	1,490,000	2,449,500	164%	1,508,300	1,773,700	118%	-27.6%	4,223,200
부산	3,867,600	6,655,100	172%	2,921,100	2,979,000	102%	-55.2%	9,634,100
대구	1,837,100	1,490,600	81%	2,537,400	2,106,600	83%	41.3%	3,597,200
대전	1,578,400	3,737,200	237%	3,526,800	4,715,300	134%	26.2%	8,452,500
인천	2,031,300	2,221,000	109%	2,682,200	1,583,800	59%	-28.7%	3,804,800
경기	4,545,400	4,319,000	95%	3,442,200	3,511,800	102%	-18.7%	7,830,800
강원	1,326,400	2,103,200	159%	2,004,500	2,013,200	100%	-4.3%	4,116,400
경남	1,675,100	1,834,500	110%	2,591,300	1,830,800	71%	-0.2%	3,665,300
경북	924,600	1,334,800	144%	1,405,400	1,680,300	120%	25.9%	3,015,100
전남	671,100	899,300	134%	1,003,000	1,305,100	130%	45.1%	2,204,400
전북	1,299,700	1,138,900	88%	1,505,900	1,432,800	95%	25.8%	2,571,700
충남	2,197,400	2,012,300	92%	2,116,900	1,831,800	87%	-9.0%	3,844,100

❶ Ctrl + Enter

❷ 확인

◉ **실습예제 : 매출비교_수식위치.xlsx**

수식에 적용된 데이터 위치로 빠르게 이동하기

기본 03

① 다른 시트의 데이터를 참조하는 복잡한 수식에서 해당 셀의 위치를 찾는 것은 무척 번거로우므로 수식에 참조된 셀을 쉽게 찾는 방법을 알아볼게요. [매출비교] 시트에서 ❶ 수식이 작성된 '금년매출' 필드에 있는 [D4] 셀을 클릭하고 ❷ [수식] 탭-[수식 분석] 그룹-[참조되는 셀 추적]을 클릭하세요.

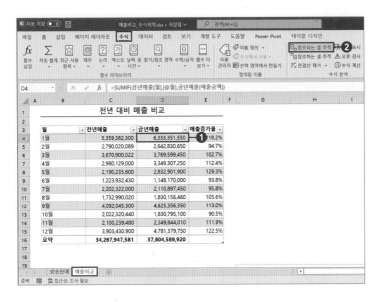

② 셀에 참조된 셀 위치를 알려주는 파란색 실선 화살표와 점선 화살표가 표시됩니다. 파란색 실선 화살표는 같은 워크시트에서 참조되는 셀을 추적하고 점선 화살표는 다른 위치에 있는 셀이나 범위를 표시하는데, 이 중에서 점선 화살표를 더블클릭하세요.

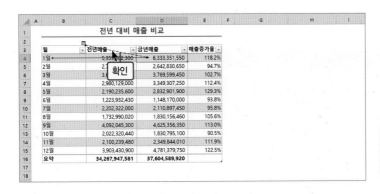

> **Tip**
> Ctrl + [를 눌러 참조되는 셀의 위치로 곧바로 이동할 수 있습니다.

③ [이동] 대화상자가 열리면 '이동'에 표시된 셀 수식에 참조된 위치 목록에서 ❶ 첫 번째 값을 선택하고 ❷ [확인]을 클릭합니다.

④ [방송판매] 시트의 '월' 필드 위치로 이동하는지 확인합니다.

Tip

이와 같은 방법으로 [이동] 대화상자의 '이동' 목록에서 두 번째 값을 선택해 이동하면 '매출금액' 필드가 선택되는 것을 확인할 수 있어요.

◉ 실습예제 : 매출및인력_통계표.xlsx
◉ 완성예제 : 매출및인력_통계표_완성.xlsx

활용도 ■■■■ ■■■■

'빠른 분석' 기능 이용해 통계표 작성하기

기본 04

✓ **실무 활용 사례**

• 요약된 보고서에 기본적인 통계값을 빠르게 작성해야 할 때

✓ **업무 시간 단축**

• Ctrl + Q , O 로 빠른 분석에서 [합계] 선택

---

① '빠른 분석' 기능을 사용하면 숫자 데이터에 대한 수식 계산, 서식, 차트, 요약 등을 빠르게 작성할 수 있어요. [Sheet1] 시트에서 ❶ 매출에 대한 셀 범위 **[C10:D14]**를 선택하고 ❷ **[빠른 분석] 단추**(圖)를 클릭하세요.

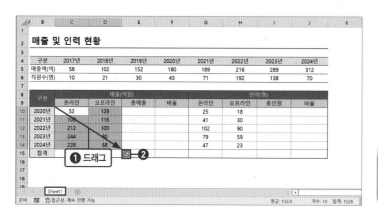

> **Tip**
>
> Ctrl + Q 를 눌러도 '빠른 분석' 기능을 실행할 수 있어요.

② ❶ **[합계]**를 선택하고 ❷ 합계 목록에서 가로의 **[합계]**(圖)를 클릭합니다.

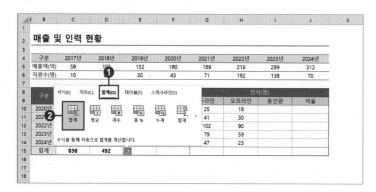

③ ❶ 셀 범위 [C10:D14]의 아래쪽에 합계가 계산되었는지 확인합니다. ❷ 다시 **[빠른 분석]** 단추(🔳)를 클릭하고 ❸ **[합계]**를 선택한 후 ❹ 세로의 **[합계]**(🔳)를 클릭합니다.

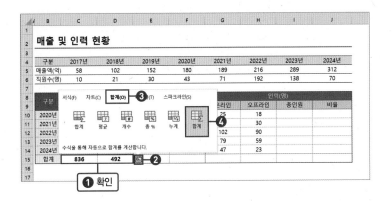

④ ❶ 셀 범위 [C10:D14]의 오른쪽에 합계가 계산되었는지 확인합니다. 합계 범위인 **[E10:E14]**를 선택하고 ❷ **[빠른 분석]** 단추(🔳)를 클릭한 후 ❸ **[합계]**를 선택하고 ❹~❺ [합계] 목록에서 오른쪽 방향의 **[총 %]**(🔳)를 클릭합니다.

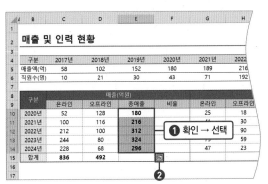
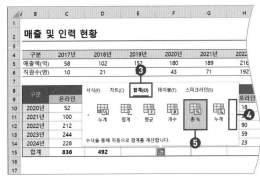

⑤ ❶ 셀 범위 [E10:E14]의 오른쪽에 총 비율이 계산되었는지 확인합니다. ❷ 이와 같은 방법으로 '인력(명)'에 대한 '총인원'과 '비율'도 계산하세요.

구분	2017년	2018년	2019년	2020년	2021년	2022년	2023년	2024년
매출액(억)	58	102	152	180	189	216	289	312
직원수(명)	10	21	30	43	71	192	138	70

구분	매출(억원)				인력(명)			
	온라인	오프라인	총매출	비율	온라인	오프라인	총인원	비율
2020년	52	128	180	13.55%	25	18	43	8.37%
2021년	100	116	216	16.27%	41	30	71	13.81%
2022년	212	100	312	23.49%	102	90	192	37.35%
2023년	244	80	324	24.40%	79	59	138	26.85%
2024년	228	68	296	22.29%	47	23	70	13.62%
합계	836	492			294	220		

❶ 확인   ❷ 계산

> **Tip**
> 계산 방법을 몰라도 쉽고 빠르게 합계와 비율값을 계산할 수 있습니다.

05

실무에서 자주 사용하는 기본 함수 익히기

실무에서 계산할 때 가장 많이 사용하는 함수들이 있습니다. 즉 합계를 구하는 SUM 함수를 비롯해서 기본 통계 함수와 IF 함수와 같은 조건 함수를 다양하게 많이 사용합니다. 이번 섹션에서는 어렵지는 않지만 많이 사용하는 이들 함수식을 충분히 익혀서 실무에 곧바로 사용할 수 있도록 정확하게 학습해 보겠습니다.

활용도 ■■■ ■■■ ■■■

월을 포함한 제목 수식 작성하기
— & 연산자, MONTH 함수

✓ **실무 활용 사례**

• 매월 바뀌는 자료의 제목에 이전 월을 포함해서 입력 해야 할 때

✓ **업무 시간 단축**

• 제목에 '="단기 아르바이트 "&MONTH(C3)-1&"월 비용지급 현황"' 추가 입력

① 엑셀에서는 수식을 이용해 제목과 일반 텍스트를 작성할 수 있습니다. 이번에는 [상담직_비용] 시트에서 작성일을 기준으로 전월(4월) 아르바이트 비용에 대한 지급 현황을 제목으로 작성해 볼게 요. **[B1]** 셀에 함수식 **="단기 아르바이트 "&MONTH(C3)-1&"월 비용지급 현황"**을 입력하세요.

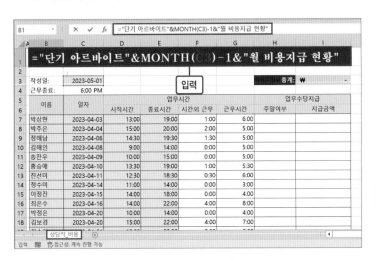

Tip
함수식과 수식, 텍스트와 수식 등 서로 다른 값이나 계산식 등을 연 결하려면 & 연산자를 사용하세요.

함수식 설명

="단기 아르바이트 "&MONTH(C3)-1&"월 비용지급 현황"
　　　　　　❶　　　　　　　❷　　　　　　　❸

➡ ❷ **MONTH(C3)-1**: 작성일의 전월을 구합니다.

=❶&❷&❸: 모두 연결하여 제목을 작성합니다.

2 [B1] 셀에 결괏값으로 표시된 제목을 확인합니다.

Tip

날짜를 변경하면 해당 날짜의 월이 포함된 제목으로 바뀝니다.

활용도 ■■■ ■■■ ■■■

02 근무 시간에 따른 비용 계산하기
─ IF 함수

① 주말 여부에 따른 지급 금액을 작성해 볼게요. [상담직_비용] 시트에서 **[I7] 셀**에 **=IF(**를 입력하고 **Ctrl**+**A**나 **Shift**+**F3**을 누르세요.

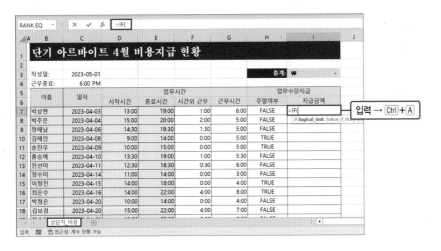

② IF 함수의 [함수 인수] 대화상자가 열리면 ❶ 각 인수에 다음과 같이 입력하고 ❷ **[확인]**을 클릭합니다. 여기서는 시간당 알바 비용이 주말은 2만 원, 시간 외 근무는 15,000원, 평일 정상 근무는 12,000원입니다.

• Logical_test: 주말인지 판단할 [H7] 셀을 클릭해 입력
• Value_if_true: G7*24*20000
• Value_if_false: (G7-F7)*24*12000+F7*24*15000

> **Tip**
> 시간에 24를 곱하는 것은 '6:00'의 경우 실제값이 '0.25'이므로 이 값을 '6'으로 변환(1일은 24시간)하기 위해서입니다.

③ ❶ [I7] 셀에 업무 수당 지급 금액을 구했으면 ❷ **[I7] 셀**의 자동 채우기 핸들(✚)을 더블클릭해 함수식을 나머지 셀에 복사합니다.

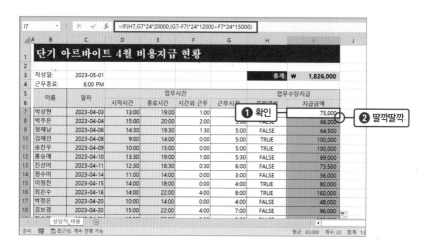

함수식 설명

$$=IF(H7,G7*24*20000,(G7-F7)*24*12000+F7*24*15000)$$

➡ ❶ **G7*24*20000**: 주말 근무 시간의 지급 금액을 구합니다.
 ❷ **(G7-F7)*24*12000+F7*24*15000**: 평일 근무 시간과 시간 외 근무 시간의 지급 비용을 구합니다.
 ❸ **=IF(H7,❶,❷)**: 주말(True)이면 ❶로, 평일이면 ❷로 지급 금액을 계산합니다.

◉ 실습예제 : 프로젝트_건수와비용.xlsx
◉ 완성예제 : 프로젝트_건수와비용_완성.xlsx

활용도 ■■■ ■■■ ■■■

실무 03

프로젝트 수와 연구 비용 계산하기
— COUNTA, COUNTIF, SUMIF 함수

① [프로젝트현황] 시트에서 **[K3]** 셀에 함수식 **=COUNTA(A5:A39) & "건"**을 입력하고 Enter를 누릅니다.

함수식 설명

②
=COUNTA(A5:A39)&"건"
①

➡ ① **COUNTA(A5:A39)**: 프로젝트의 전체 건수를 구합니다.
　 ② **=①&"건"**: 계산된 건수에 문자열 '건'을 추가합니다.

② ⦁ [K3] 셀에 총 프로젝트 수를 구했으면 '바이오 환경'에 대한 프로젝트 수를 계산해 볼게요.
❷ [K6] 셀에 **=COUNTIF(**를 입력하고 Ctrl + A 나 Shift + F3 을 누릅니다.

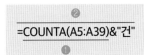

데이터 편집

셀 서식

표시 형식

함수

차트

조건부 서식

피벗 테이블

69

3 COUNTIF 함수의 [함수 인수] 대화상자가 열리면 **①** 'Range'에는 **$B$5:$B$39**를, 'Criteria'에는 **J6**을 입력하고 **②** [확인]을 클릭합니다.

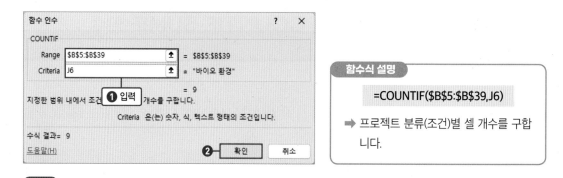

Tip

'Range'에 입력하는 $B$5:$B$39는 셀 범위 [B5: B39]를 드래그해 선택하고 F4 를 눌러 절대 참조로 변경하세요.

4 **①** [K6] 셀에 '바이오 환경'에 대한 프로젝트 수를 구했으면 **②** [K6] 셀의 자동 채우기 핸들(**➕**)을 더블클릭해 나머지 셀의 결괏값을 구합니다.

5 이어서 [L6] 셀에 =SUMIF(를 입력하고 Ctrl + A 나 Shift + F3 을 누르세요.

6 SUMIF 함수의 [함수 인수] 대화상자가 열리면 ❶ 각 인수에 다음과 같이 입력하고 ❷ **[확인]**을 클릭합니다.

- **Range:** 셀 범위 [B5:B39]를 선택하고 F4 를 눌러 절대 참조로 변경
- **Criteria:** J6
- **Sum_range:** 셀 범위 [H5:H39]를 선택하고 F4 를 눌러 절대 참조로 변경

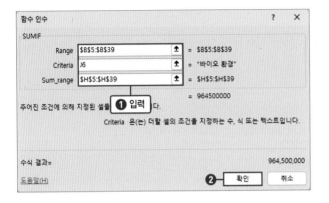

> **함수식 설명**
>
> =SUMIF($B$5:$B$39,J6,$H$5:$H$39)
>
> ➡ '프로젝트 분류' 항목의 범위에서 해당 분류(조건)을 찾아 '청구비용' 범위($H$5:$H$39)에서 값을 모두 더합니다.

7 ❶ [L6] 셀에 '바이오 환경' 프로젝트의 총 비용을 구했으면 ❷ **[L6]** 셀의 자동 채우기 핸들(➕)을 더블클릭해 나머지 셀의 결괏값을 구합니다.

● 실습예제 : 매출비교_사분기.xlsx
● 완성예제 : 매출비교_사분기_완성.xlsx

활용도 ■■■ ■■■ ■■■

04
실무

판매 날짜에서 분기값 계산하기
— IFS 함수

① 월에 따라 사분기값을 구해볼게요. [방송판매] 시트에서 **[C2]** 셀에 **=IFS(**를 입력하고 Ctrl + A 나 Shift + F3 을 누릅니다.

Tip

IFS 함수는 엑셀 2019 이상 버전에서 사용할 수 있는 함수로, 다중 IF 함수처럼 여러 조건의 결괏값을 작성할 수 있습니다.

② IFS 함수의 [함수 인수] 대화상자가 열리면 각 인수에 다음과 같이 입력하세요.

- Logical_test1: B2<=3
- Logical_test2: B2<=6
- Value_if_true1: "1사분기"
- Value_if_true2: "2사분기"

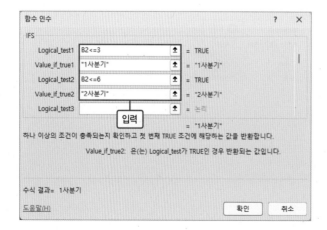

③ 이어서 **❶** 'Logical_test3'에는 **B2<=9**를, 'Value_if_true3'에는 **"3사분기"**를, 'Logical_test4'에는 **TRUE**를, 'Value_if_true4'에는 **"4사분기"**를 입력하고 **❷** [확인]을 클릭합니다.

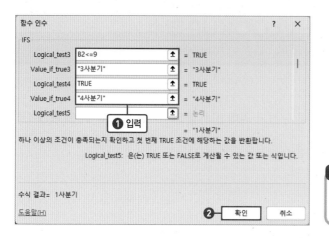

핵심 ⚡

데이터 편집

셀 서식

표시 형식

함수

차트

조건부 서식

피벗 테이블

Tip
'Logical_test4'에 'TRUE'를 입력하면 나머지 모든 조건을 의미합니다.

함수식 설명

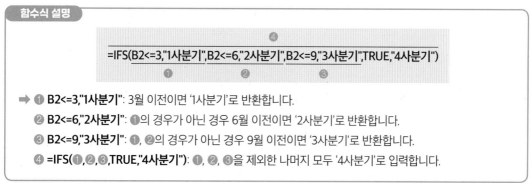

=IFS(B2<=3,"1사분기",B2<=6,"2사분기",B2<=9,"3사분기",TRUE,"4사분기")

➡ ❶ **B2<=3,"1사분기"**: 3월 이전이면 '1사분기'로 반환합니다.
　 ❷ **B2<=6,"2사분기"**: ❶의 경우가 아닌 경우 6월 이전이면 '2사분기'로 반환합니다.
　 ❸ **B2<=9,"3사분기"**: ❶, ❷의 경우가 아닌 경우 9월 이전이면 '3사분기'로 반환합니다.
　 ④ **=IFS(❶,❷,❸,TRUE,"4사분기")**: ❶, ❷, ❸을 제외한 나머지 모두 '4사분기'로 입력합니다.

④ **❶** [C2] 셀에 분기값을 구했으면 **❷** [C2] 셀의 자동 채우기 핸들(✚)을 더블클릭해 나머지 셀의 결괏값을 구하세요.

◉ **실습예제** : 지역매출_단가.xlsx
◉ **완성예제** : 지역매출_단가_완성.xlsx

05 제품 코드별 단가 이용해 금액 계산하기 – VLOOKUP 함수

실무

① [지역매출] 시트에서 '수량*단가'로 금액을 구하기 위해 **[F4]** 셀을 클릭하고 **=E4*VLOOKUP(**를 입력한 후 Ctrl+A나 Shift+F3을 누릅니다.

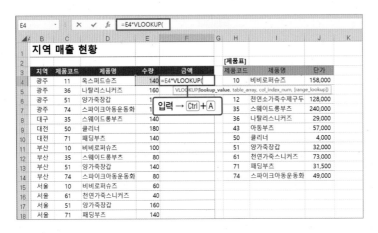

② VLOOKUP 함수의 [함수 인수] 대화상자가 열리면 ❶ 각 인수에 다음과 같이 입력하고 ❷ **[확인]**을 클릭합니다.

- **Lookup_value**: 참조 테이블의 1열에 해당하는 '제품코드'인 [C4] 셀을 클릭해 입력
- **Table_array**: 참조 범위 [H4:J14]를 선택하고 F4를 눌러 절대 참조로 변경
- **Col_index_num**: 참조 테이블에서 단가가 있는 열 번호인 '3' 입력
- **Range_lookup**: 제품 코드와 정확히 일치하는 값을 찾기 위해 '0'이나 'False' 입력

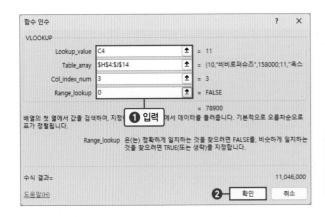

Tip

'참조표'에서 제품 코드의 1열이 오름차순 정렬되어 있으므로 여기서는 '1'이나 'TRUE'를 입력하거나 생략할 수 있습니다.

$$=E4*VLOOKUP(C4,\$H\$4:\$J\$14,3,0)$$

➡ ❶ **VLOOKUP(C4,$H$4:$J$14,3,0)**: [제품표]에서 제품 코드별 단가를 반환합니다.

❷ **=E4*❶**: '수량×단가'를 이용해 금액을 구합니다.

③ ❶ [F4] 셀에 금액을 구했으면 ❷ **[F4] 셀**의 자동 채우기 핸들(**✚**)을 더블클릭해 나머지 셀의 결괏값을 구하세요.

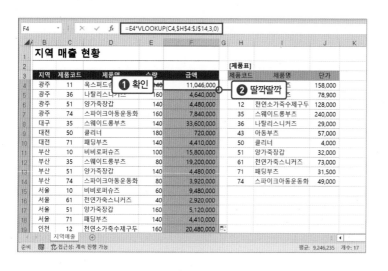

06

업무의 효율성을 높이는
고급 함수 다루기

실무에서는 단일 함수보다 여러 함수를 사용해 중첩해서 계
산해야 하는 경우가 많습니다. 이번 섹션에서는 중첩을 통한
다중 함수 계산 방법과 엑셀 2019 이후에 추가된 다양한 함
수를 익혀서 업무의 효율성을 더욱 높여보겠습니다.

활용도 ■■■ ■■ ■

01
센서 데이터에서 이상치 찾기
— QUARTILE.EXC, IF, OR 함수

실무

데이터 편집 · 셀 서식 · 표시 형식 · **함수** · 차트 · 조건부 서식 · 피벗 테이블

① 이상치 계산에 필요한 여러 가지 값을 계산해 볼게요. [이상치찾기] 시트에서 3분위수를 작성하기 위해 ❶ [F2] 셀에 =QUARTILE.EXC(B2:B25,를 입력합니다. 인수 목록이 표시되면 ❷ [3 - 3분위(75번째 백분위수)]를 더블클릭해 두 번째 인수인 '3'을 지정한 후 ❸ 이어서)를 입력하여 함수식을 닫고 Enter 를 누르세요.

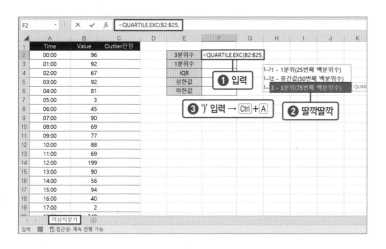

② ❶ [F2] 셀에 결괏값을 구했으면 ❷ [F3] 셀부터 [F6] 셀에 다음의 수식을 입력해 결괏값을 계산합니다.

- **1분위수**: =QUARTILE.EXC(B2:B25,1)
- **IQR**: =F2-F3
- **상한값**: =F2+F4*1.5
- **하한값**: =F3-F4*1.5

③ 이번에는 'Outlier'를 판정하는 수식을 작성하기 위해 **[C2] 셀**에 **=IF(**를 입력하고 Ctrl + A 나 Shift + F3 을 누릅니다.

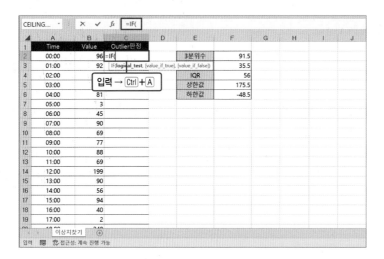

④ IF 함수의 [함수 인수] 대화상자가 열리면 **❶** 'Logical_test'에는 **OR(B2>$F$5,B2<$F$6)**을, 'Value_if_true'에는 **"Outlier"**를, 'Value_if_false'에는 빈 값인 **""**을 입력하고 **❷ [확인]**을 클릭합니다.

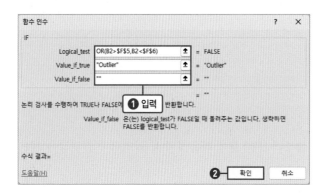

함수식 설명

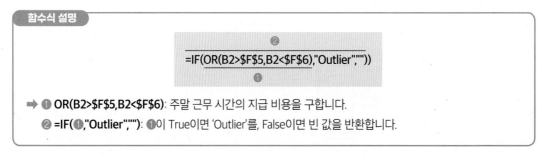

$$=IF(OR(B2>\$F\$5,B2<\$F\$6),"Outlier","")$$

➡ ❶ **OR(B2>$F$5,B2<$F$6)**: 주말 근무 시간의 지급 비용을 구합니다.

❷ **=IF(❶,"Outlier","")**: ❶이 True이면 'Outlier'를, False이면 빈 값을 반환합니다.

⑤ [C2] 셀에 결괏값을 구했으면 **❶** **[C2] 셀**의 자동 채우기 핸들(✚)을 **[C25] 셀**까지 드래그해 나머지 셀의 결괏값을 구하세요. 그러면 **❷** 2개의 'Outlier'를 발견할 수 있어요.

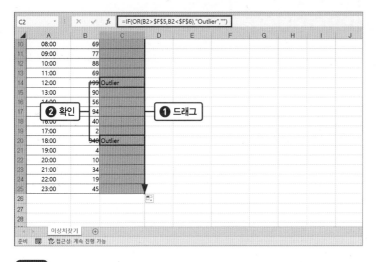

> **Tip**
>
> 이상치는 비정상적으로 극단적인 값을 가져서 일반적으로 생각할 수 있는 범위를 벗어난 관측치라고 규정합니다. 이상치를 찾을 때는 3분위수와 1분위수의 차이(IQR)를 구하고 3사분위수와 1사분위수로부터 1.5*IQR만큼 오른쪽에 있거나 왼쪽에 있는지를 확인하는 방법을 가장 많이 사용합니다.

데이터 편집

셀 서식

표시 형식

함수

차트

조건부 서식

피벗 테이블

79

◉ 실습예제 : 수도권판매_상품수.xlsx
◉ 완성예제 : 수도권판매_상품수_완성.xlsx

활용도 ■■■ ■■■ ■■■

02 판매 품목의 수 계산하기
─ SUMPRODUCT 함수

① [판매] 시트에서 [E4] 셀에 **=SUMPRODUCT(** 를 입력하고 Ctrl + A 나 Shift + F3 을 누릅니다.

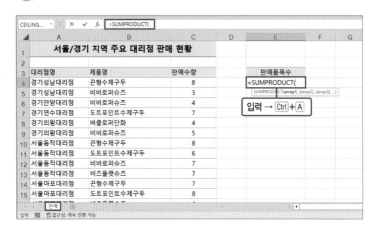

> **Tip**
> SUMPRODUCT 함수는 배열 간의 곱에 합계를 구하는 함수로, 배열 수식을 대신할 수 있습니다.

② SUMPRODUCT 함수의 [함수 인수] 대화상자가 열리면 ❶ 'Array1'에 **1/COUNTIF(B4:B28, B4:B28)** 을 입력하고 ❷ [확인]을 클릭합니다.

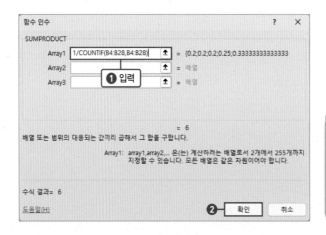

> **Tip**
> COUNTIF 함수의 두 인수가 모두 범위(집합)로 되어 있는 것에 주의하세요. 여기에는 COUNTIF 함수로 동일한 상품의 개수를 계산했는데, 이 값을 1/N해서 모두 더하면 상품당 1개의 값으로 계산됩니다.

②
=SUMPRODUCT(1/COUNTIF(B4:B28,B4:B28))
①

➡ ❶ **1/COUNTIF(B4:B28,B4:B28)**: 같은 제품명에 대한 개수에 대해 1/N의 값을 반환합니다.
　❷ **=SUMPRODUCT(❶)**: ❶의 배열값을 모두 합해서 계산합니다.

③ [E4] 셀에 판매 품목 수 **6**을 구했습니다.

	A	B	C	D	E	F
	E4	▾	× ✓ fx	=SUMPRODUCT(1/COUNTIF(B4:B28,B4:B28))		
1	서울/경기 지역 주요 대리점 판매 현황					
2						
3	대리점명	제품명	판매수량		판매품목수	
4	경기성남대리점	끈형수제구두	8		6	
5	경기성남대리점	비비로퍼슈즈	3			
6	경기안양대리점	비비로퍼슈즈	4		확인	
7	경기연수대리점	도트포인트수제구두	7			
8	경기의왕대리점	버클로퍼단화	4			
9	경기의왕대리점	비비로퍼슈즈	5			
10	서울동작대리점	끈형수제구두	8			
11	서울동작대리점	도트포인트수제구두	6			
12	서울동작대리점	비비로퍼슈즈	7			
13	서울동작대리점	비즈플랫슈즈	7			
14	서울마포대리점	끈형수제구두	7			
15	서울마포대리점	도트포인트수제구두	8			

● 실습예제 : 매출_요약.xlsx
● 완성예제 : 매출_요약_완성.xlsx

활용도 ■■■ ■■■ ■■■

실무 03 다중 조건의 매출 보고서 작성하기
— IFERROR, AVERAGEIFS, SUMIFS 함수

① [보고서] 시트에서 [D7] 셀에 =IFERROR(를 입력하고 Ctrl + A 나 Shift + F3 을 누릅니다.

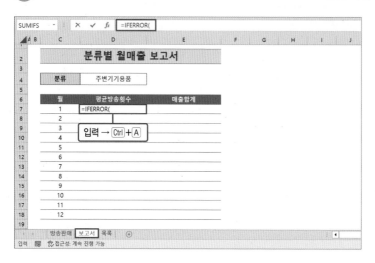

② IFERROR 함수의 [함수 인수] 대화상자가 열리면 ❶ 'Value'에 AVERAGEIFS( )를 입력하고 수식 입력줄에서 해당 함수 이름인 ❷ [AVERAGEIFS]를 클릭합니다.

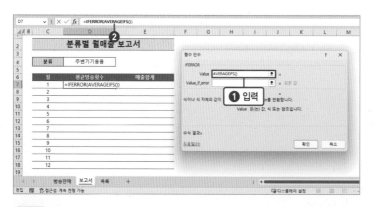

Tip
[함수 인수] 대화상자가 열린 상태에서 수식 입력줄에 있는 함수 이름을 클릭하면 해당 함수에 대한 [함수 인수] 대화상자로 변경됩니다.

③ AVERAGEIFS 함수의 [함수 인수] 대화상자가 열리면 각 인수에 다음과 같이 입력합니다. 이때 [방송판매] 시트의 데이터는 '판매'라는 표로 작성되어 있습니다.

- **Average_range**: 판매[방송횟수]
- **Ctriteria_range1**: 판매[월]
- **Criteria1**: C7
- **Ctriteria_range2**: 판매[분류]
- **Criteria2**: $D$4

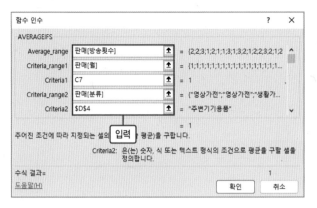

Tip

'판매[방송횟수]' 값은 '판매' 표의 '방송횟수' 필드 전체를 의미하는데, 수식의 원본 데이터인 '판매' 표는 [방송판매] 시트에서 확인할 수 있습니다. '판매[방송횟수]' 값은 '판매' 표의 '방송횟수' 필드 전체를 의미합니다.

④ 수식 입력줄에서 다시 [IFERROR]를 클릭합니다. IFERROR 함수의 [함수 인수] 대화상자로 되돌아오면 ❶ 'Value_if_error'에 **0**을 입력하고 ❷ [확인]을 클릭하세요.

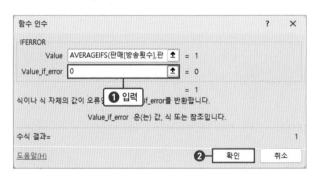

함수식 설명

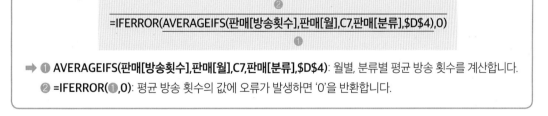

=IFERROR(AVERAGEIFS(판매[방송횟수],판매[월],C7,판매[분류],$D$4),0)

➡ ❶ **AVERAGEIFS(판매[방송횟수],판매[월],C7,판매[분류],$D$4)**: 월별, 분류별 평균 방송 횟수를 계산합니다.
   ❷ **=IFERROR(❶,0)**: 평균 방송 횟수의 값에 오류가 발생하면 '0'을 반환합니다.

⑤ ❶ [D7] 셀에 평균 방송 횟수를 구했으면 매출 금액의 합계를 계산해 볼게요. ❷ [E7] 셀에 =SUMIFS(를 입력하고 [Ctrl]+[A]나 [Shift]+[F3]을 누릅니다.

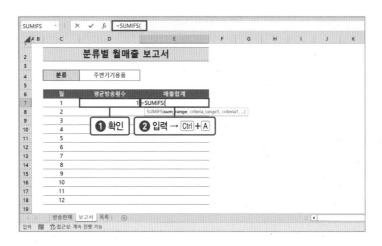

⑥ SUMIFS 함수의 [함수 인수] 대화상자가 열리면 ③~④ 과정의 AVERAGEIFS 함수와 같이 ❶ 각 인수를 입력하고 ❷ [확인]을 클릭합니다.

- Average_range: 판매[매출금액]
- Criteria1: C7
- Criteria2: $D$4
- Ctriteria_range1: 판매[월]
- Ctriteria_range2: 판매[분류]

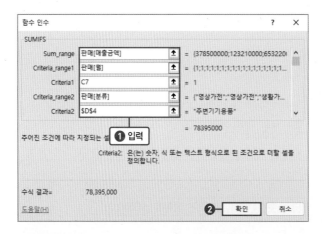

84

7 ❶ [E7] 셀에 매출 합계를 구했으면 ❷ 셀 범위 **[D7:E7]**을 선택하고 ❸ **[E7]** 셀의 자동 채우기 핸들을 더블클릭합니다. 나머지 셀의 결괏값을 구했으면 ❹ **[홈] 탭-[표시 형식] 그룹-[쉼표 스타일]**을 클릭하여 천 단위마다 쉼표를 표시하세요.

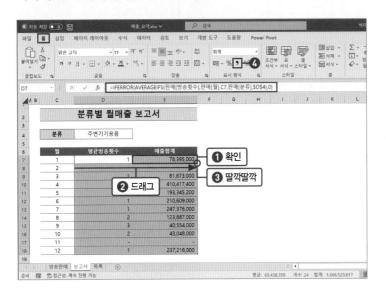

◉ **실습예제** : 영업사원매출_인센티브.xlsx
◉ **완성예제** : 영업사원매출_인센티브_완성.xlsx

활용도 ■■ ■■ ■■

부서와 달성률에 따라 인센티브 계산하기 — VLOOKUP, INDIRECT 함수

실무 **04**

① [사업부별인센티브] 시트에서 셀 범위 ❶ **[A4:B9]**를 선택하고 Ctrl + T 를 눌러 ❷ 표로 만듭니다.

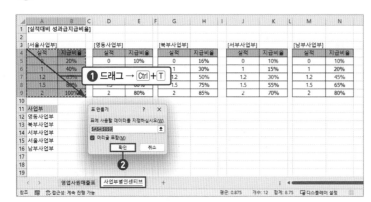

영 상 강 의

② 이와 같은 방법으로 ❶ 모든 사업부의 각 범위를 ❷ Ctrl + T 를 눌러 ❸ 표로 작성하세요.

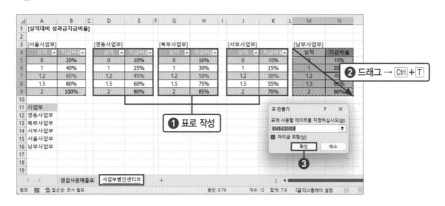

③ ❶ 작성한 표 범위 [A4:B9] 안에 있는 하나의 셀을 클릭하고 ❷ [테이블 디자인] 탭-[속성] 그룹-[표 이름]에 **서울사업부**를 입력하여 표 이름을 지정합니다.

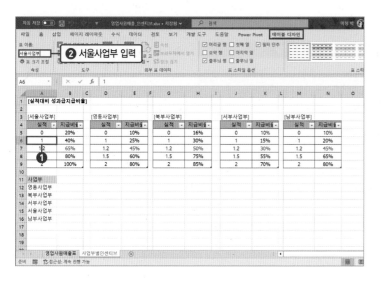

④ 이와 같은 방법으로 ❶ 각 표에 표 이름을 각각 **영동사업부, 북부사업부, 서부사업부,** ❷~❸ **남부사업부**로 입력하세요.

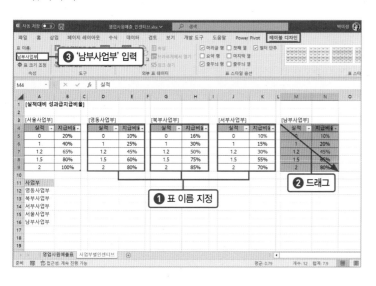

87

⑤ ❶ [영업사원매출표] 시트를 선택하고 ❷ [F4] 셀에 =H4*VLOOKUP(를 입력한 후 Ctrl + A 나 Shift + F3 을 누릅니다.

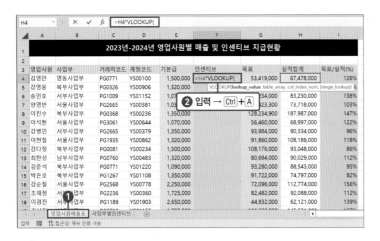

⑥ VLOOKUP 함수의 [함수 인수] 대화상자가 열리면 ❶ 각 인수에 다음과 같이 입력하고 ❷ [확인] 을 클릭합니다.

- Lookup_value: I4
- Table_array: INDIRECT(B4). INDIRECT 함수는 지정된 셀의 텍스트를 주소로 인식해 표를 범위 로 가져오는 함수입니다.
- Col_index_num: 2
- Range_lookup: 1. True 값으로, Lookup_value의 값이 오름차순으로 정렬된 참조 범위에서 1열의 특정 구간에 해당될 때 지정합니다.

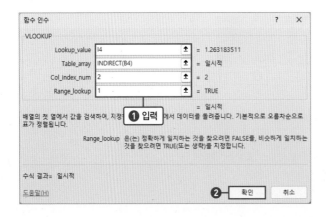

함수식 설명

②
=H4*VLOOKUP(I4,INDIRECT(B4),2,1)
①

➡ ❶ **INDIRECT(B4)**: 지정된 셀의 텍스트를 주소로 인식해 표를 범위로 가져옵니다.

　❷ **=H4*VLOOKUP(I4,❶,2,1)**: 목표/실적(%)의 값을 ❶에 해당하는 범위에서 찾아 해당 범위에서 2열의 값 (지급 비율)을 가져온 후 실적 합계를 곱해 계산합니다.

⑦ ❶ [F4] 셀에 인센티브를 구했으면 ❷ [F4] 셀의 자동 채우기 핸들(➕)을 더블클릭해 나머지 셀의 결괏값을 구하세요.

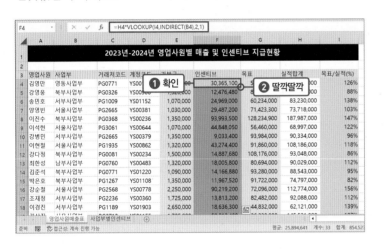

◎ 실습예제 : 우수사원_정보.xlsx
◎ 완성예제 : 우수사원_정보_완성.xlsx

활용도 ■■■ ■■■ ■■■

사번 이용해 원하는 정보 한 번에
가져오기 – VLOOKUP, MATCH 함수

① [우수사원] 시트에서 사번에 따른 각 정보를 계산하기 위해 [B4] 셀에 =VLOOKUP(를 입력하고 Ctrl + A 나 Shift + F3 을 누릅니다.

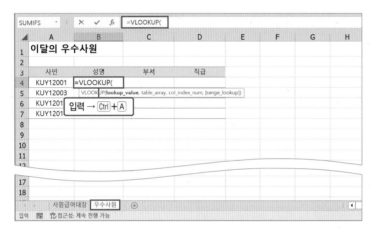

영상강의

② VLOOKUP 함수의 [함수 인수] 대화상자가 열리면 ❶ 각 인수에 다음과 같이 입력하고 ❷ 수식 입력줄에서 [MATCH]를 클릭합니다.

- Lookup_value: $A4
- Table_array: 사원급여대장!$A$4:$G$21
- Col_index_num: MATCH( )

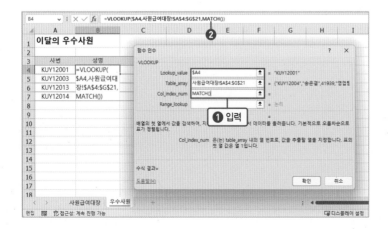

③ MATCH 함수의 [함수 인수] 대화상자로 변경되면 **❶** 각 인수에 다음과 같이 입력하고 **❷** 수식 입력줄에서 **[VLOOKUP]**을 클릭합니다.

· Lookup_value: B$3
· Lookup_array: 사원급여대장!$A$3:$G$3
· Match_type: 0

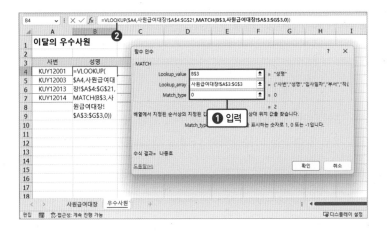

④ VLOOKUP 함수의 [함수 인수] 대화상자로 되돌아오면 **❶** 마지막 인수인 'Range_lookup'에 0 을 입력하고 **❷** **[확인]**을 클릭합니다.

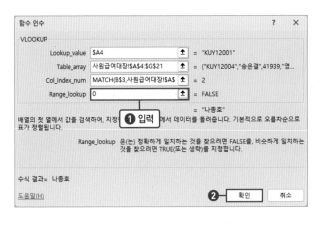

②
=VLOOKUP($A4,사원급여대장!$A$4:$G$21,MATCH(B$3,사원급여대장!$A$3:$G$3,0),0)
①

➡ ❶ **MATCH(B$3,사원급여대장!$A$3:$G$3,0)**: 필드명을 참조 테이블의 제목 행에서 찾아 해당 열의 번호를 반환합니다.

❷ **=VLOOKUP($A4,사원급여대장!$A$4:$G$21,❶,0)**: 사번을 참조 테이블의 1열('사번' 필드)에서 찾아 ❶에 해당하는 열에서 값을 가져옵니다.

⑤ ❶ [B4] 셀에 사번에 대한 성명을 구했으면 ❷ [B4] 셀의 자동 채우기 핸들(✚)을 [D4] 셀까지 드래그해 복사합니다. ❸ [D4] 셀의 자동 채우기 핸들을 더블클릭해 나머지 셀의 결괏값을 구하세요.

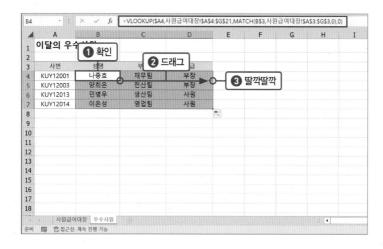

◉ 실습예제 : 사원급여대장_사번.xlsx
◉ 완성예제 : 사원급여대장_사번_완성.xlsx

활용도 ■■■ ■■

실무 06

이름 기준으로 왼쪽 열의 사번과 입사일자 가져오기 – XLOOKUP 함수

① VLOOKUP 함수를 사용하면 기준 열보다 왼쪽에 있는 열은 참조하지 못하지만 XLOOKUP 함수를 사용하면 이 문제를 해결할 수 있어요. [사원급여대상] 시트에서 **[J4] 셀**에 **=XLOOKUP(**를 입력하고 Ctrl + A 나 Shift + F3 을 누릅니다.

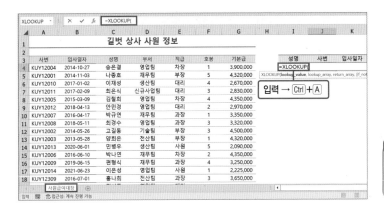

> **Tip**
> XLOOKUP 함수는 오피스 365 버전에서 사용할 수 있습니다.

② XLOOKUP 함수의 [함수 인수] 대화상자로 변경되면 ❶ 각 인수에 다음과 같이 입력하고 ❷ **[확인]**을 클릭합니다.

- **Lookup_value:** $I$4. 찾는 값을 입력합니다.
- **Return_array:** A4:A21
- **Lookup_array:** $C4:$C21
- **If_not_found:** "해당사항 없음"

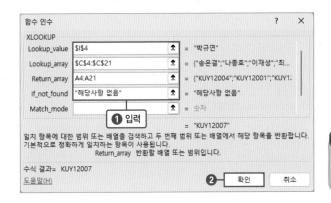

> **Tip**
> 'If_not_found'에는 일치하는 값이 없을 때 반환할 값을 입력합니다.

$$=XLOOKUP(\$I\$4,\$C4:\$C21,A4:A21,"해당사항 없음")$$

➡ 사원 이름을 기준으로 사번을 반환하고 이름이 없으면 '해당사항 없음'으로 반환합니다.

③ ❶ [J4] 셀에 사번을 구했으면 ❷ **[J4] 셀의 자동 채우기 핸들(✚)을 [K4] 셀까지 드래그합니다.**

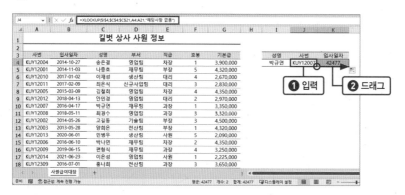

Tip

계산된 [K4] 셀에는 [홈] 탭-[표시 형식] 그룹-[일반]을 클릭하고 [간단한 날짜]를 선택하거나 Ctrl + Alt + #을 눌러 날짜로 표시하세요.

④ [K4] 셀에 입사 일자를 구했으면 날짜 표시 형식을 지정하여 완성하세요.

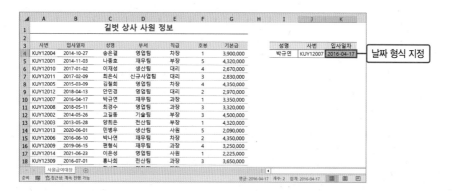

◉ 실습예제 : 수출거래_순위별거래처.xlsx
◉ 완성예제 : 수출거래_순위별거래처_완성.xlsx

07 실무
순위별 매출에 해당하는 수출 거래처
알아보기 – INDEX, MATCH, LARGE 함수

① 특정 순위의 해당하는 수출 거래처를 계산해 볼게요. [수출거래원장] 시트에서 **[J2] 셀**에 **=INDEX(**를 입력하고 Ctrl + A나 Shift + F3을 누릅니다.

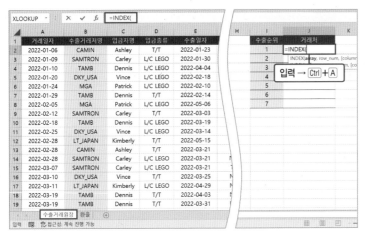

② INDEX 함수의 [인수 선택] 대화상자가 열리면 '인수'에서 ❶ **첫 번째 인수 목록**을 선택하고 ❷ **[확인]**을 클릭합니다.

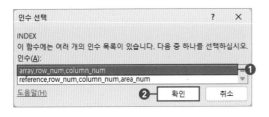

③ INDEX 함수의 [함수 인수] 대화상자가 열리면 ❶ 'Array'에는 **수출거래[수출거래처명]**을, 'Row_num'에는 행 번호의 값이 순위값에 따라 달라지므로 **MATCH( )** 함수를 입력하고 ❷ 수식 입력줄에서 [MATCH]를 클릭합니다.

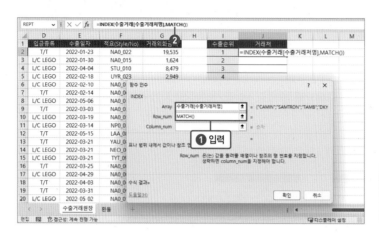

Tip
참조할 범위는 '수출거래'라는 표로 작성되어 있습니다.

④ MATCH 함수의 [함수 인수] 대화상자로 변경되면 ❶ 각 인수에 다음과 같이 입력하고 ❷ 수식입력줄에서 다시 [INDEX]를 클릭합니다.
- **Lookup_value:** LARGE(수출거래[거래외화금액],I2)
- **Lookup_array:** 수출거래[거래외화금액]
- **Match_type:** 0

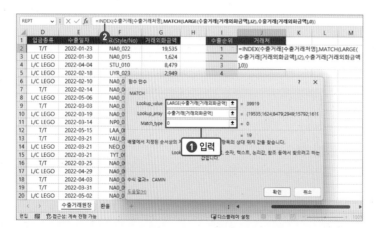

⑤ INDEX 함수의 [함수 인수] 대화상자로 되돌아오면 ❶ 마지막 인수인 'Column_num'에 **1**을 입력하고 ❷ **[확인]**을 클릭합니다.

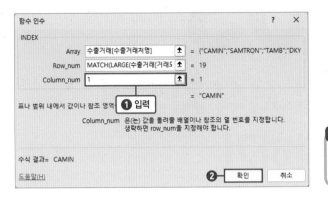

데
이
터
편
집

셀
서
식

표
시
형
식

함
수

차
트

조
건
부
서
식

피
벗
테
이
블

Tip
INDEX 함수에서 열이나 행이 하나만 있으면 행 번호와 열 번호를 생략해도 됩니다.

함수식 설명

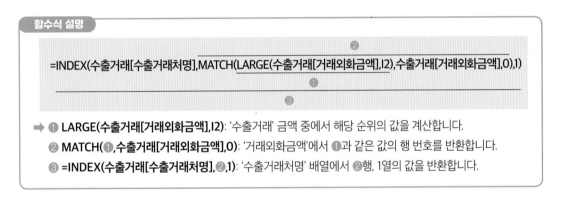

=INDEX(수출거래[수출거래처명],MATCH(LARGE(수출거래[거래외화금액],I2),수출거래[거래외화금액],0),1)

➡ ❶ **LARGE(수출거래[거래외화금액],I2):** '수출거래' 금액 중에서 해당 순위의 값을 계산합니다.
  ❷ **MATCH(❶,수출거래[거래외화금액],0):** '거래외화금액'에서 ❶과 같은 값의 행 번호를 반환합니다.
  ❸ **=INDEX(수출거래[수출거래처명],❷,1):** '수출거래처명' 배열에서 ❷행, 1열의 값을 반환합니다.

⑥ ❶ [J2] 셀에 수출 순위 '1'에 맞는 거래처 이름을 구했으면 ❷ **[J2]** 셀의 자동 채우기 핸들(➕)을 더블클릭해 나머지 셀의 결괏값을 구하세요.

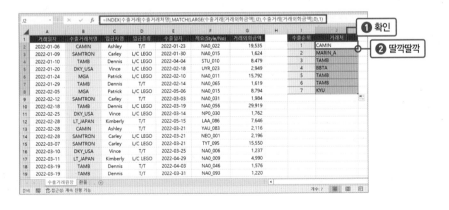

CHAPTER **03**

차트와 비주얼 서식 지정해 보고서 시각화하기

데이터 분석이 이루어진 요약 결과는 숫자 데이터로만 작성되어 있습니다. 이 경우 중요한 비즈니스 의사를 결정해야 하는 상황에서 추세나 트랜드 및 인사이트를 도출하기가 매우 힘듭니다. 바로 이때 직관적인 시각적 자료야말로 빠른 의사 결정에 도움을 주는 분석 기법입니다. 엑셀에서는 차트뿐만 아니라 추세를 한 셀에 표현하는 스파크라인, 그리고 조건에 따라 다양한 서식을 지정할 수 있는 조건부 서식을 이용해 빠르게 분석할 수 있습니다.

07

차트로 데이터 표현하고
분석하기

엑셀의 시각화 기능 중에서 다양한 차트를 이용해 데이터를
보기 좋게 표현할 수 있습니다. 이번 섹션에서는 보고서와
연동되는 차트뿐만 아니라 서로 다른 값을 하나의 차트로 표
현하는 콤보 차트, 계층 차트와 같이 실무에서 많이 사용하
는 차트를 작성해 볼게요. 또한 분석 기능을 잘 표현할 수 있
는 파레토나 폭포 차트도 작성해 보겠습니다.

◉ 실습예제 : 매출이익_차트서식.xlsx
◉ 완성예제 : 매출이익_차트서식_완성.xlsx

활용도 ■■■ ■■ ■

01
기본

차트 스타일과 레이아웃 빠르게 디자인하기

✔ 실무 활용 사례

• 요약된 보고서에 시각화 자료를 빠르게 작성해야 할 때

✔ 업무 시간 단축

• [차트 스타일] 단추(🖊) → [스타일 7] 선택
• [차트 요소] 단추(➕) → [범례]-[위쪽] 선택
• Alt + JC, H로 색상 변경

① [품목1] 시트에서 ❶ 셀 범위 [A3:D9]를 선택하고 Alt + F1 을 누릅니다. 워크시트의 가운데에 기본 차트인 묶은 세로 막대형 차트가 작성되었으면 ❷ 차트의 크기와 위치를 적절하게 변경하고 ❸ [차트 디자인] 탭-[차트 스타일] 그룹-[스타일 7]을 클릭하세요.

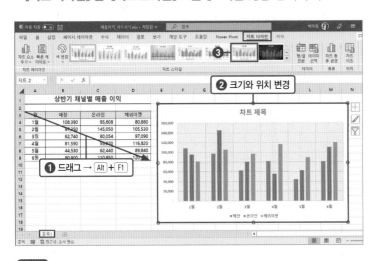

Tip

차트 스타일은 차트마다 전체적인 레이아웃과 디자인을 적용한 다양한 스타일을 제공하고 있습니다. 차트를 선택하면 차트의 오른쪽 위에 표시되는 단추 중에서 [차트 스타일] 단추(🖊)를 클릭해도 차트 스타일을 선택할 수 있어요.

② 차트 스타일이 변경되었으면 여러 요소들을 차트에 표시하거나 삭제 또는 위치를 변경할 수 있어요. 차트를 선택한 상태에서 **❶ [차트 요소] 단추(⊞)**를 클릭하고 **❷~❸ [범례]-[위쪽]**을 선택하세요.

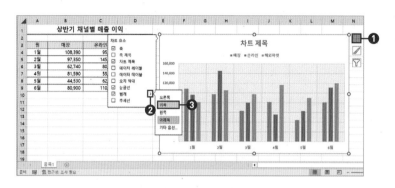

③ **❶** 범례가 차트의 위쪽으로 이동했는지 확인합니다. **❷ [차트 디자인] 탭-[차트 스타일] 그룹-[색 변경]**을 클릭하고 **❸** '색상형'의 **[다양한 색상표 2]**를 선택하여 **❹** 차트의 색상을 변경하세요.

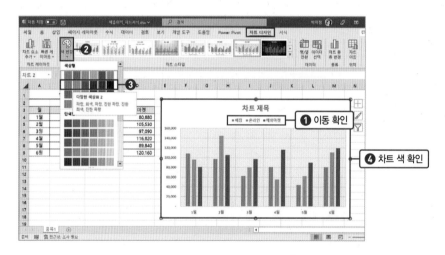

④ 차트의 제목을 [A1] 셀의 제목과 동기화해 볼게요. ❶ 차트에서 차트 제목을 선택하고 =를 입력한 후 ❷ [A1] 셀을 클릭해 수식을 완성한 후 Enter 를 누르세요.

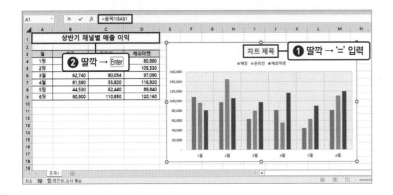

⑤ [A1] 셀의 제목이 차트 제목으로 표시되었는지 확인합니다. 제공된 차트 스타일과 레이아웃 등을 적용해 서식을 적용한 차트를 빠르게 완성했어요.

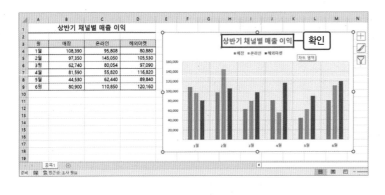

◉ 실습예제 : 매출요약_차트.xlsx
◉ 완성예제 : 매출요약_차트_완성.xlsx

활용도 ■■■ ■■■ ▢▢▢

요약 보고서와 차트 연동하기

실무 02

✔ **실무 활용 사례**

• 요약된 보고서에 매출 추세를 표현해야 할 때

✔ **업무 시간 단축**

• Alt + N, N1 로 '표식이 있는 꺾은선형' 차트 삽입
• Alt + JC, E 로 데이터 변경

① [보고서] 시트에서 **①** Ctrl 을 이용해 셀 범위 **[C6:C18]**과 **②** **[E6:E18]**을 함께 선택합니다. **③** [삽입] 탭-[차트] 그룹-[꺾은선형 또는 영역형 차트 삽입]을 클릭하고 **④** '2차원 꺾은선형'의 [표식이 있는 꺾은선형]을 클릭하세요.

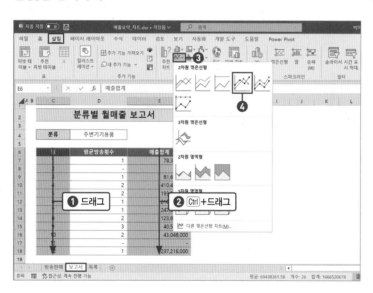

② ❶ 표식이 있는 꺾은선형 차트가 삽입되면서 차트에 '월' 항목이 계열 값으로 추가되었습니다. 이 계열을 삭제하기 위해 차트를 선택하고 ❷ **[차트 디자인] 탭-[데이터] 그룹-[데이터 선택]**을 클릭하세요.

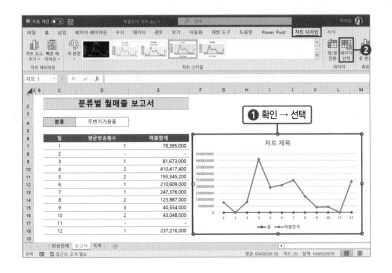

③ [데이터 원본 선택] 대화상자가 열리면 ❶ '범례 항목(계열)'에서 **[월]**을 선택하여 체크 표시하고 ❷ **[제거]**를 클릭한 후 ❸ **[확인]**을 클릭합니다.

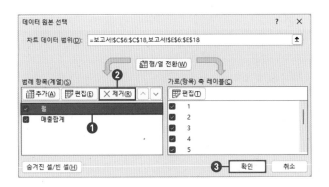

④ 차트에 적용된 계열이 하나이므로 범례가 필요 없습니다. 차트의 오른쪽 위에 있는 ❶ **[차트 요소] 단추(┼)**를 클릭하고 ❷ **[범례]**의 체크 표시를 해제하세요.

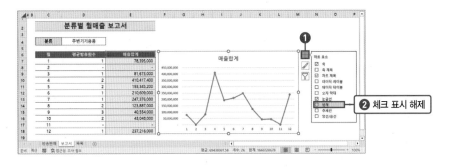

⑤ 이번에는 가로 항목의 값에 표시 형식을 지정해 볼게요. ❶ 차트의 가로 축에서 마우스 오른쪽 단추를 클릭하고 ❷ [축 서식]을 선택하세요.

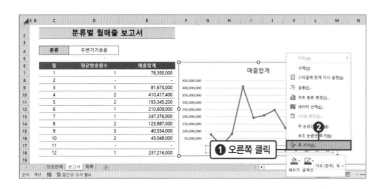

⑥ 화면의 오른쪽에 [축 서식] 창이 열리면 ❶ [축 옵션]-[축 옵션](📊)의 ❷ [표시 형식]에서 ❸ '서식 코드'에 입력된 'G/표준' 뒤에 **"월"**을 입력한 후 ❹ [추가]를 클릭합니다.

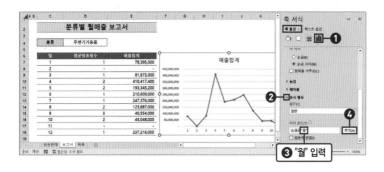

⑦ ❶ 가로 축의 표시 형식이 변경되었는지 확인하고 ❷ [C2] 셀에 제목 =D4&" 월별 매출 보고서"를 입력한 후 Enter를 누릅니다.

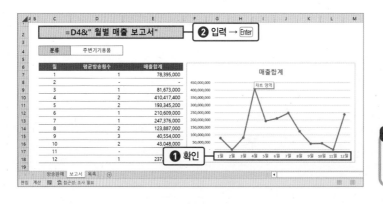

Tip

[D4] 셀의 분류값을 바꿀 때마다 제목이 변경됩니다.

⑧ [C2] 셀을 차트 제목과 연동하기 위해 **❶** 차트에서 제목을 클릭하여 선택하고 이어서 =를 입력합니다. **❷ [C2] 셀**을 클릭해 수식을 완성한 후 Enter를 누르세요.

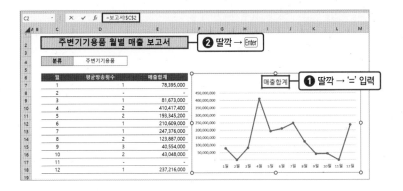

⑨ **❶** 차트의 제목이 변경되었는지 확인하고 **❷ [D4] 셀**을 클릭합니다. **❸** [D4] 셀의 오른쪽에 목록 단추(▼)가 표시되면 클릭하고 **❹** 다른 분류값을 선택하세요.

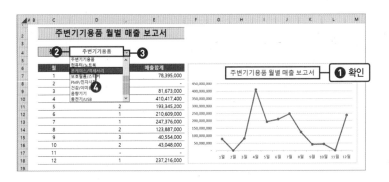

⑩ 제목과 요약 내용뿐만 아니라 차트의 모양까지 변경되었는지 확인하세요.

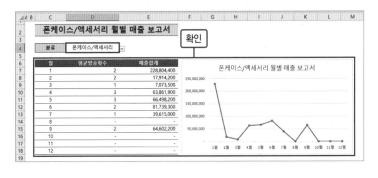

활용도 ■■■ ■■■ ■■■

◉ **실습예제** : 주택보급률_콤보.xlsx
◉ **완성예제** : 주택보급률_콤보_완성.xlsx

03
실무

값이 다른 2개의 계열을
콤보 차트로 작성하기

✓ 실무 활용 사례

• 차트에서 삽입할 계열의 단위나 값 차이가 커서 제대로 표현해야 할 때

✓ 업무 시간 단축

• 작성한 차트 선택 후 Alt + JC, C
• [차트 종류 변경] 대화상자에서 혼합 차트 선택
• 주택 보급률만 꺾은선형으로 표현하고 보조 축 선택

① 계열별로 값이 크게 차이 나거나 단위가 서로 다른 값을 하나의 차트에 표현하려면 단일 차트보다 보조 축을 사용해서 2개의 차트로 표현하는 것이 좋습니다. [Sheet1] 시트에서 ❶ 셀 범위 **[B3:G6]** 을 선택하고 Alt + F1 을 눌러 ❷ 기본 차트인 묶은 세로 막대형 차트를 빠르게 삽입합니다. 차트의 크기와 위치를 적절하게 변경하고 ❸ **[차트 디자인] 탭-[종류] 그룹-[차트 종류 변경]**을 클릭하세요.

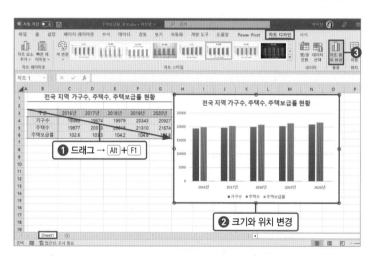

Tip

[삽입] 탭-[차트] 그룹-[콤보 차트 삽입]을 클릭하고 [사용자 지정 콤보 차트 만들기]를 선택해도 콤보 차트를 삽입할 수 있습니다.

108

② [차트 종류 변경] 대화상자의 [모든 차트] 탭이 열리면 ❶ **[혼합] 범주**를 선택합니다. '데이터 계열에 대한 차트 종류와 축을 선택합니다.'에서 ❷ '주택보급률' 계열의 차트 종류는 **[꺾은선형]**을 선택하고 ❸ **[보조 축]**에 체크 표시한 후 ❹ **[확인]**을 클릭하세요.

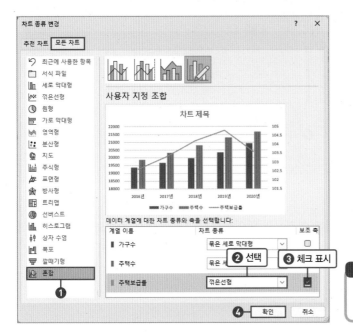

Tip
주택 보급률은 가구 수나 주택 수와 달리 백분율로 표시되어 단위가 작습니다.

③ 축이 2개인 혼합 차트가 완성되었으면 차트의 오른쪽에 있는 보조 축을 숨겨볼게요. ❶ 차트 오른쪽의 보조 축에서 마우스 오른쪽 단추를 클릭하고 ❷ **[축 서식]**을 선택하세요.

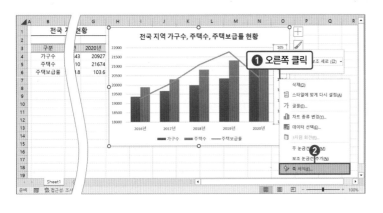

④ 화면의 오른쪽에 [축 서식] 창이 열리면 ❶ [축 옵션]-[축 옵션](🔳)의 ❷ [레이블]에서 ❸ '레이블 위치'의 목록 단추(🔽)를 클릭하고 ❹ [없음]을 선택합니다.

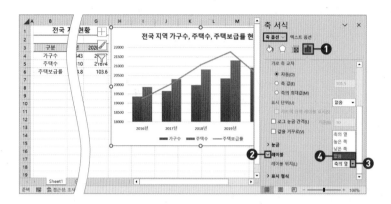

⑤ ❶ 오른쪽에 있었던 보조 축의 이름이 없어졌는지 확인합니다. ❷ 차트에서 '주택보급률' 계열을 선택하고 ❸ [차트 요소] 단추(➕)를 클릭한 후 ❹ [데이터 레이블]에 체크 표시해 ❺ 데이터 레이블을 표시하세요.

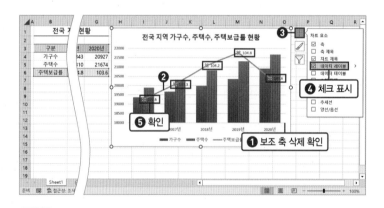

> **Tip**
>
> 축으로 값의 위치를 판단하는 대신 꺾은선형 차트의 각 항목에 값을 추가하여 표시했습니다.

◉ 실습예제 : 영업본부_계층.xlsx
◉ 완성예제 : 영업본부_계층_완성.xlsx

활용도 ▇▇▇ ▢▢▢ ▢▢▢

04
실무

트리맵으로 계층 구조 차트 작성하기

✓ **실무 활용 사례**

- 영업 본부별 매출 실적을 한 번에 표시하는 차트를 작성해야 할 때

✓ **업무 시간 단축**

- Alt + N, H1로 트리맵 차트 작성
- [차트 요소] 단추(⊞) → '값'으로 데이터 레이블 추가

---

① 영업본부에서 팀별 매출 금액을 계층적 구조로 표현하는 차트를 작성해 볼게요. [본부별실적] 시트에서 ❶ 차트로 작성할 셀 범위 **[A3:C14]**를 선택하고 ❷ **[삽입] 탭-[차트] 그룹-[계층 구조 차트 삽입]**을 클릭한 후 ❸ **[트리맵]**을 클릭하세요.

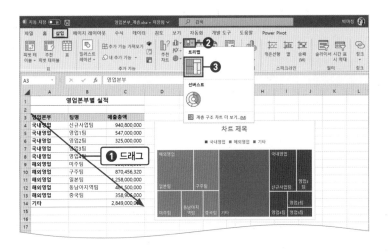

② 트리맵 차트가 작성되었으면 ❶ 차트의 크기와 위치를 적절하게 변경하고 ❷ 차트 제목에 **영업본부별 매출**을 입력합니다.

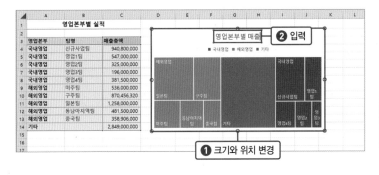

Tip
차트는 원본 데이터와 달리 왼쪽부터 값의 크기 순서로 정렬됩니다.

데이터 편집

셀 서식

표시 형식

함수

차트

조건부 서식

피벗 테이블

③ ❶ 차트를 선택하고 ❷ [차트 요소] 단추(➕)를 클릭한 후 ❸~❹ [데이터 레이블]-[기타 데이터 레이블 옵션]을 선택합니다.

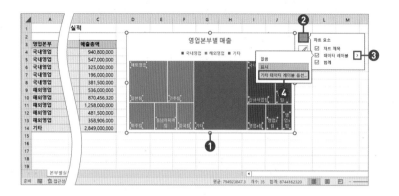

④ 화면의 오른쪽에 [데이터 레이블 서식] 창이 열리면 ❶ [레이블 옵션]-[레이블 옵션](📊)의 ❷ [레이블 옵션]에서 ❸ [값]에 체크 표시합니다. ❹ 레이블의 아래쪽에 값이 표시되었는지 확인하세요.

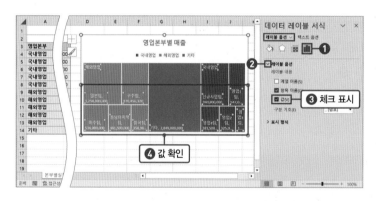

◉ 실습예제 : 매장별매출_오차막대.xlsx
◉ 완성예제 : 매장별매출_오차막대_완성.xlsx

활용도 ■■■ ■■ ■

실무 05
오차 막대로 매출 평균 분석하는 차트 작성하기

① 차트에서 값에 대한 불확실한 오류의 범위를 막대를 이용해 데이터에 대한 잠재적인 오차량으로 표시할 수 있습니다. 월별 판매량의 평균을 표시하는 차트에서 월별 매장의 배출 표준 편차를 구하기 위해 [매장별매출] 시트에서 [G3] 셀에 =STDEV.S(C3:E3)을 입력하고 Enter를 누르세요.

영상강의

② ❶ [G3] 셀에 1월의 표준 편차를 구했으면 ❷ [G3] 셀의 자동 채우기 핸들(✚)을 더블클릭해 나머지 셀의 결괏값을 구하세요.

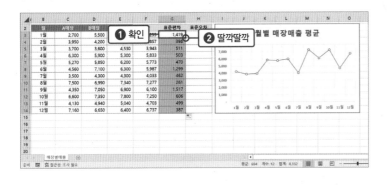

③ 이번에는 오차 막대의 값으로 사용할 표준 오차를 구하기 위해 **[H3] 셀**에 함수식 **=G3/SQRT(COUNT(C3:E3))**을 입력하고 Enter를 누릅니다.

Tip

표준 오차는 표본 평균에 대한 표준 편차로, 표준 편차를 관측수의 제곱근으로 나눈 수입니다.

함수식 설명

$$=G3/SQRT(COUNT(C3:E3))$$

➡ 전체 매장의 표준 편차를 매장 수의 제곱근으로 나눕니다.

---

④ ❶ [H3] 셀에 표준 오차의 값을 구했으면 ❷ [H3] 셀의 자동 채우기 핸들(+)을 더블클릭해 나머지 셀의 결괏값을 구하세요.

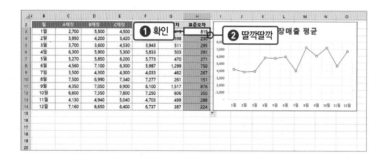

⑤ ❶ 차트를 선택하고 ❷ [차트 요소] 단추(+)를 클릭한 후 ❸~❹ [오차 막대]-[기타 옵션]을 선택합니다.

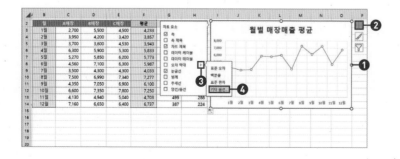

6 화면의 오른쪽에 [오차 막대 서식] 창이 열리면 [오차 막대 옵션]의 ^❶ '오차량'에서 **[사용자 지정]**을 선택하고 ^❷ **[값 지정]**을 클릭합니다.

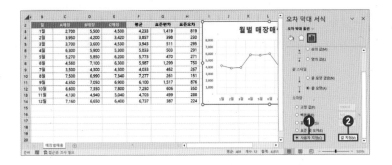

7 [오차 막대 사용자 지정] 대화상자가 열리면 ^❶ '양의 오류 값'과 '음의 오류 값'에 셀 범위 [H3:H14]를 선택해 **=매장별매출!$H$3:$H$14**를 입력하고 ^❷ **[확인]**을 클릭합니다.

8 평균값에 대한 오차 막대가 추가되었습니다. '1월'과 '9월'의 경우 매장 간 표준 오차의 범위가 큰 것을 알 수 있습니다.

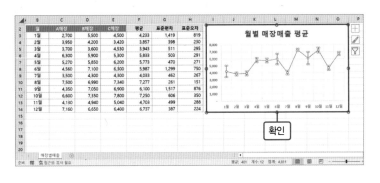

◉ **실습예제** : 손익계산서_폭포.xlsx
◉ **완성예제** : 손익계산서_폭포_완성.xlsx

활용도 ▰▰▰ ▰▰▰ ▰▰▰

폭포 차트 이용해 최종 이익 파악하기

✔ 실무 활용 사례

• 연속적으로 누적시키면서 증가 또는 감소하는 데이터를 차트로 표현해야 할 때
• 매출과 비용의 증감 현황, 최종 이익을 파악해야 할 때

✔ 업무 시간 단축

• Alt + N1, 1 로 폭포 차트 삽입
• '매출합계' 막대의 바로 가기 메뉴에서 [합계로 설정] 선택

---

① 2023년 손익계산서에서 매출과 비용의 증감 현황을 차트로 표현해 볼게요. [손익계산서] 시트에서 ❶ 셀 범위 [A4:B15]를 선택하고 ❷ [삽입] 탭-[차트] 그룹-[폭포, 깔대기형, 주식형, 표면형 또는 방사형 차트 삽입]을 클릭한 후 ❸ [폭포]를 클릭합니다.

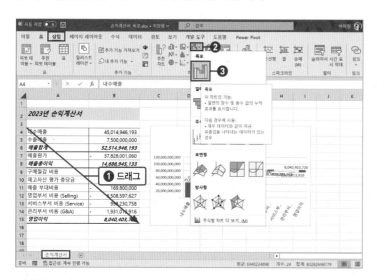

> **Tip**
>
> 폭포 차트(Waterfall Chart)는 연속적으로 데이터를 누적시키면서 증가하거나 감소하는 상황을 한눈에 표현하기 위한 목적으로 사용합니다.

② 폭포형 차트가 삽입되었으면 ❶ 차트의 크기와 위치를 적절하게 변경하고 ❷ 차트 제목에 2023 년 손익계산 현황을 입력한 후 ❸ [차트 디자인] 탭-[차트 스타일] 그룹-[스타일 5]를 클릭합니다.

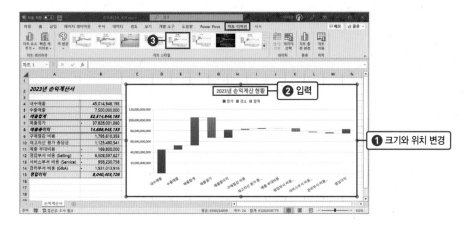

③ 양수값과 음수값에 따라 막대가 차트에 적용되었으면 이 중에서 수식이 있는 합계를 적용해 볼 게요. ❶ '매출합계' 막대를 천천히 2번 클릭하여 '매출합계' 막대만 선택하고 ❷ 마우스 오른쪽 단추를 클릭한 후 ❸ [합계로 설정]을 선택하세요.

Tip

여러 막대 중에서 '매출합계' 막대만 선택하려면 '매출합계' 막대를 천천히 두 번 클릭해야 합니다.

④ 이와 같은 방법으로 '매출총이익'과 '영업이익'도 합계로 설정하면 최종 영업 이익이 얼마인지 차트에서 한눈에 파악할 수 있습니다.

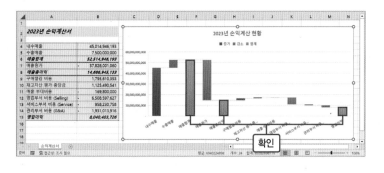

08

스파크라인과 조건부 서식 지정해 보고서 강조하기

엑셀의 시각화 기능에는 차트 외에 조건부 서식과 스파크라인을 꼽을 수 있습니다. 이 두 가지 기능은 데이터 자체의 흐름이나 추세를 표현할 때 많이 활용합니다. 특히 조건부 서식은 특정 조건을 이용해 분석하거나 수식을 이용해 좀 더 까다로운 조건으로 데이터를 강조할 때 편리합니다.

◉ 실습예제 : 12월판매_세트포함.xlsx
◉ 완성예제 : 12월판매_세트포함_완성.xlsx

활용도 ■■■ ■■■ ■■■

01 상품명에서 '세트'가 포함된 품목만 강조하기

실무

✔ 실무 활용 사례

- 조건에 맞는 항목이나 값을 색상으로 표현해야 할 때
- 상품명 중에 단어 '세트'가 포함된 텍스트만 강조해야 할 때

✔ 업무 시간 단축

- Alt + H, L, H, T로 조건부 서식 실행
- [텍스트 포함] 대화상자에서 '세트' 입력 → 적용할 서식 선택

① [A매장매출] 시트에서 ❶ '상품명' 항목인 셀 범위 [C4:C72]를 선택하고 ❷ [홈] 탭-[스타일] 그룹-[조건부 서식]을 클릭한 후 ❸~❹ [셀 강조 규칙]-[텍스트 포함]을 선택합니다.

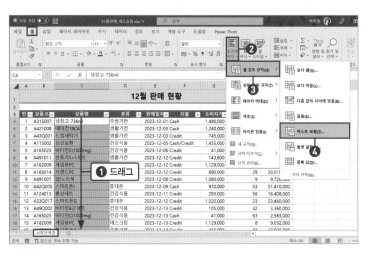

Tip

조건부 서식은 조건에 맞는 셀이나 범위에 지정하는 서식으로, [셀 강조 규칙]이나 [상위/하위 규칙]과 같은 다양한 조건으로 서식을 지정할 수 있습니다.

② [텍스트 포함] 대화상자가 열리면 ❶ '다음 텍스트를 포함하는 셀의 서식 지정'에 **세트**를 입력하고 ❷ '적용할 서식'에서 [**진한 빨강 텍스트가 있는 연한 빨강 채우기**]를 선택한 후 ❸ [**확인**]을 클릭합니다.

③ '세트'가 포함된 상품명에 진한 빨강 텍스트가 있는 연한 빨강 채우기가 적용되었는지 확인합니다.

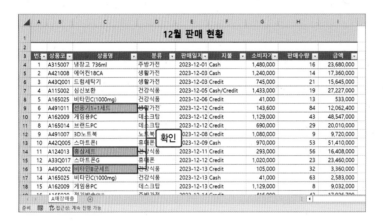

활용도 ■■■ ■

● **실습예제** : 12월판매_매출상위.xlsx
● **완성예제** : 12월판매_매출상위_완성.xlsx

실무 02 매출 상위 품목만 행 전체 강조하기

핵심 ⚡

데이터 편집

셀 서식

표시 형식

함수

차트

① 매출이 상위 10위 이내의 제품에만 행 전체에 서식을 지정해 볼게요. [A매장매출] 시트에서 행 전체에 서식을 적용해야 하므로 ❶ 셀 범위 **[A4:I72]**를 선택하고 ❷ **[홈] 탭-[스타일] 그룹-[조건부 서식]**을 클릭한 후 ❸ **[새 규칙]**을 선택하세요.

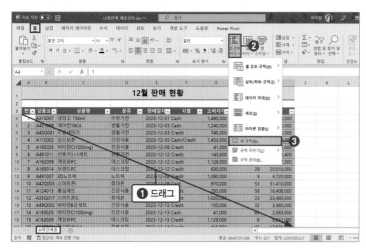

영상 강의

② [새 서식 규칙] 대화상자가 열리면 ❶ '규칙 유형 선택'에서 **[수식을 사용하여 서식을 지정할 셀 결정]**을 선택하고 ❷ '다음 수식이 참인 값의 서식 지정'에 **=RANK.EQ($I4,$I$4:$I$72)<=10**을 입력한 후 ❸ **[서식]**을 클릭합니다.

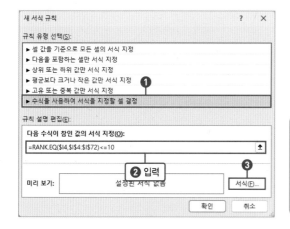

조건부 서식

피벗 테이블

함수식 설명

=RANK.EQ($I4,$I$4:$I$72)<=10

➡ 금액 중에서 10위 안에 해당하는 금액을 계산합니다.

121

③ [셀 서식] 대화상자가 열리면 ❶ [채우기] 탭을 선택하고 ❷ '배경색'에서 [연한 노랑]을 선택한 후 ❸ [확인]을 클릭합니다. [새 서식 규칙] 대화상자로 되돌아오면 ❹ '미리 보기'에서 지정한 색을 확인하고 ❺ [확인]을 클릭하세요.

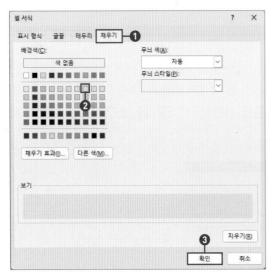

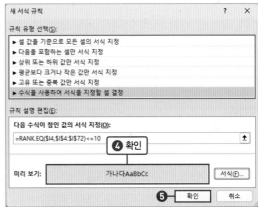

④ 셀 범위 [A4:I72]에 지정한 서식이 적용되었으면 ❶ '금액' 필드에 있는 필터 단추(▼)를 클릭하고 ❷~❸ [색 기준 정렬]-[연한 노랑]을 선택한 후 ❹ [확인]을 클릭합니다. 이때 행 전체에 서식이 적용되었으므로 필터 단추(▼)는 어떤 필드에서 클릭해도 됩니다.

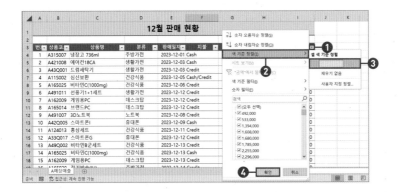

⑤ 매출 순위 10위 이내의 항목이 추출되어 정렬되면서 연한 노란색 바탕색이 표시되었는지 확인합니다.

데
이
터
편
집

셀
서
식

표
시
형
식

함
수

차
트

조
건
부
서
식

피
벗
테
이
블

🌸 잠깐만요!

조건부 서식에서 수식을 작성할 때 유의할 점

조건부 서식은 수식을 사용하면 더욱 다양하게 조건을 지정할 수 있습니다. 하지만 그만큼 주의하거나 지켜야 할 규칙이 많습니다.

1. 셀 범위를 지정할 때

서식을 지정할 범위를 선택하는 방향에 따라 수식에서 사용할 셀이 결정됩니다. 예를 들어 셀 범위 [E4:E72]를 선택할 때 [E4] 셀부터 드래그해 범위를 지정하면 수식에 적용될 셀은 첫 셀인 [E4] 셀이 되고 반대로 드래그할 경우에는 [E72] 셀이 됩니다.

2. 수식을 참조할 때

수식에 적용하는 참조는 범위에서 첫 번째 셀만 지정하여 작성하므로 참조가 중요합니다. 만약 항목이 여러 개인 셀 범위 [A4:I72]인 경우 수식에서 사용할 참조는 [$E4] 셀처럼 열을 고정한 혼합 참조로 지정해야 행 단위로 서식을 지정할 수 있어요. 다음의 서식 결과를 살펴보면 행(레코드) 단위로 지정된 것을 볼 수 있습니다.

▲ 일요일 판매 데이터 행만 강조하기

◉ 실습예제 : 재고목록_재주문강조.xlsx
◉ 완성예제 : 재고목록_재주문강조_완성.xlsx

활용도 ███ ███ ███

재주문 항목에만 깃발 표시해 강조하기

① [재고목록] 시트에서 재주문 여부를 계산하기 위해 **[B4]** 셀에 **=(F4<=G4)*(H4="")*$H$1**을 입력하고 **Enter**를 누릅니다.

Tip

'재주문할 품목' 확인란 컨트롤에 체크 표시하면 [H1] 셀에 'TRUE'가 표시되는데, 이 값을 이용해 수식을 작성합니다.

함수식 설명

$$=(F4<=G4)*(H4="")*\$H\$1$$

➡ '재주문할 품목'의 확인란에 체크 표시되고([H1] 셀 값이 TRUE), 재주문할 수량([G4] 셀)이 재고 수량([F4] 셀)보다 크며, 단종되지 않는 경우([H4] 셀이 비어있을 때)에 한해 재주문하는 함수식입니다. 모든 조건을 만족하면 함수식은 =1(TRUE)*1(TRUE)*1(TRUE)가 됩니다.

② **①** [B4] 셀에 결괏값을 구했으면 **②** [B4] 셀의 자동 채우기 핸들(**+**)을 더블클릭해 나머지 셀의 결괏값을 구합니다. 해당 셀 범위에 새로운 서식을 지정하기 위해 **③** [홈] 탭-[스타일] 그룹-[조건부 서식]을 클릭하고 **④** [새 규칙]을 선택하세요.

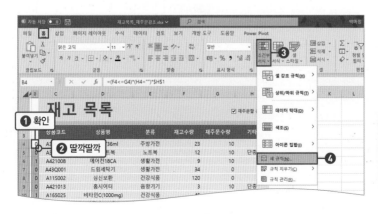

영 상 강 의

③ [새 서식 규칙] 대화상자가 열리면 ❶ '규칙 유형 선택'에서 [셀 값을 기준으로 모든 셀의 서식 지정]을 선택하고 ❷ '서식 스타일'에서 [아이콘 집합], [빨간색 플래그]를 선택합니다. ❸ [아이콘 순서 거꾸로]를 클릭하고 ❹ [아이콘만 표시]에 체크 표시한 후 ❺ '아이콘'에서 다음과 같이 첫 번째 아이콘부터 세 번째 아이콘까지 지정하고 ❻ [확인]을 클릭하세요.

• **첫 번째 아이콘**: [빨간색 플래그], '종류'는 [숫자], '값'은 1
• **두 번째 아이콘**: [셀 아이콘 없음], '종류'는 [숫자], '값'은 0
• **세 번째 아이콘**: [셀 아이콘 없음]

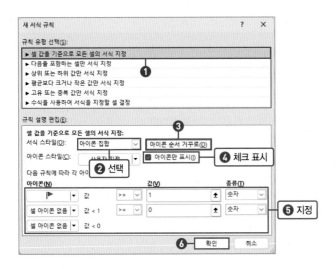

④ ❶ 재주문할 항목에 빨간색 플래그(깃발)가 표시되었는지 확인합니다. 이번에는 ❷ 전체 데이터 범위인 [C4:H27]을 선택하고 ❸ [홈] 탭-[스타일] 그룹-[조건부 서식]을 클릭한 후 ❹ [새 규칙]을 선택하세요.

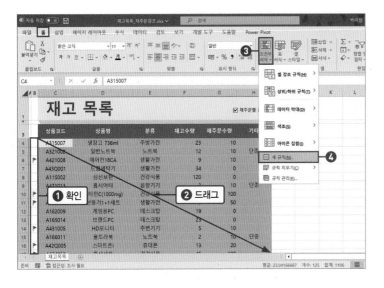

핵심

데이터 편집

셀 서식

표시 형식

함수

차트

조건부 서식

피벗 테이블

125

⑤ [새 서식 규칙] 대화상자가 열리면 '규칙 유형 선택'에서 ❶ **[수식을 사용하여 서식을 지정할 셀 결정]**을 선택하고 ❷ '다음 수식이 참인 값의 서식 지정'에 **=$B4=1**을 입력한 후 ❸ **[서식]**을 클릭합니다.

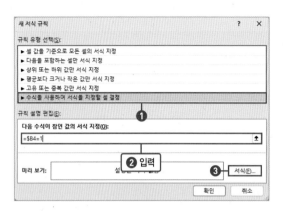

⑥ [셀 서식] 대화상자가 열리면 ❶ **[채우기] 탭**에서 ❷ 원하는 색을 선택하고 ❸ **[확인]**을 클릭합니다.

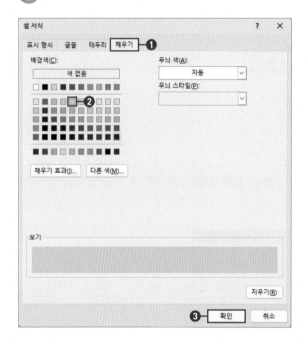

7 [새 서식 규칙] 대화상자로 되돌아오면 **❶** '미리 보기'에서 지정한 색을 확인하고 **❷** [확인]을 클릭하세요.

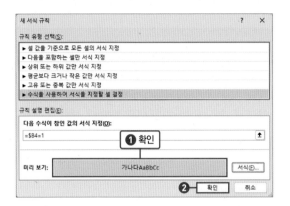

8 **❶** 빨간색 플래그(깃발)가 지정된 항목의 행에 서식이 적용되었는지 확인하고 **❷** [재주문할 품목]의 확인란에 체크 표시하거나 체크 표시를 해제하면서 서식을 컨트롤해 보세요.

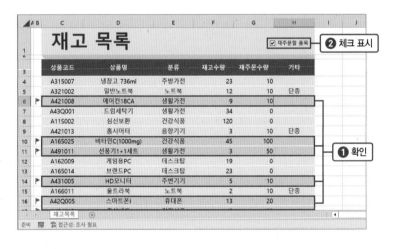

● 실습예제 : 실적비교_데이터막대.xlsx
● 완성예제 : 실적비교_데이터막대_완성.xlsx

활용도 ▰▰▰ ▱▱▱ ▱▱▱

기본 04 규칙 편집해 데이터 막대 음수값 조정하기

① [실적비교] 시트에서 '전년대비실적 증감비율' 항목에 데이터 막대 서식을 적용해 볼게요. ❶ 셀 범위 [G3:G16]을 선택하고 ❷ [홈] 탭-[스타일] 그룹-[조건부 서식]을 클릭한 후 ❸~❹ [데이터 막대]-[연한 파랑 데이터 막대]를 클릭하세요.

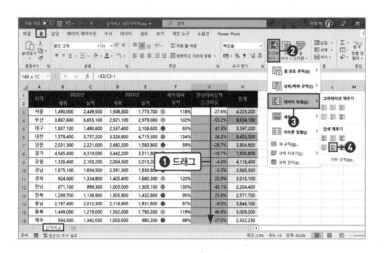

② ❶ '전년대비실적 증감비율' 항목에 데이터 막대가 표시되었으면 범위를 선택한 상태에서 규칙을 편집하기 위해 ❷ [홈] 탭-[스타일] 그룹-[조건부 서식]을 클릭하고 ❸ [규칙 관리]를 선택합니다.

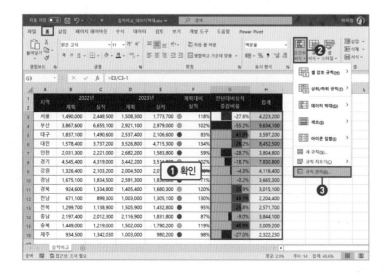

③ [조건부 서식 규칙 관리자] 대화상자가 열리면 ❶ **[데이터 막대]**를 선택하고 ❷ **[규칙 편집]**을 클릭합니다.

④ [서식 규칙 편집] 대화상자가 열리면 **[음수 값 및 축]**을 클릭합니다.

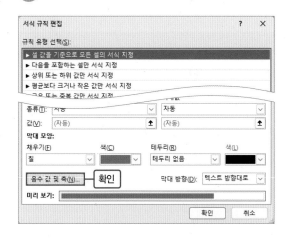

⑤ [음수 값 및 축 설정] 대화상자가 열리면 ❶ '음수 막대 채우기 색'에서 **[채우기 색]**을 선택하고 ❷ 채우기 단추를 클릭하여 색을 변경합니다. 여기서는 양수 데이터 막대의 색보다 더 연한 파란색을 지정하고 ❸ '축 설정'에서 축의 위치를 **[셀 중간점]**으로 선택한 후 ❹ **[확인]**을 클릭하세요.

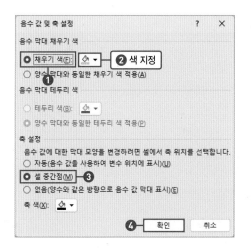

⑥ [서식 규칙 편집] 대화상자로 되돌아오면 [확인]을 클릭합니다.

⑦ [조건부 서식 규칙 관리자] 대화상자에서도 [확인]을 클릭해 규칙 편집을 마치세요.

⑧ '전년대비실적 증감비율' 항목([G3:G16])의 데이터 막대 서식이 변경되었는지 확인합니다.

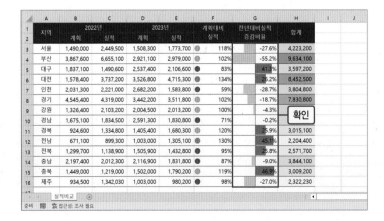

◉ **실습예제** : 소재부품_스파크라인.xlsx
◉ **완성예제** : 소재부품_스파크라인_완성.xlsx

활용도 ■■■ ■

실무 05 스파크라인으로 생산 지수 통계 추이 작성하기

① 스파크라인은 상품별 매출이나 거래의 증가 추이 등을 한눈에 파악할 수 있도록 한 셀에 삽입하는 작은 차트입니다. [생산] 시트에서 ❶ 스파크라인을 삽입할 셀 범위 **[C5:C13]**을 선택하고 ❷ **[삽입] 탭-[스파크라인] 그룹-[꺾은선형]**을 클릭하세요.

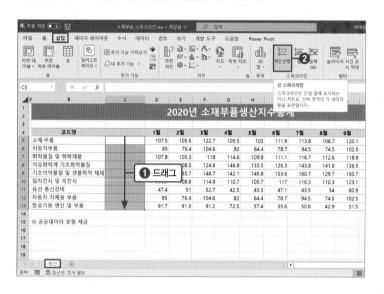

② [스파크라인 만들기] 대화상자가 열리면 ❶ '원하는 데이터 선택'의 '데이터 범위'에 '1월'부터 '12월'까지의 생산 지수 전체 범위인 **[D5:O13]**을 드래그해 입력하고 ❷ **[확인]**을 클릭합니다.

131

③ ❶ 셀 범위 [C5:C13]에 스파크라인을 삽입했으면 ❷ [스파크라인] 탭-[표시] 그룹-[높은 점]과 [표식]에 체크 표시해 스파크라인에 강조 표시합니다. 표식이 같은 색이면 어느 위치가 높은 점인지 구분할 수 없으므로 ❸ [스파크라인] 탭-[스타일] 그룹-[표식 색]을 클릭하고 ❹ [표식]을 선택한 후 ❺ '테마 색'의 [파랑, 강조 5]를 클릭하세요.

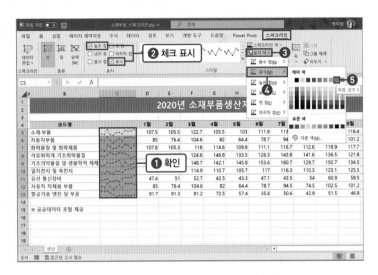

④ 셀 범위 [C5:C13]에 높은점 표식을 색으로 구별한 스파크라인을 완성했어요. 이러한 스파크라인을 통해 '소재·부품', '일차전지 및 축전지', '유선 통신장비' 등의 생산지수는 증가 추이를 나타내지만, '항공기용 엔진 및 부품'은 낮아지는 추세임을 알 수 있습니다.

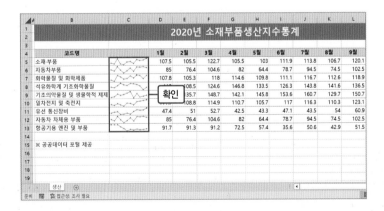

⚙️ **잠깐만요!**

스파크라인의 종류 살펴보기

셀에 삽입할 수 있는 작은 차트 스파크라인은 꺾은선형 스파크라인, 열 스파크라인, 승패 스파크라인과 같이 세 종류가 있습니다. 상품별 매출이나 거래의 증가 추이 등을 한눈에 파악할 수 있도록 스파크라인은 하나의 셀에 삽입됩니다. 그리고 높은 점과 낮은 점의 옵션을 이용해 최고값과 최저값의 위치를 차트에 포함시킬 수 있습니다.

1. 꺾은선형 스파크라인

꺾은선형 스파크라인은 기간별 데이터의 변동 추이를 살펴보는 데 적절하고 차트에서 꺾은선형 차트와 비슷합니다.

4월	5월	6월	판매추이
986,000	3,720,000	2,870,000	
493,000	4,800,000	2,296,000	
1,656,000	893,000	1,404,000	
1,375,000	4,560,000	3,128,000	
1,392,204	1,392,204	1,474,098	

2. 열 스파크라인

열 스파크라인은 차트의 세로 막대형 차트와 비슷하고 값의 크기를 단순히 비교할 때 삽입합니다. 그리고 각종 표식 옵션으로 값을 강조할 수 있습니다.

4월	5월	6월	판매추이
986,000	3,720,000	2,870,000	
493,000	4,800,000	2,296,000	
1,656,000	893,000	1,404,000	
1,375,000	4,560,000	3,128,000	
1,392,204	1,392,204	1,474,098	

3. 승패 스파크라인

승패 스파크라인은 양수와 음수에 대한 값만 비교하고 높낮이 없이 표시됩니다. 단순한 이익과 손해를 판단할 때 승패 스파크라인을 사용합니다.

4월	5월	6월	판매추이
986,000	3,720,000	2,870,000	
493,000	4,800,000	2,296,000	
1,656,000	893,000	1,404,000	
1,375,000	4,560,000	3,128,000	
1,392,204	1,392,204	1,474,098	
5,902,204	15,365,204	11,172,098	
834,000	- 1,232,100	- 231,100	

CHAPTER 04

데이터 관리 기술과
피벗 테이블로 데이터 분석하기

실무에서 엑셀을 사용하는 가장 큰 목적은 다량의 축적된 현업 데이터를 분석하고 보고서를 작성할 수 있기 때문입니다. 정렬은 일반적인 순서를 다루는 목적도 있지만, 정렬해서 보이는 새로운 정보도 알 수 있어요. 필터는 수집된 자료에서 분석을 위한 데이터를 추출하고 이런 데이터를 바탕으로 최종적인 목적을 가진 분석 보고서를 피벗 테이블로 쉽게 만들 수 있습니다. 그리고 피벗 테이블은 계산식을 사용하지 않아도 다양한 관점으로 데이터를 요약하고 새로운 인사이트를 가질 수 있습니다. 이번 장에서는 이것들을 이용해서 실무에서 다룰 수 있는 분석 프로세스를 살펴보겠습니다.

09

데이터 정렬 및 필터링해 데이터 관리하기

실무에서 데이터는 상황에 따라 기본적인 오름차순/내림차 순뿐만 아니라 원하는 순서를 정해서 정렬할 수 있어야 합니다. 이번 섹션에서는 많은 자료에서 보고서에 필요한 자료를 조건에 맞게 추출해 사용할 수 있도록 다양한 필터링 방법을 알아보겠습니다.

◎ **실습예제** : 주택보급률_정렬.xlsx
◎ **완성예제** : 주택보급률_정렬_완성.xlsx

활용도 ■■■ ■■ ■

01
실무

수도권부터 주택 보급률 현황 정렬하기

✓ **실무 활용 사례**

• 보고서에 수도권 지역이 먼저 나타나도록 정렬해야 할 때

✓ **업무 시간 단축**

• [Alt]+[A], [SS]로 사용자 지정 정렬 실행
• 사용자 지정 목록에 지역(전국, 서울, 경기, 인천) 추가

① 주택 보급률에 대한 지역별 현황에서 수도권 지역이 먼저 보이도록 정렬 순서를 변경해 볼게요. [주택] 시트에서 ❶ 데이터 영역에 있는 하나의 셀을 클릭하고 ❷ [홈] 탭-[편집] 그룹-[정렬 및 필터]를 클릭한 후 ❸ [사용자 지정 정렬]을 선택하세요.

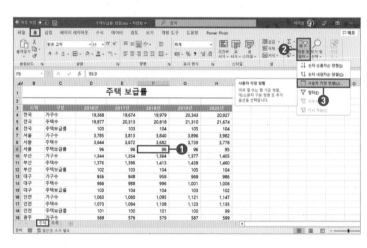

영상 강의

② [정렬] 대화상자가 열리면 ❶ '정렬 기준'에서 [지역]을 선택하고 ❷~❸ '정렬'에서 [사용자 지정 목록]을 선택합니다.

3 [사용자 지정 목록] 대화상자가 열리면 **①** '사용자 지정 목록'에서 **[새 목록]**을 선택하고 **②** '목록 항목'에 **전국, 서울, 경기, 인천**을 입력한 후 **③ [추가]**를 클릭합니다. **④** 추가된 목록을 확인하고 **⑤ [확인]**을 클릭하세요.

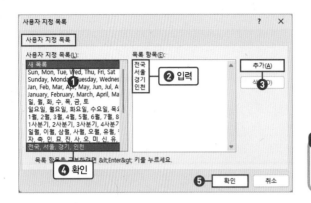

Tip
전체 목록을 입력하지 않고 일부만 입력하면 나머지 데이터는 가나다 순서대로 정렬됩니다.

4 [정렬] 대화상자로 되돌아오면 **①** '정렬'에서 지정한 목록을 확인하고 **② [확인]**을 클릭합니다.

5 '지역' 항목이 사용자 지정 목록에서 지정했던 순서대로 정렬되었는지 확인합니다.

◉ **실습예제** : 종합보고서_필드정렬.xlsx
◉ **완성예제** : 종합보고서_필드정렬_완성.xlsx

활용도 ■■■ ■■■ ■■■

02
실무
전체 필드를 원하는 순서대로 한 번에 정렬하기

✔ **실무 활용 사례**

• 종합 보고서에서 품목에 대한 열 순서를 원하는 대로 변경해야 할 때

✔ **업무 시간 단축**

• Alt + A , SS 로 사용자 지정 정렬 실행
• [정렬 옵션] 대화상자에서 [왼쪽에서 오른쪽] 선택
• 4행 기준으로 목록(침구, 의류, 가구, 식품) 추가

① 데이터는 기본적으로 열 기준으로 정렬되지만 필드 간에도 정렬할 수 있어요. [보고서] 시트에서 ● 필드를 정렬할 셀 범위 **[D4:L28]**을 선택하고 ❷ **[홈] 탭-[편집] 그룹-[정렬 및 필터]**를 클릭한 후 ❸ **[사용자 지정 정렬]**을 선택하세요.

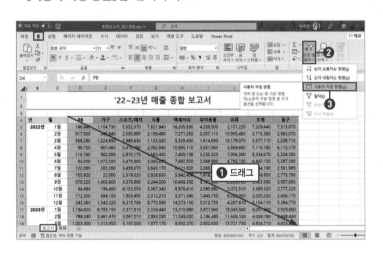

② [정렬] 대화상자가 열리면 ● **[옵션]**을 클릭합니다. [정렬 옵션] 대화상자에서 ❷ '방향'의 **[왼쪽에서 오른쪽]**을 선택하고 ❸ **[확인]**을 클릭하세요.

③ [정렬] 대화상자로 되돌아오면 ❶ '행'의 '정렬 기준'에서 [행 4]를 선택하고 ❷~❸ '정렬'에서 [사용자 지정 목록]을 선택합니다.

④ [사용자 지정 목록] 대화상자가 열리면 ❶ '사용자 지정 목록'에서 [새 목록]을 선택하고 ❷ '목록 항목'에 **침구, 의류, 가구, 식품**을 입력한 후 ❸ [추가]를 클릭합니다. ❹ 추가된 목록을 확인하고 ❺ [확인]을 클릭하세요. [정렬] 대화상자로 되돌아오면 ❻ '정렬'에서 지정한 목록을 확인하고 ❼ [확인]을 클릭합니다.

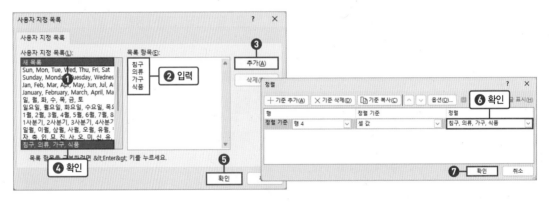

Tip

전체 목록을 입력하지 않고 일부만 입력해도 나머지 데이터는 현재 데이터 순서대로 정렬됩니다.

⑤ '년', '월' 필드를 제외한 필드가 목록에서 지정한 순서대로 정렬되었는지 확인합니다.

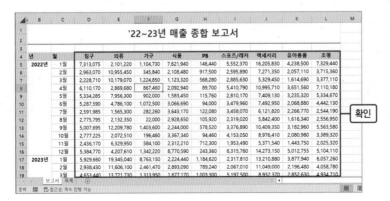

◉ 실습예제 : OK백화점1월주문_다중필터.xlsx
◉ 완성예제 : OK백화점1월주문_다중필터_완성.xlsx

활용도 ▨▨▨ ▨▨▨ ▨▨▨

기본 03 다중 조건에 맞는 데이터 추출하기

① 주문번호가 'B'로 시작하면서 '품목대분류'가 '액세서리'에 해당하는 데이터를 추출해 볼게요. [OK백화점1월자료] 시트에서 ❶ 데이터 영역 안에 있는 하나의 셀을 클릭하고 ❷ **[홈] 탭-[편집] 그룹-[정렬 및 필터]**를 클릭한 후 ❸ **[필터]**를 선택하거나 Ctrl + Shift + L 을 누르세요.

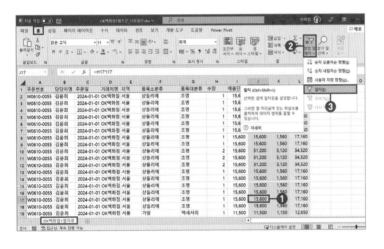

② 데이터 목록에 필터 단추(▼)가 표시되면 ❶ '주문번호' 필드의 필터 단추(▼)를 클릭하고 ❷~❸ **[텍스트 필터]-[시작 문자]**를 선택합니다.

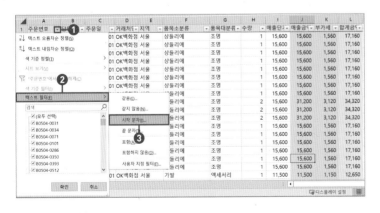

③ [사용자 지정 자동 필터] 대화상자가 열리면 ❶ '주문번호'에서 [시작 문자]의 값을 [B]로 입력하고 ❷ [확인]을 클릭합니다.

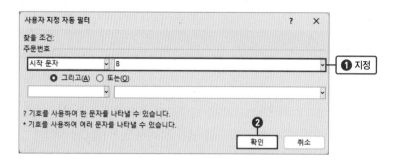

④ ❶ '주문번호' 항목에 추출된 자료를 확인합니다. 새로운 조건을 추가하기 위해 ❷ '품목대분류' 필드의 필터 단추(▼)를 클릭하고 ❸ [(모두 선택)]의 체크 표시를 해제한 후 ❹ [액세서리]에 체크 표시하고 ❺ [확인]을 클릭하세요.

⑤ 주문 번호는 'B'로 시작하고 품목 대분류는 '액세서리'인 데이터가 추출되었는지 확인합니다.

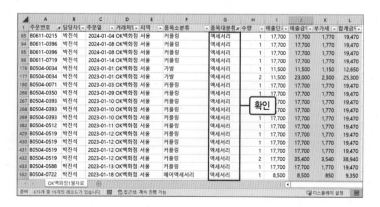

● 실습예제 : 매출비교_OR조건필터.xlsx
● 완성예제 : 매출비교_OR조건필터_완성.xlsx

활용도 ■■■ ■■ ■■

04 여러 항목 중 OR 조건으로 데이터 추출하기

실무

✓ **실무 활용 사례**

• 항목별로 OR 조건으로 데이터를 추출해야 할 때

✓ **업무 시간 단축**

• 조건 '*전자'와 '>1000'을 서로 다른 행에 입력
• Alt + A, Q로 고급 필터 실행

① 필드 간에 OR 조건으로 데이터를 추출하려면 자동 필터가 아닌 고급 필터를 사용해야 하고 조건식을 미리 작성해야 합니다. [방송판매] 시트에서 조건을 입력할 위치인 **[A2]** 셀에는 **업체명**을, **[A3]** 셀에는 ***전자**를 입력합니다. OR 조건이므로 두 번째 조건을 지정하기 위해 **[B2]** 셀에는 **판매수량**을, **[B4]** 셀에는 **>1000**을 입력하세요.

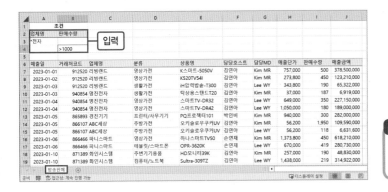

> **Tip**
> 고급 필터에서 OR 조건은 서로 다른 행에 조건을 입력해야 합니다.

② 조건을 모두 입력했으면 ❶ 데이터 영역 안에 있는 하나의 셀을 클릭하고 ❷ **[데이터]** 탭-**[정렬 및 필터]** 그룹-**[고급]**을 클릭합니다.

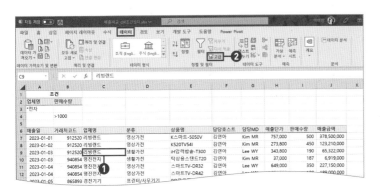

③ [고급 필터] 대화상자가 열리면 ❶ '결과'의 [현재 위치에 필터]를 선택하고 ❷ '목록 범위'에 전체 데이터 범위인 [$A$6:$J$337]이 이미 입력되어 있는지 확인합니다. ❸ '조건 범위'에 조건을 입력한 셀 범위 [A2:B4]를 선택해 입력하고 ❹ [확인]을 클릭하세요.

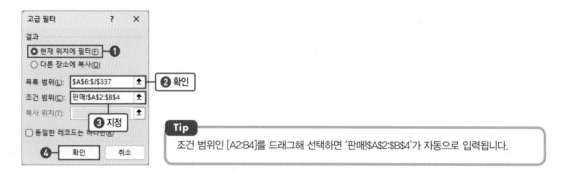

Tip
조건 범위인 [A2:B4]를 드래그해 선택하면 '판매!$A$2:$B$4'가 자동으로 입력됩니다.

④ 현재 시트에 고급 필터 조건에 맞는 자료가 추출되었는지 확인합니다.

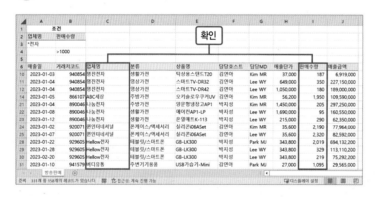

잠깐만요!

고급 필터의 조건식 지정하기

자동 필터는 주어진 연산자를 사용하거나 항목을 직접 선택할 수 있으므로 쉽고 빠르게 데이터를 추출할 수 있어요. 다만 자동 필터와는 달리 고급 필터는 조건식을 어딘가에 입력해 두고 사용해야 합니다.

1. 고급 필터를 사용해야 하는 경우
- OR 조건으로 필드(항목) 간의 데이터를 추출해야 하는 경우
- 수식을 포함한 조건으로 데이터를 추출해야 하는 경우

2. AND 조건으로 지정하기
AND 조건으로 필드와 필드 간의 조건을 지정하려면 같은 행에 조건을 입력해야 합니다. 먼저 조건을 지정할 필드명을 입력하고 해당 필드에 조건값을 차례대로 입력합니다.

사용 예 '식품'이면서 2023년 8월 1일 이후 판매된 데이터

분류	매출일
식품	>=2023-8-1

3. OR 조건으로 지정하기
OR 조건으로 필드와 필드 간의 조건을 지정하려면 서로 다른 행에 조건을 입력해야 합니다.

사용 예 '식품'이거나 '2023년 8월 1일 이후 판매된 데이터

분류	매출일
식품	
	>=2023-8-1

4. AND와 OR 조건을 혼합해서 지정하기
필드 간에 AND와 OR 조건이 혼합되어 있으면 조건 간의 관계를 정확히 이해해야 합니다.

사용 예 '식품'이면서 판매 수량이 500 이상이거나 '주방가전'이면서 판매 수량이 500 이상인 데이터

분류	판매 수량
식품	>=500
주방가전	>=500

5. 수식으로 조건 지정하기
수식으로 조건을 지정할 때는 수식의 결괏값이 TRUE이거나 FALSE여야 하고 필드명은 데이터베이스의 필드명과 다르게 입력하거나 생략해야 합니다.

사용 예 분류가 '식품'이면서 평균 판매량 이상인 데이터

분류	평균 판매 이상
식품	FALSE

'판매수량' 필드명과 다른 이름으로 입력해야 하고 함수식은 '=I7>=AVERAGE($I$7:$I$337)'입니다.

145

◉ 실습예제 : 매출비교_특정요일판매.xlsx
◉ 완성예제 : 매출비교_특정요일판매_완성.xlsx

특정 요일과 평균 매출 이상 데이터만 추출하기 – 고급 필터, 수식

① 요일 필드가 따로 없는 데이터에서 매출일을 이용해 월요일 판매와 평균 이상 매출 금액에 대한 데이터를 추출해 볼게요. [방송판매] 시트에서 '조건' 입력 상자에 다음과 같이 입력하세요.

월요일판매	평균매출이상
=WEEKDAY(A7)=2	=J7>=AVERAGE($J$7:$J$337)

> **Tip**
>
> 조건에 수식을 적용할 경우에는 데이터의 필드명을 그대로 사용할 수 없습니다. 따라서 '매출일'은 '월요일판매'로, '매출금액'은 '평균매출이상'으로 바꿔서 입력했습니다.

② ❶ 데이터 영역 안에 있는 하나의 셀을 클릭하고 ❷ [데이터] 탭-[정렬 및 필터] 그룹-[고급]을 클릭합니다.

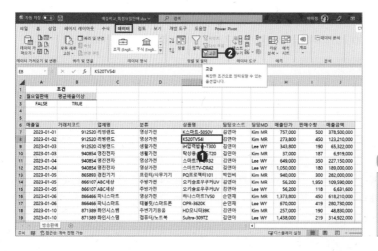

영상 강의

③ [고급 필터] 대화상자가 열리면 ❶ '결과'에서 [현재 위치에 필터]를 선택하고 ❷ '목록 범위'에 전체 데이터 범위인 [$A$6:$J$337]이 이미 입력되어 있는지 확인합니다. ❸ '조건 범위'에 조건을 입력한 셀 범위 [A2:B3]을 선택해 입력하고 ❹ [확인]을 클릭하세요.

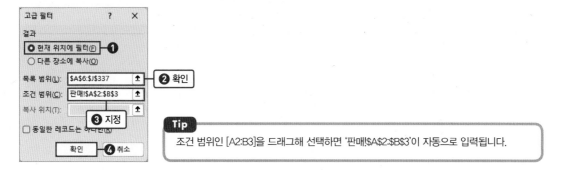

Tip

조건 범위인 [A2:B3]을 드래그해 선택하면 '판매!$A$2:$B$3'이 자동으로 입력됩니다.

④ 현재 시트에 월요일에 판매했고 평균 매출 금액 이상의 데이터가 추출되었는지 확인합니다.

Tip

월요일 데이터인지 알려면 '매출일'의 날짜 서식을 [셀 서식] 대화상자의 [표시 형식] 탭에서 [자세한 날짜]로 지정해 보세요. 그리고 평균값은 전체 매출 금액을 대상으로 계산한 결괏값과 비교해 봅니다.

10

계산식 없이 피벗 테이블로
빠르게 데이터 요약하기

실제 업무에서 가장 많이 사용하는 엑셀 기능은 피벗 테이블로, 많은 양의 자료를 계산식 없이 몇 번의 클릭만으로 요약해 주는 분석 도구입니다. 피벗 테이블 보고서는 다양한 측정값으로 데이터를 분석해 주고 여러 관점으로 바꿔서 분석할 수 있으므로 예상치 못한 상황과 새로운 통찰을 얻을 수 있습니다.

● 실습예제 : 주택보급률_표.xlsx
● 완성예제 : 주택보급률_표_완성.xlsx

활용도 ■■■■ ■■■

실무 01 표 작성하고 이름 지정하기

✓ **실무 활용 사례**

• 유동적인 범위를 감지하여 수식이나 보고서에 적용하는 자료를 만들어야 할 때

✓ **업무 시간 단축**

• 해당 데이터에서 Ctrl + T로 표 삽입
• 표 이름 변경

① [주택] 시트에서 ❶ 데이터 영역에 있는 하나의 셀을 클릭하고 ❷ **[삽입] 탭-[표] 그룹-[표]**를 클릭하거나 Ctrl + T를 누르세요.

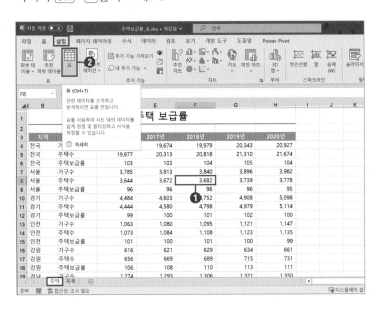

② [표 만들기] 대화상자가 열리면 ❶ 자동으로 입력된 표 범위를 확인하고 ❷ **[머리글 포함]**에 체크 표시되었는지 확인한 후 ❸ **[확인]**을 클릭합니다.

149

③ ❶ 데이터 영역이 표로 변경되면서 자동으로 표 서식이 적용되었습니다. 현재의 표 스타일을 삭제하기 위해 ❷ [테이블 디자인] 탭-[표 스타일] 그룹-[자세히] 단추(▼)를 클릭하고 ❸ [지우기]를 선택하세요.

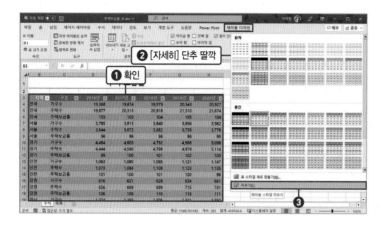

④ [테이블 디자인] 탭-[속성] 그룹-[표 이름]에 **주택보급**을 입력하고 Enter 를 눌러 표 이름을 지정합니다.

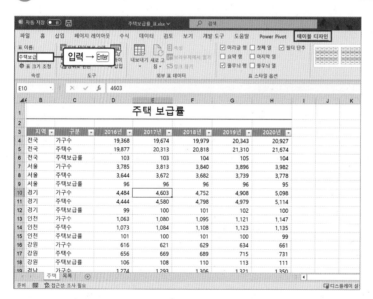

잠깐만요!

엑셀에서 표의 기능 살펴보기

표는 워크시트에서 다른 데이터와 별도로 구분해서 관리하는 데이터베이스로, 독립적으로 정렬 및 필터링과 분석까지 할 수 있는 기능입니다. 그리고 표는 데이터베이스를 작성하고 관리할 수 있는 최적의 도구입니다.

① 틀 고정 없이 쉽게 데이터를 입력할 수 있습니다.

표에서는 틀 고정을 하지 않아도 표를 선택한 상태에서는 화면을 스크롤했을 때 필드명이 열 머리글에 표시됩니다. 이때 필터 단추(▼)도 함께 표시되므로 별도의 기능 없이 쉽게 데이터를 정렬하거나 필터링할 수 있어요.

	매출일	월	거래처코드	업체명	분류
111	2023-04-21	4월	920071	퀀인터네셔널	충전기/USB
112	2023-04-12	4월	929605	Hellow전자	테블릿/스마트폰
113	2023-04-01	4월	941579	버디유통	주변기기용품
114	2023-04-05	4월	941579	버디유통	주변기기용품
115	2023-04-12	4월	941579	버디유통	보호필름/스티커
116	2023-04-18	4월	941579	버디유통	보호필름/스티커
117	2023-04-11	4월	942571	삼미전자	PMP/전자사전

▲ 열 머리글에 제목 행 표시하기

② 소계를 구하고 데이터를 쉽게 업데이트할 수 있습니다.

표에 있는 자료를 요약 행을 이용해 소계를 구하고 구조적인 참조 방식으로 자료를 계산할 수 있습니다. 그리고 표로 작성한 데이터베이스를 바탕으로 피벗 테이블로 요약하면 데이터가 추가되었을 때 보고서의 내용을 새롭게 작성하지 않고 '새로 고침' 기능만으로 쉽게 업데이트할 수 있어요.

	상품명	담당호스트	담당MD	방송횟수	매출단가	판매수량	매출금액
323	P120-TOP	박지성	Lee WY	6	143,800	190	27,322,000
324	P120-TOP	박지성	Lee WY	3	143,800	202	29,047,600
325	USB가습기-Mini	김연아	Kim MR	1	27,000	725	19,575,000
326	USB가습기-Mini	김연아	Lee WY	1	27,000	890	24,030,000
327	캐릭터핸드폰고리	김연아	Lee WY	2	42,500	736	31,280,000
328	코앤B5-300	박지성	Lee WY	3	169,000	195	32,955,000
329	캐릭터USB-16G	박지성	Lee WY	2	31,000	518	16,058,000
330	KAPD402	박지성	Lee WY	1	543,800	648	352,382,400
331	둥글이세탁기50L	김연아	Kim MR	1	553,850	149	82,523,650
332	시원냉풍기230	김연아	Lee WY	2	49,700	399	19,830,300
333						❶	7,604,589,920
334					없음		
335					평균 ❷		
336					개수		
337					숫자 개수		
338					최대		
339					최소		
340					합계		
341					표본 표준 편차		
					표본 분산		
	보고서	방송판매	⊕		함수 추가...		

▲ '요약' 행을 추가해 열마다 소계값 표시하기

◉ 실습예제 : 방송판매_피벗테이블.xlsx
◉ 완성예제 : 방송판매_피벗테이블_완성.xlsx

활용도 ■■■ ■■ ■■

02 피벗 테이블로 호스트별 방송 횟수 및 매출 요약하기

실무

✓ 실무 활용 사례
• 대량의 판매 데이터를 빠르게 요약 보고서로 작성해야 할 때

✓ 업무 시간 단축
• 해당 데이터에서 Ctrl+T로 표 삽입 → 표 이름 변경
• Alt+N, V, T → [피벗 테이블 필드] 창에서 [담당호스트], [방송횟수], [매출금액]에 체크 표시

① [방송판매] 시트에서 ❶ 피벗 테이블로 요약할 '금년매출' 표에 있는 하나의 셀을 클릭하고 ❷ [삽입] 탭-[표] 그룹-[피벗 테이블]을 클릭합니다.

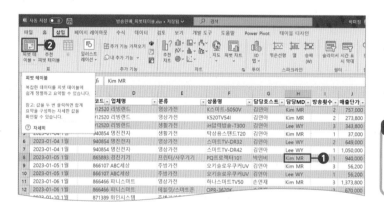

Tip
표를 선택하고 [테이블 디자인] 탭-[도구] 그룹-[피벗 테이블로 요약]을 클릭해도 됩니다.

② [표 또는 범위의 피벗 테이블] 대화상자가 열리면 ❶ '테이블 또는 범위 선택'의 '표/범위'에 표 이름 **금년매출**이 입력되어 있는지 확인합니다. ❷ 피벗 테이블을 배치할 위치에서 [새 워크시트]를 선택하고 ❸ [확인]을 클릭하세요.

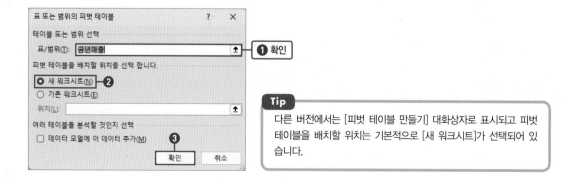

Tip
다른 버전에서는 [피벗 테이블 만들기] 대화상자로 표시되고 피벗 테이블을 배치할 위치는 기본적으로 [새 워크시트]가 선택되어 있습니다.

③ ^❶ 새로운 [Sheet1] 시트가 추가되면 시트 이름을 **보고서**로 변경합니다. 피벗 테이블이 자동으로 표시되었으면 화면의 오른쪽에 있는 [피벗 테이블 필드] 창에서 ^❷ '보고서에 추가할 필드 선택'의 **[담당호스트]**, **[방송횟수]**, **[매출금액]**에 차례대로 체크 표시합니다. 그러면 텍스트 데이터인 ^❸ [담당호스트]는 '행' 영역으로, 숫자 데이터인 [방송횟수]와 [매출금액]은 '값' 영역으로 자동 추가됩니다.

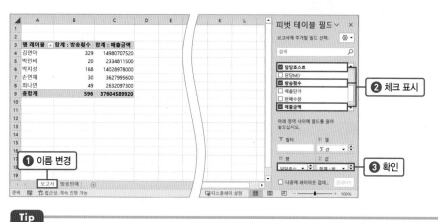

> **Tip**
> 피벗 테이블의 각 영역에 적용된 필드를 확인하세요. 필드를 원하는 영역으로 드래그해서 추가할 수도 있습니다.

④ ^❶ 요약된 보고서에서 숫자 데이터 영역인 [B4:C9]를 선택하고 ^❷ **[홈] 탭-[표시 형식] 그룹-[쉼표 스타일]**을 클릭하여 담당 호스트별 방송 횟수와 매출에 대한 보고서를 완성합니다.

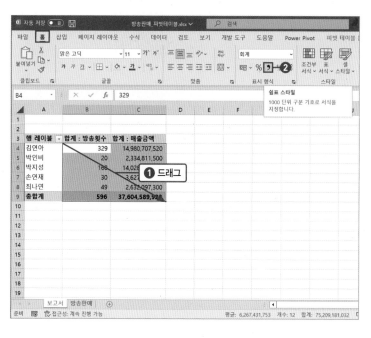

03 분기별로 매출 Top 3 업체 분석하기

① [방송판매] 시트에서 ❶ '금년매출' 표에 있는 하나의 셀을 클릭하고 ❷ [삽입] 탭-[표] 그룹-[피벗 테이블]을 클릭한 후 ❸ [테이블/범위에서]를 선택합니다.

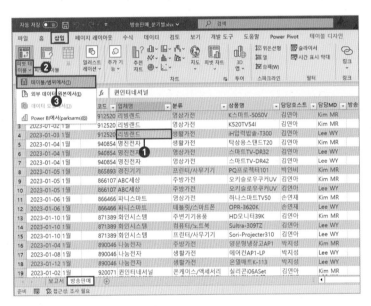

영상 강의

② [표 또는 범위의 피벗 테이블] 대화상자가 열리면 ❶ 피벗 테이블을 배치할 위치에서 **[기존 워크 시트]**를 선택합니다. ❷ '위치'에 커서를 올려놓은 상태에서 ❸ **[보고서] 시트**로 이동한 후 ❹ **[E5] 셀**을 클릭하고 ❺ **[확인]**을 클릭하세요.

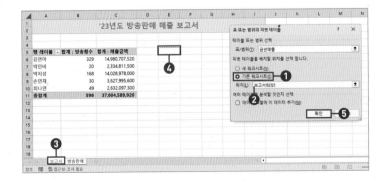

③ 피벗 테이블이 삽입되었으면 [피벗 테이블 필드] 창의 ❶ '보고서에 추가할 필드 선택'에서 **[매출일]**에 체크 표시하여 '행' 영역에 추가합니다. ❷ '월'과 '일'의 계층 구조로 구성된 필드가 삽입되었으면 피벗 테이블에서 하나의 필드를 선택하고 ❸ **[피벗 테이블 분석] 탭-[그룹] 그룹-[선택 항목 그룹화]**를 클릭하세요.

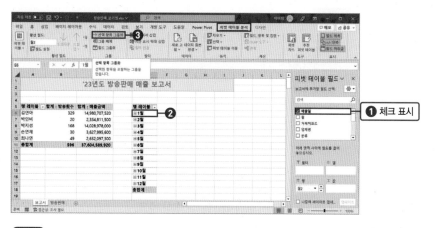

> **Tip**
>
> 분기로 그룹화하려면 '월' 필드가 아닌 '매출일' 필드를 '행' 영역에 추가해서 날짜별로 그룹을 지정할 수 있어요. '월' 필드는 텍스트 데이터로, 그룹화 기능을 사용할 수 없습니다.

④ [그룹화] 대화상자가 열리면 ❶ **[월]**과 **[일]**의 선택을 해제하고 ❷ **[분기]**를 선택한 후 ❸ **[확인]**을 클릭합니다.

핵심

데이터 편집

셀 서식

표시 형식

함수

차트

조건부 서식

피벗 테이블

155

⑤ 피벗 테이블이 분기별로 그룹화되었으면 ❶ [피벗 테이블 필드] 창에서 **[업체명]**과 **[매출금액]**에 체크 표시해 ❷ '행' 영역과 '값' 영역으로 추가한 후 ❸ 피벗 테이블의 결과를 확인하세요.

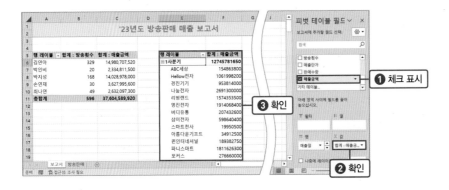

⑥ 매출 Top 3 업체를 추출해 볼게요. ❶ 피벗 테이블의 업체명 중에서 하나의 셀을 클릭하고 ❷ '행 레이블'의 필터 단추(▼)를 클릭한 후 ❸~❹ **[값 필터]-[상위 10]**을 선택하세요.

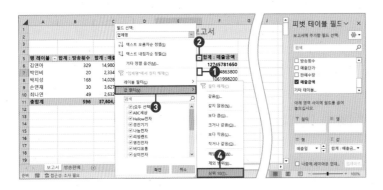

⑦ [상위 10 필터(업체명)] 대화상자가 열리면 ❶ '표시'의 '10'을 3으로 변경하고 ❷ **[확인]**을 클릭합니다.

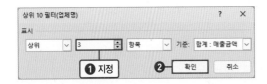

⑧ ❶ 각 분기별로 매출 Top 3 업체를 추출했으면 매출 금액별로 정렬해 볼게요. ❷ '합계 : 매출금액' 값 중 하나의 셀에서 마우스 오른쪽 단추를 클릭하고 ❸~❹ [정렬]-[숫자 내림차순 정렬]을 선택하세요.

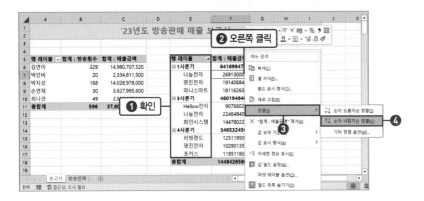

⑨ 매출 금액의 크기 순으로 정렬했으면 ❶ 숫자 데이터 범위 [F6:F22]를 선택하고 ❷ [홈] 탭-[표시 형식] 그룹-[쉼표 스타일]을 클릭하여 보고서를 완성합니다.

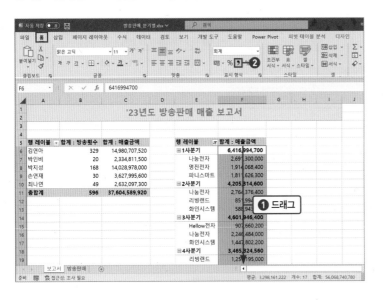

활용도 ■■■ ■■■ ■■■

◉ 실습예제 : 방송판매_레이아웃.xlsx
◉ 완성예제 : 방송판매_레이아웃_완성.xlsx

실무 04 피벗 테이블의 레이아웃과 디자인 변경하기

① 작성한 피벗 테이블을 보기 좋게 꾸며볼게요. [보고서] 시트에서 ❶ 피벗 테이블에 있는 하나의 셀을 클릭하고 ❷ [디자인] 탭-[피벗 테이블 스타일] 그룹-[자세히] 단추(▾)를 클릭한 후 ❸ '중간'의 [연한 파랑, 피벗 스타일 보통 2]를 클릭하세요.

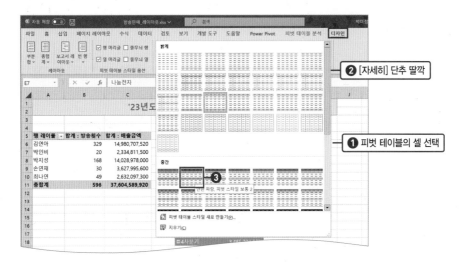

② 피벗 테이블 스타일이 변경되었으면 ❶ [디자인] 탭-[피벗 테이블 스타일 옵션] 그룹-[행 머리글]의 체크 표시를 해제합니다. ❷ [디자인] 탭-[레이아웃] 그룹-[보고서 레이아웃]을 클릭하고 ❸ [테이블 형식으로 표시]를 선택하세요.

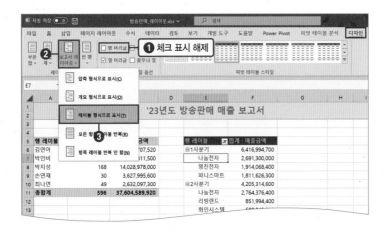

③ 다시 ❶ [디자인] 탭-[레이아웃] 그룹-[부분합]을 클릭하고 ❷ [부분합 표시 안 함]을 선택합니다.

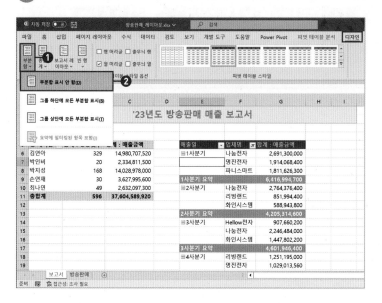

④ 피벗 테이블 보고서의 디자인과 레이아웃이 변경되었는지 확인하세요.

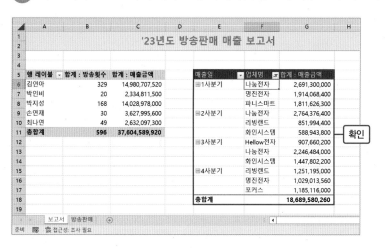

◉ **실습예제** : 방송판매_함수와비율.xlsx
◉ **완성예제** : 방송판매_함수와비율_완성.xlsx

활용도 ■■■■

피벗 테이블의 요약 함수 바꾸고 매출 비율 표시하기

① 합계로 계산된 매출 금액 외에 추가로 평균값을 분석해 볼게요. [보고서] 시트에서 **❶** 피벗 테이블에 있는 하나의 셀을 클릭하고 [피벗 테이블 필드] 창에서 **❷** [매출금액]을 한 번 더 '값' 영역으로 드래그해 추가하고 **❸** [H5] 셀의 필드 이름을 **매출평균**으로 변경하세요.

> **Tip**
> '매출금액' 필드를 한 번 더 '값' 영역에 추가하면 '합계 : 매출금액2' 필드로 표시됩니다.

② '매출평균' 항목이 추가되었으면 **❶** '매출평균' 항목 중 하나의 셀에서 마우스 오른쪽 단추를 클릭하고 **❷~❸** [값 요약 기준]-[평균]을 선택합니다.

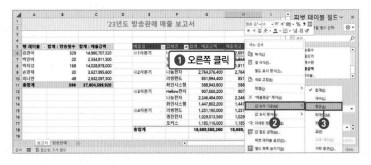

영 상 강 의

③ ^① 합계가 평균으로 변경되었는지 확인합니다. 또 다른 계산값(측정값)을 작성하기 위해 [피벗 테이블 필드] 창에서 ^② **[매출금액]**을 한 번 더 '값' 영역으로 드래그해 추가하고 ^③ **[I5] 셀**의 필드 이름을 **비율**로 변경하세요.

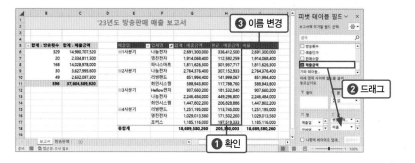

④ ^① '비율' 항목에 있는 하나의 셀에서 마우스 오른쪽 단추를 클릭하고 ^{②~③} **[값 표시 형식]-[열 합계 비율]**을 선택합니다.

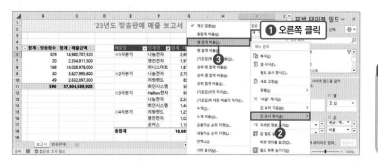

> **Tip**
> [열 합계 비율]은 열 방향의 합계 값을 기준으로 각 항목마다의 비율을 계산하는 측정값을 구할 때 선택하세요.

⑤ 각 업체별로 매출 금액의 비율에 따라 값이 변경되었는지 확인합니다.

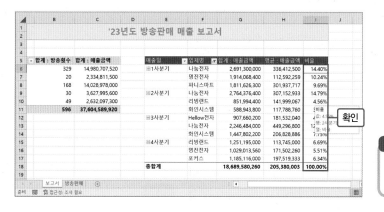

> **Tip**
> 여기서 비율은 Top 3 업체의 합계에 대한 비율입니다.

담당 MD별로 보고서 필터링하기

① 작성한 피벗 테이블마다 이름을 변경해 볼게요. [보고서] 시트에서 **❶ 왼쪽 피벗 테이블에 있는 하나의 셀을 클릭**하고 **❷ [피벗 테이블 분석] 탭-[피벗 테이블] 그룹-[피벗 테이블 이름]에 호스트별분석을** 입력합니다. **❸ 이와 같은 방법으로 오른쪽 피벗 테이블의 이름을 분기별Top3업체로 변경하세요.**

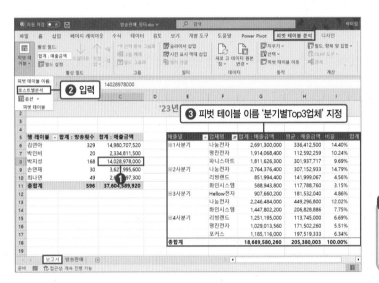

② **❶ '호스트별분석' 피벗 테이블에 있는 하나의 셀을 클릭**하고 **❷ [피벗 테이블 분석] 탭-[필터] 그룹-[슬라이서 삽입]을 클릭**합니다.

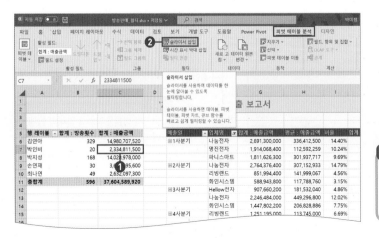

③ [슬라이서 삽입] 대화상자가 열리면 ❶ [담당MD]에 체크 표시하고 ❷ [확인]을 클릭합니다.

④ [담당MD] 슬라이서가 추가되었으면 ❶ **[슬라이서] 탭-[단추] 그룹-[열]**에 [2]를 지정하고 ❷ '호스트별분석' 피벗 테이블의 아래쪽으로 이동한 후 크기를 적절하게 조절합니다.

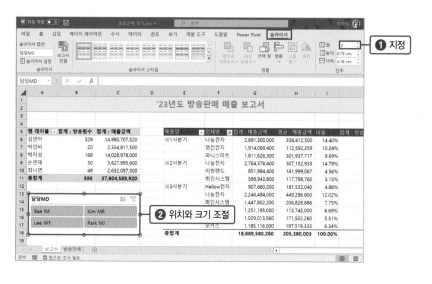

핵심 ⚡

데이터 편집

셀 서식

표시 형식

함수

차트

조건부 서식

피벗 테이블

⑤ [담당MD] 슬라이서에서 ❶ [Bae IM]을 클릭하면 보고서의 내용이 필터링되면서 ❷ '호스트별 분석' 피벗 테이블만 변경됩니다. 추가로 '분기별Top3업체' 피벗 테이블에도 필터를 연결하기 위해 ❸ [담당MD] 슬라이서를 선택하고 ❹ [슬라이서] 탭-[슬라이서] 그룹-[보고서 연결]을 클릭하세요.

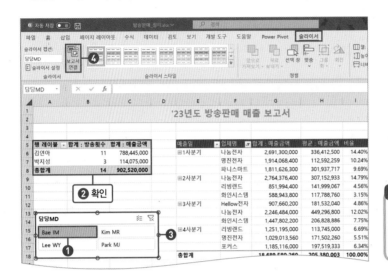

Tip

슬라이서에서 마우스 오른쪽 단추를 클릭하고 [보고서 연결]을 선택해도 됩니다.

⑥ [보고서 연결(담당MD)] 대화상자가 열리면 ❶ [분기별Top3업체]에 체크 표시하고 ❷ [확인]을 클릭합니다.

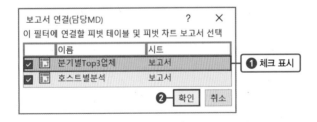

⑦ 두 보고서를 모두 슬라이서에 연결했으면 [담당MD] 슬라이서에서 ❶ 다른 담당 MD를 클릭하고 ❷ 보고서의 내용이 필터링되는지 확인합니다.

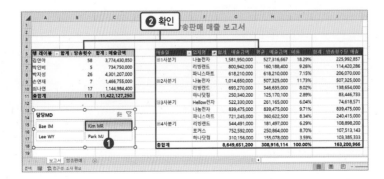

◉ 실습예제 : 수주및납품_Getpivot.xlsx
◉ 완성예제 : 수주및납품_Getpivot_완성.xlsx

활용도 ■■■ ■■ ■■

07 피벗 테이블 값을 양식 폼으로 그대로 옮기기

실무

데이터 편집

셀 서식

① 피벗 테이블로 데이터를 요약하면 함수를 사용하지 않아도 빠르고 쉽게 매출을 분석할 수 있지 만, 제공된 양식 폼으로 데이터를 옮겨야 할 수도 있어요. [분기별판매] 시트에서 ❶ '납품', '1사분기', '동국무역'에 해당하는 **[E6] 셀**을 클릭하고 **=를 입력**한 후 ❷ 피벗 테이블에 같은 조건의 값인 **[B7] 셀**을 클릭하세요.

표시 형식

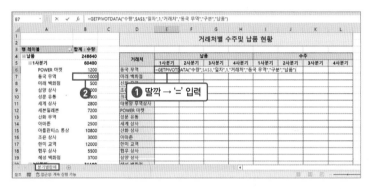

함수

Tip

이렇게 입력하면 자동으로 GetPivotData 함수가 입력됩니다. 만약 GetPivotData 함수가 표시되지 않으면 [피벗 테이블 분석] 탭-[피벗 테이블] 그룹-[옵션]을 클릭하고 [GetPivotData 생성]을 선택하여 체크 표시한 후 다시 작성하세요.

차트

② Shift + F3 을 눌러 GetPivotData 함수의 [함수 인수] 대화상자를 열고 ❶ 'Item1'에는 E$5를, 'Item2'에는 $D6을, 'Item3'에는 $E$4를 입력하고 ❷ **[확인]**을 클릭합니다.

조건부 서식

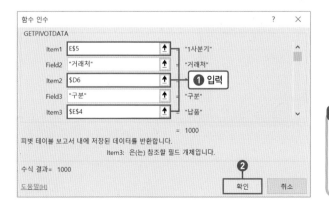

Tip

'납품', '1사분기', '동국무역'의 함수식에서 'Item' 의 값을 참조 주소로 변경해야 나머지 셀에 함수 식을 복사해서 보고서 양식을 빠르게 작성할 수 있습니다.

피벗 테이블

③ 이 함수식을 그대로 나머지 셀에 복사하면 값이 없는 경우에는 #Ref 오류가 발생합니다. 이 문제를 해결하기 위해 ❶ [E6] 셀을 클릭하고 ❷ 수식 입력줄에서 '=' 뒤에 다음의 IFERROR 함수를 추가하세요.

=IFERROR(GETPIVOTDATA("수량",$A$3,"일자",E$5,"거래처",$D6,"구분",$E$4),0)

함수식 설명

❷
=IFERROR(GETPIVOTDATA("수량",$A$3,"일자",E$5,"거래처",$D6,"구분",$E$4),0)
❶

➡ ❶ GETPIVOTDATA("수량",$A$3,"일자",E$5,"거래처",$D6,"구분",$E$4): 이미 작성된 수식입니다.
   ❷ =IFERROR(❶,0): 이미 작성된 ❶(GetPivotData 함수)에 오류가 발생하면 '0'으로 표시합니다.

④ ❶ [E6] 셀에 결과값을 구했으면 '납품'에 대한 전체 셀에 함수식을 복사합니다. 이와 같은 방법으로 ❷ '수주'의 값도 같게 계산하고 나머지 셀에 복사하세요.

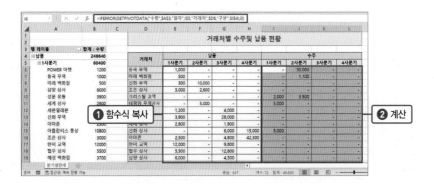

활용도 ■■■ ■ ■

● 실습예제 : 담당자별주문_관계.xlsx
● 완성예제 : 담당자별주문_관계_완성.xlsx

08 관계 설정하고 피벗 테이블 작성하기
실무

✓ **실무 활용 사례**

• 두 테이블을 하나로 통합하지 않고 관계된 자료를 분석해야 할 때

✓ **업무 시간 단축**

• 두 테이블 모두 Ctrl+T를 눌러 표로 변경
• [데이터] 탭-[데이터 도구] 그룹-[관계] 선택
• [관계 만들기] 대화상자의 '테이블'에서 '담당자'와 '사번' 필드로 관계 설정

① [담당자] 시트에서 ❶ 데이터 영역에 있는 하나의 셀을 클릭하고 Ctrl+T를 누릅니다. [표 만들기] 대화상자가 열리면 ❷ [머리글 포함]에 체크 표시되었는지 확인하고 ❸ [확인]을 클릭하세요.

영 상 강 의

② 데이터베이스가 표로 변경되었으면 [테이블 디자인] 탭-[속성] 그룹-[표 이름]에 **담당자**를 입력하고 Enter를 누릅니다.

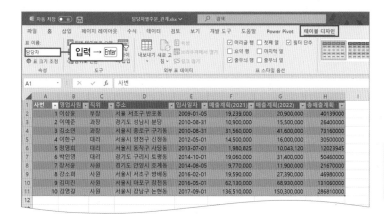

> **Tip**
> 엑셀 하위 버전에서는 [테이블 디자인] 탭이 아닌 [표 도구]의 [디자인] 탭이 표시됩니다.

데이터 편집

셀 서식

표시 형식

함수

차트

조건부 서식

피벗 테이블

167

③ 이와 같은 방법으로 ❶ [주문] 시트의 ❷ 데이터 영역도 표로 작성하고 ❸ [테이블 디자인] 탭-[속성] 그룹-[표 이름]을 주문으로 변경합니다.

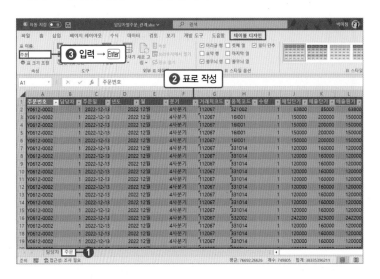

④ 표 작성이 끝나면 [데이터] 탭-[데이터 도구] 그룹-[관계]를 클릭합니다.

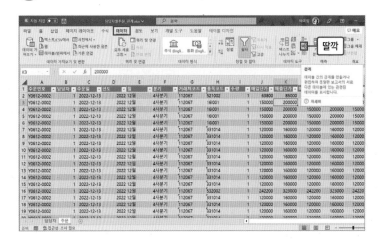

⑤ [관계 관리] 대화상자가 열리면 **[새로 만들기]**를 클릭합니다.

⑥ [관계 만들기] 대화상자가 열리면 ❶ '테이블'에서는 **[워크시트 표: 담당자]**를, '열(외래)'에서는 **[사번]**을, '관련 표'에서는 **[워크시트 표: 주문]**을, '관련 열(기본)'에서는 **[담당자]**를 선택하고 ❷ **[확인]**을 클릭합니다.

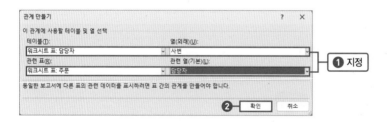

⑦ [관계 관리] 대화상자로 되돌아오면 ❶ 새로운 관계가 추가되었는지 확인하고 ❷ **[닫기]**를 클릭합니다.

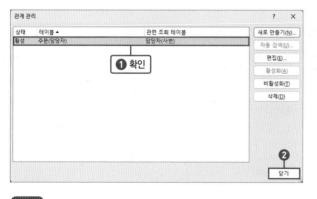

> **Tip**
> 테이블 간에 관계가 설정되는 것은 '데이터 모델링(Data Modelling)'이라고 합니다. 파워 피벗에서 [관리]를 클릭하면 두 테이블이 이미 모델에 추가된 상태이고 관계가 설정되었다는 것을 확인할 수 있어요.

⑧ 두 테이블의 관계가 설정되었으므로 피벗 테이블로 분석해 볼게요. ❶ [새 시트] 단추(⊕)를 클릭해 새로운 시트를 삽입하고 ❷ 시트 이름을 **보고서**로 변경한 후 ❸ [B7] 셀을 클릭합니다. ❹ [삽입] 탭-[표] 그룹-[피벗 테이블]을 클릭하고 ❺ [데이터 모델에서]를 선택합니다.

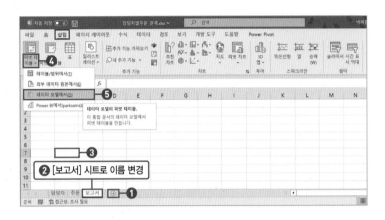

⑨ [데이터 모델의 피벗 테이블] 대화상자가 열리면 ❶ [기존 워크시트]의 '위치'에 [B7] 셀이 지정되었는지 확인하고 ❷ [확인]을 클릭합니다.

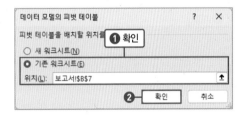

Tip

⑧ 과정에서 미리 [B7] 셀을 클릭하고 피벗 테이블을 작성하므로 셀 위치를 다시 지정할 필요가 없습니다.

⑩ 화면의 오른쪽에 [피벗 테이블 필드] 창이 열리면 ❶ [모두]의 [담당자] 테이블에 있는 ❷ [영업사원]에 체크 표시하여 ❸ '행' 영역에 추가합니다.

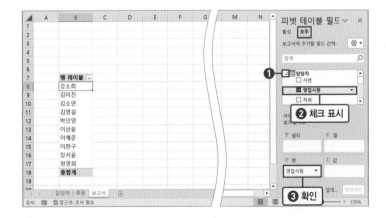

⑪ 이번에는 [피벗 테이블 필드] 창의 [주문] 테이블에서 ❶ **[합계금액]**에 체크 표시하여 ❷ '값' 영역에 추가합니다. ❸ 숫자 범위인 **[C8:C18]**을 선택하고 ❹ **[홈] 탭-[표시 형식] 그룹-[쉼표 스타일]**을 클릭하세요.

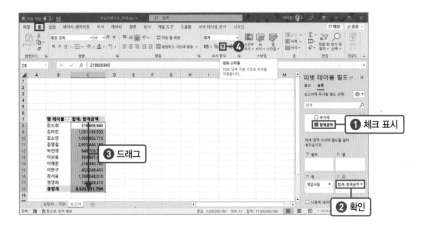

🐝 잠깐만요!

M365용 엑셀이 아닌 경우 데이터 모델 사용 방법

M365용 엑셀이 아닌 다른 버전(2013, 2016, 2019, 2021)에서는 테이블 간의 관계가 설정된 후 피벗 테이블을 작성하려면 [삽입] 탭-[표] 그룹-[피벗 테이블]을 클릭하세요. [피벗 테이블 만들기] 대화상자가 열리면 [이 통합 문서의 데이터 모델 사용]을 선택하고 [확인]을 클릭해서 관련된 데이터를 분석할 수 있습니다.

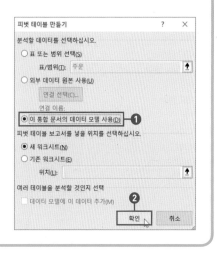

실무 완전 정복!

직장인을 위한
실무
엑셀
파워포인트
워드 + 한글

파워포인트

박미정, 박은진 지음

길벗

직장인을 위한 핵심 포인트!

실제 업무에 100% 활용할 수 있는 핵심 기능을 엄선했습니다. 쉽게 찾아 빠르게 배울 수 있도록 정리했으니, 이 책의 내용을 모두 읽은 후에도 필요할 때마다 이 페이지를 펼쳐 적극 활용하길 바랍니다.

목차

QR코드로 동영상 강의를 시청해 보세요!

책에 실린 QR코드를 통해 저자의 동영상 강의를 바로 시청할 수 있습니다. 유튜브에서 『오피스랩』을 검색해도 강의를 무료로 볼 수 있어요.

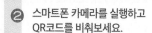

❶ 책 속 QR코드를 찾으세요.

❷ 스마트폰 카메라를 실행하고 QR코드를 비춰보세요.

❸ 동영상 강의 링크가 나타나면 화면을 터치해 강의를 시청하세요.

CHAPTER **04** 테마로 디자인 관리하고 SNS 활용하기

테마 & 마스터 ····· SECTION **08** | **테마와 마스터로 디자인 관리하기**

SNS ····· SECTION **09** | **SNS용 프레젠테이션 문서 작성하기**

예제 파일 및 완성 파일은 홈페이지에서 다운로드하세요!

이 책에 사용된 예제 파일 및 완성 파일은 **길벗출판사 홈페이지**(www.gilbut.co.kr)에서 다운로드할 수 있어요. 홈페이지 검색 창에 『**직장인을 위한 실무 엑셀 파워포인트 워드 한글**』을 검색하고 **[자료실]**을 클릭해 실습 파일을 다운로드하세요. 회원 가입을 하지 않아도 누구나 부록을 다운로드할 수 있습니다.

CHAPTER 01

디자인 향상을 위한
실무 비법 익히기

파워포인트는 전달할 메시지에서 중요한 키워드를 도형에 담아 표현하거나 도해로 내용을 쉽게 풀어 설명하는 경우가 많아서 도형을 자주 사용합니다. 다양한 서식 지정 방법으로 도형의 활용도를 높일 수 있습니다. 또한 스마트아트 그래픽을 활용하면 좀 더 쉽고 빠르게 텍스트를 도해로 표현할 수 있어서 메시지를 시각 자료로 만드는 시간을 단축할 수 있습니다.

01

도형 그래픽으로
디자인 업그레이드하기

테마 색과 회색을 사용하면 슬라이드 내용을 자연스럽게 표현하고 강조할 수 있고 그러데이션 기능으로 빛 효과를 표현할 수 있어요. 이번 섹션에서는 서식을 복사하여 다른 도형에도 빠르게 적용해 보고 여러 도형에 걸쳐 하나의 그림으로 채워서 표현하는 방법을 배워보겠습니다.

● **실습예제** : 테마색.pptx
● **완성예제** : 테마색_완성.pptx

01 효과적으로 테마 색 사용하기

기본

① 서로 다른 컬러로 항목을 구분할 때는 테마 색에서 가로 방향의 같은 행에 있는 컬러로 변경하는 것이 좋아요. 이렇게 하면 명도와 채도는 비슷하면서 색상이 다른 컬러를 쉽게 적용할 수 있어요. 1번 슬라이드에서 **①** 두 번째 제목 도형을 선택하고 **②** [홈] 탭-[그리기] 그룹-[도형 채우기]를 클릭한 후 **③** '테마 색'의 [주황, 강조 2, 25% 더 어둡게]를 클릭하세요. 이 색은 첫 번째 도형의 색인 [파랑, 강조 1, 25% 더 어둡게]와 같은 행에 있어요.

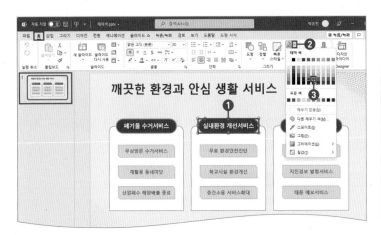

Tip

하나의 문서 안에서는 가급적 세 가지 이내의 컬러를 사용하되 우선순위 규칙을 정해두고 모든 페이지에서 같은 규칙을 적용하면 전체적으로 통일감 있는 컬러를 사용할 수 있어요. 이 예제에서는 우선순위를 '파랑 → 주황 → 녹색' 의 순으로 정했습니다.

② **①** 세 번째 제목 도형을 선택하고 **②** [홈] 탭-[그리기] 그룹-[도형 채우기]를 클릭한 후 **①** 과정에서 선택한 색과 같은 행에 있는 **③** '테마 색'의 [녹색, 강조 6, 25% 더 어둡게]를 클릭하세요.

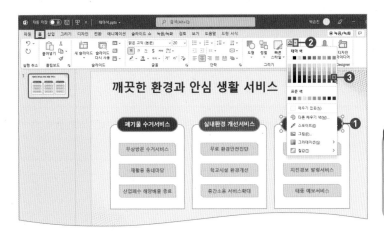

Tip

테마 색의 강조 색은 파랑, 주황, 녹색으로 각각 다르지만 밝기는 모두 네 번째에 있는 '25% 더 어둡게' 색으로 지정했어요.

③ **❶~❷** Shift 를 이용해 두 번째 항목에서 안쪽에 있는 3개의 콘텐츠 도형들을 함께 선택합니다. **❸** [홈] 탭-[그리기] 그룹-[도형 채우기]를 클릭하고 첫 번째 도형의 색과 같은 행에 있는 **❹** '테마 색'의 [주황, 강조 2, 80% 더 밝게]를 클릭하세요.

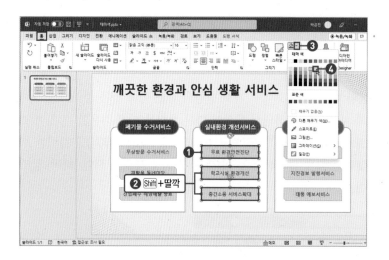

④ 이와 같은 방법으로 **❶~❷** Shift 를 이용해 세 번째 항목에서 안쪽에 있는 3개의 콘텐츠 도형들을 함께 선택합니다. **❸** [홈] 탭-[그리기] 그룹-[도형 채우기]를 클릭한 후 첫 번째 도형의 색과 같은 행에 있는 **❹** '테마 색'의 [녹색, 강조 6, 80% 더 밝게]를 클릭하세요.

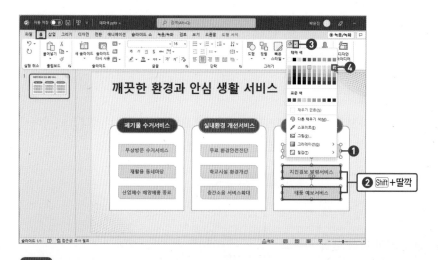

> **Tip**
>
> 내용을 표현하는 콘텐츠여서 '테마 색'의 강조 색은 파랑, 주황, 녹색으로 각각 다르지만, 밝기는 모두 가장 밝은 색인 '80% 더 밝게'로 지정했어요.

⑤ ❶~❸ Shift를 이용해 두 번째 항목의 도형들을 함께 선택합니다. ❹ [홈] 탭-[그리기] 그룹-[도형 윤곽선]을 클릭하고 첫 번째 도형의 색과 같은 행에 있는 ❺ '테마 색'의 [주황, 강조 2, 40% 더 밝게]를 클릭하세요.

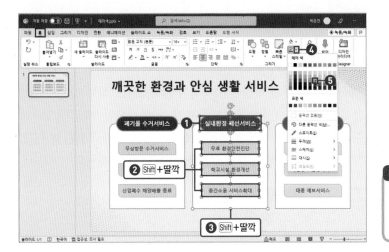

Tip

Shift를 이용하는 대신 선택할 개체들이 모두 포함되도록 크게 드래그해도 함께 선택할 수 있어요.

⑥ ❶~❸ Shift를 이용해 세 번째 항목의 도형들을 함께 선택합니다. ❹ [홈] 탭-[그리기] 그룹-[도형 윤곽선]을 클릭하고 첫 번째 도형의 색과 같은 행에 있는 ❺ '테마 색'의 [녹색, 강조 6, 40% 더 밝게]를 클릭하세요.

Tip

우선순위 규칙인 '파랑 → 주황 → 녹색'을 이용해 항목을 구분하되, 같은 수준에 해당하는 내용은 테마 색의 색상표에서 같은 행에 있는 색으로 구분하는 것이 좋습니다. 이렇게 하면 명도와 채도를 비슷하게 유지하면서 색상을 쉽게 구분할 수 있어요.

그래픽

표 & 차트

애니메이션

사운드 & 동영상

발표

테마 & 마스터

S N S

회색 사용해 자연스럽게 도형 강조하기

① 특정 부분을 강조할 때 좀 더 강한 효과나 진한 색상을 사용하지 않아도 중요하지 않은 부분에 회색을 사용해서 자연스럽게 강조할 수 있습니다. 1번 슬라이드에서 세 번째 항목인 '개발'만 강조하기 위해 ❶~❷ Shift를 이용해 '개발'을 제외한 나머지 제목 도형들을 함께 선택합니다. ❸ [홈] 탭-[그리기] 그룹-[도형 채우기]를 클릭하고 ❹ '테마 색'의 [흰색, 배경 1, 5% 더 어둡게]를 클릭하세요.

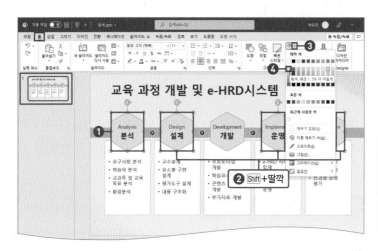

> **Tip**
>
> 유채색을 무채색인 회색과 함께 사용하면 진한 색이 아니어도 눈에 띄는 강조색이 됩니다. 중요하지 않은 항목은 배경색과 가까운 회색을 적용해서 힘을 빼주세요.

② ❶~❷ Shift를 이용해 '개발' 항목을 제외한 육각형과 아래의 사각형 도형들을 함께 선택합니다. ❸ [홈] 탭-[그리기] 그룹-[도형 윤곽선]을 클릭하고 ❹ '테마 색'의 [흰색, 배경 1, 15% 더 어둡게]를 클릭하세요.

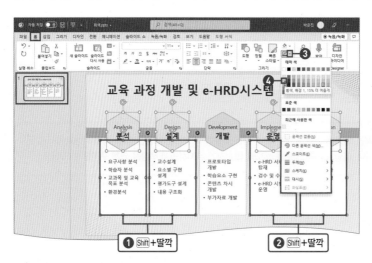

> **Tip**
>
> 중요하지 않은 항목들의 도형 윤곽선도 무채색을 사용해 힘을 빼주세요. 그리고 ① 과정에서 '개발'을 제외한 나머지 제목 도형들을 함께 선택한 상태이므로 Shift를 누른 상태에서 아래쪽의 사각형 도형들을 차례대로 선택하세요.

③ ❶ Esc 를 눌러 기존의 선택을 모두 취소하고 ❷~❺ Shift 를 이용해 '개발' 항목을 제외한 텍스트 상자들을 함께 선택합니다. ❻ [홈] 탭-[글꼴] 그룹-[글꼴 색]을 클릭하고 ❼ '테마 색'의 [흰색, 배경 1, 25% 더 어둡게]를 클릭하세요.

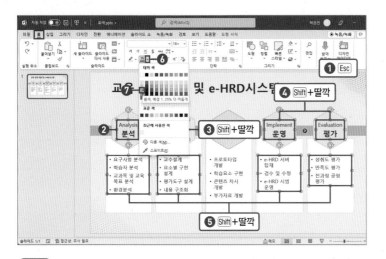

④ 아래쪽에 있는 텍스트의 글머리 기호는 여전히 진한 색으로 강조되어 있으므로 글머리 기호의 색도 흐린 색으로 바꿔볼게요. ❶ Esc 를 눌러 기존의 선택을 모두 취소하고 ❷~❸ Shift 를 이용해 글머리 기호가 있는 텍스트 상자들을 함께 선택한 후 ❹ [홈] 탭-[단락] 그룹-[글머리 기호]를 클릭하고 ❺ [글머리 기호 및 번호 매기기]를 선택하세요.

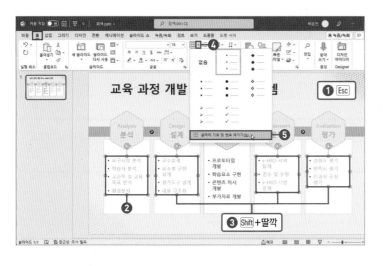

그래픽

표 & 차트

애니메이션

사운드 & 동영상

발표

테마 & 마스터

SNS

⑤ [글머리 기호 및 번호 매기기] 대화상자의 [글머리 기호] 탭이 열리면 ❶ '색'에서 '테마 색'의 **[흰 색, 배경 1, 25% 더 어둡게]**를 클릭하고 ❷ **[확인]**을 클릭합니다.

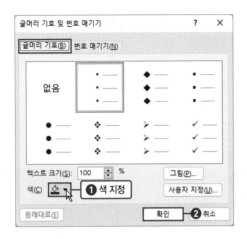

⑥ 중요하지 않은 텍스트와 글머리 기호 및 도형에 회색을 지정하여 색의 힘을 뺐더니 '개발' 항목 만 자연스럽게 강조되는 디자인이 완성되었습니다.

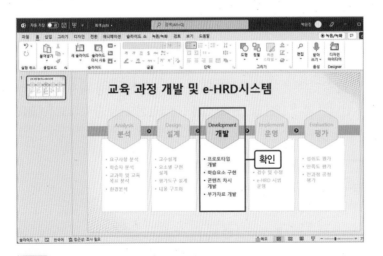

> **Tip**
> 회색은 흰색, 검은색 아래에서 자유롭게 선택하면 됩니다. 회색의 밝고 어두운 정도를 변경하여 이미지를 얼마나 강조할지 조 절할 수 있어요.

● 실습예제 : 스포이트.pptx
● 완성예제 : 스포이트_완성.pptx

활용도 ▰▰▰ ▰▰▰ ▰▰▰

03
기본

스포이트로 원하는 색만 빠르게 지정하기

핵심
⚡

그래픽

표
&
차트

애니메이션

사운드
&
동영상

발표

테마
&
마스터

S
N
S

① 1번 슬라이드에서 ❶ 첫 번째 파란색 도형 그룹을 선택하고 ❷ [홈] 탭-[그리기] 그룹-[도형 채우기]를 클릭한 후 ❸ [스포이트]를 선택하세요.

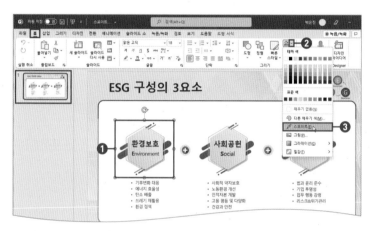

> **Tip**
> 파워포인트 2013 버전 이상에서는 기존 개체나 이미지의 색과 같은 색을 지정할 때 스포이트를 이용하면 편리합니다. 스포이트는 클릭한 위치의 색상값을 새로운 개체에 빠르게 적용하는 기능이에요.

② 마우스 포인터가 🖊 모양으로 바뀌면 화면의 오른쪽 위에 있는 녹색 원 안쪽의 밝은 녹색을 클릭하세요.

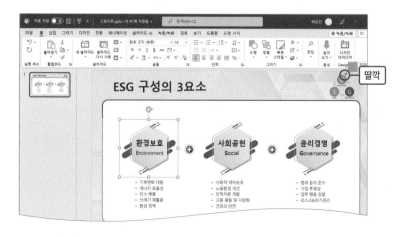

15

③ ● 선택한 도형에 밝은 녹색이 적용되었는지 확인합니다. 이와 같은 방법으로 스포이트를 이용해 ❷ 두 번째 도형에는 주황을, ❸~❺ 세 번째 도형에는 빨간색을 각각 지정하세요.

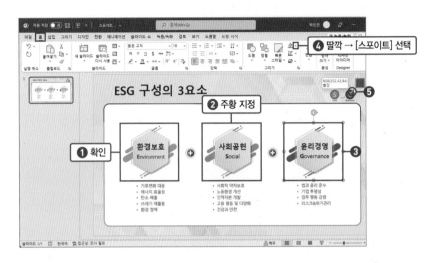

④ ● '**환경보호**' 텍스트 상자를 선택하고 ❷ **[홈] 탭-[글꼴] 그룹-[글꼴 색]**을 클릭한 후 ❸ **[스포이트]**를 선택하세요.

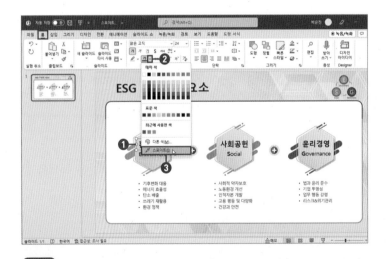

> **Tip**
>
> 텍스트의 색을 변경하려면 [홈] 탭-[그리기] 그룹-[도형 채우기]가 아니라 [홈] 탭-[글꼴] 그룹-[글꼴 색]을 클릭해야 합니다. 그러므로 텍스트 상자를 선택하거나 텍스트를 모두 범위로 지정하세요.

⑤ 마우스 포인터가 🖊 모양으로 바뀌면 화면의 오른쪽 위에 있는 녹색 원 바깥쪽의 진한 녹색을
클릭하세요. 그러면 선택한 텍스트에 진한 녹색이 적용됩니다.

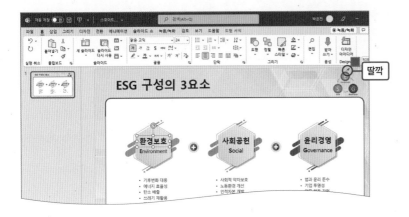

⑥ 'Environment'의 'E'만 범위로 지정하고 F4 를 눌러 '환경보호'에 적용한 텍스트 색을 한 번
더 적용하세요.

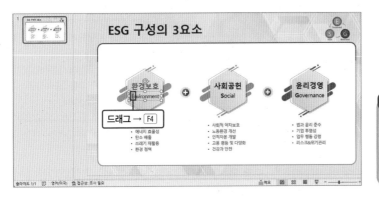

Tip
F4 를 누르면 방금 전에 실행한
작업을 반복해서 적용할 수 있어
요. 여기서는 한 글자만 선택하고
색을 변경하세요.

⑦ 이와 같은 방법으로 ❶ '사회공헌'과 'S'에는 주황색을, ❷ '윤리경영'과 'G'에는 빨간색을 지정하
세요.

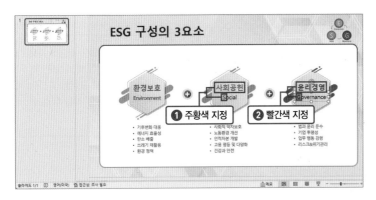

그래픽

표 & 차트

애니메이션

사운드 & 동영상

발표

테마 & 마스터

S N S

● **실습예제** : 그라데이션.pptx
● **완성예제** : 그라데이션_완성.pptx

활용도 ■■■ ■■■ ■■■

그러데이션으로 빛 효과 표현하기

① 그러데이션 기능을 이용하면 하나의 도형에 두 가지 이상의 색 변화를 효과적으로 표현할 수 있습니다. 1번 슬라이드에서 **①~②** Shift를 이용해 3개의 육각형 도형을 함께 선택하고 **③** 마우스 오른쪽 단추를 클릭한 후 **④** [개체 서식]을 선택하세요.

영상 강의

Tip
1개의 도형을 선택하고 마우스 오른쪽 단추를 클릭하면 [도형 서식]이, 2개 이상의 도형을 선택하고 마우스 오른쪽 단추를 클릭하면 [개체 서식]이 나타납니다.

② 화면의 오른쪽에 [도형 서식] 창이 열리면 **①** [도형 옵션]-[채우기 및 선](◇)의 **②** [채우기]에서 **③** [그러데이션 채우기]를 선택합니다. **④** '그러데이션 중지점'에서 '중지점 1/4'을 선택한 상태에서 **⑤** '색'에서 '최근에 사용한 색'의 [빨강]을 클릭하세요.

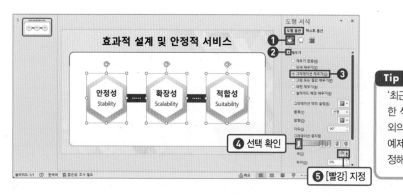

Tip
'최근에 사용한 색'은 최근에 사용한 색 중에서 '테마 색'과 '표준 색' 외의 10개의 색을 표시합니다. 이 예제에서는 사용할 색을 미리 설정해 두었어요.

③ ❶ '그라데이션 중지점'에서 '중지점 2/4'를 선택하고 ❷ [그라데이션 중지점 제거] 단추(🖫)를 클릭해 제거합니다. 이와 같은 방법으로 ❸~❹ '중지점 3/4'도 제거하세요.

④ ❶ '그라데이션 중지점'의 '중지점 2/2'를 선택하고 ❷ '색'은 '최근에 사용한 색'의 [주황]을 클릭하세요.

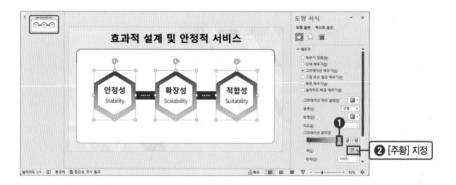

⑤ ❶ '방향'에서 ❷ [선형 대각선 - 왼쪽 위에서 오른쪽 아래로]를 선택하세요.

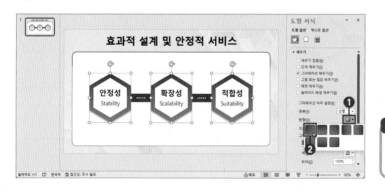

Tip
그러데이션의 '방향'을 변경하면 '각도'도 함께 변경됩니다.

그래픽

표 & 차트

애니메이션

사운드 & 동영상

발표

테마 & 마스터

S N S

⑥ 이번에는 ❶ [선]에서 ❷ [그라데이션 선]을 선택하고 ❸ '그라데이션 중지점'의 '중지점 1/4'을 선택한 상태에서 ❹ '색'에서 '최근에 사용한 색'의 [빨강]을 클릭한 후 ❺ '위치'에 [43%]를 지정하세요.

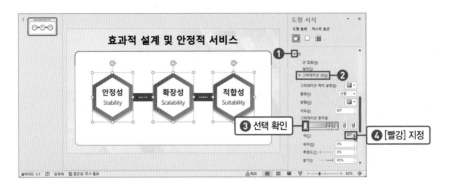

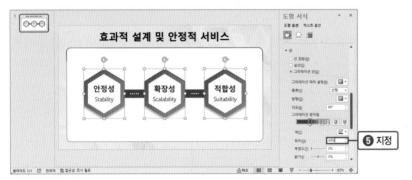

⑦ ❶ '그라데이션 중지점'에서 '중지점 2/4'를 선택하고 ❷ '색'에서 '테마 색'의 [흰색, 배경 1]을 클릭한 후 ❸ '위치'에 [50%]를 지정하세요.

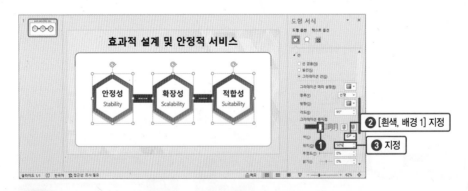

Tip

그라데이션 색이 급격하게 바뀌는 과정에서 흰색은 빛이 발하는 효과를 표현합니다.

(8) ❶ '그라데이션 중지점'의 '중지점 3/4'을 선택하고 ❷ '색'에서 '최근에 사용한 색'의 **[다홍]**을 클릭한 후 ❸ '위치'에 **[57%]**를 지정합니다. 마지막 ❹ '중지점 4/4'는 ❺ **[그라데이션 중지점 제거] 단추(🗑)**를 클릭해 삭제하세요.

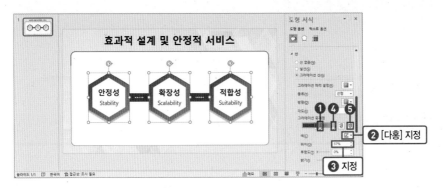

Tip
가운데 흰색이 빛 효과를 주므로 좌우의 중지점 사이의 간격을 비슷하게 설정하는 것이 좋습니다. 이 예제에서는 중지점 위치를 각각 7%씩 차이나도록 '43%', '50%', '57%'로 설정했는데, 이 값을 조금씩 변경하면서 차이를 확인해 보세요.

(9) ❶~❷ '방향'에서 **[선형 대각선 - 오른쪽 아래에서 왼쪽 위로]**를 클릭하세요.

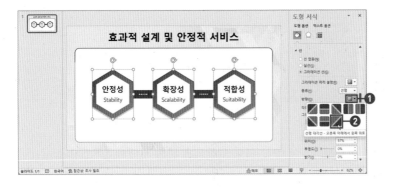

(10) 도형의 윤곽선 두께인 '너비'를 **[4 pt]**로 조정하면 빛 효과를 좀 더 강하게 표현할 수 있어요.

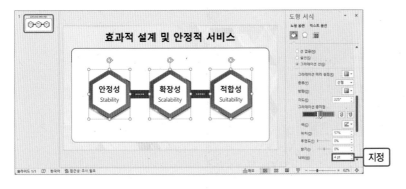

그래픽

표 & 차트

애니메이션

사운드 & 동영상

발표

테마 & 마스터

S N S

◉ **실습예제** : 서식복사.pptx
◉ **완성예제** : 서식복사_완성.pptx

05 서식 복사해 빠르게 도형 서식 변경하기

기본

✔ **실무 활용 사례**

• 텍스트, 도형, 표, 그림 등의 서식을 다른 개체에 빠르게 적용해야 할 때

✔ **업무 시간 단축**

• **서식 복사** : Ctrl + Shift + C
• **서식 붙여넣기** : Ctrl + Shift + V

① 1번 슬라이드의 도형과 텍스트에 적용된 서식을 복사하여 2번 슬라이드에 빠르게 적용해 볼게요. **❶ 1번 슬라이드**에서 **❷** 흰색 도형 중 하나를 선택하고 Ctrl + Shift + C 를 눌러 서식을 복사하세요.

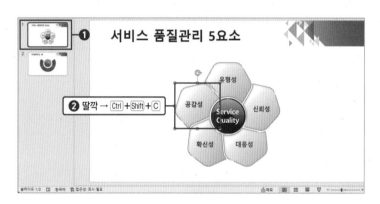

② **❶ 2번 슬라이드**에서 **❷~❹** Shift 를 이용해 4개의 막힌 원호 도형들을 함께 선택하고 **❺** Ctrl + Shift + V 를 눌러 앞에서 복사한 서식을 빠르게 적용하세요.

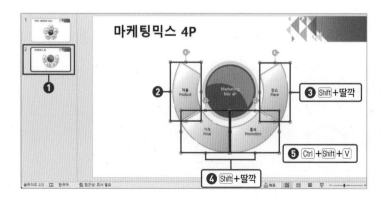

③ ❶ 다시 **1번 슬라이드**로 되돌아와서 파란색 원을 선택하고 Ctrl + Shift + C를 눌러 서식을 복사합니다.
❷ **2번 슬라이드**를 선택하고 ❸ 파란색 원에서 Ctrl + Shift + V를 눌러 복사한 서식을 빠르게 적용하세요.

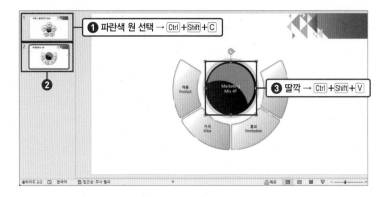

④ 이와 같은 방법으로 ❶ **1번 슬라이드**의 원 안쪽에 있는 반달 모양의 도형도 서식을 복사한 후 ❷ **2번 슬라이드**에서 ❸ 반달 도형에 빠르게 적용하세요.

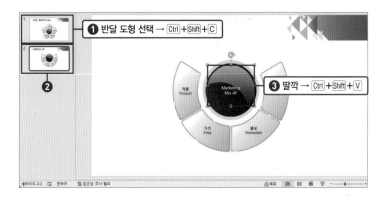

⑤ ❶ **1번 슬라이드**에서 ❷ **'공감성'** 텍스트 상자를 선택하고 Ctrl + Shift + C를 눌러 텍스트 상자의 서식을 복사하세요.

Tip
검은색 텍스트 중 하나를 선택하고 서식 복사하면 됩니다.

핵심

그래픽

표 & 차트

애니메이션

사운드 & 동영상

발표

테마 & 마스터

S N S

6 ❶ **2번 슬라이드**에서 ❷~❹ Shift 를 이용해 흰색 도형 위의 텍스트 상자들을 함께 선택하고 ❺ Ctrl + Shift + V 를 눌러 텍스트 상자의 서식을 빠르게 지정하세요.

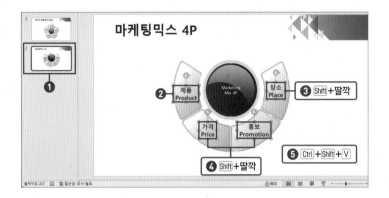

7 이와 같은 방법으로 ❶ **1번 슬라이드**에서 흰색 텍스트 상자인 'Service Quarlity'의 서식을 복사하고 ❷ **2번 슬라이드**의 ❸ 텍스트 상자에 빠르게 적용하세요.

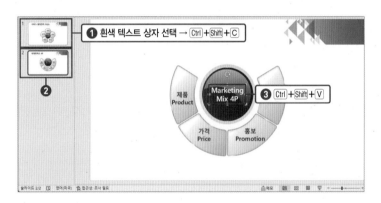

🎁 잠깐만요!

유용한 서식 복사 기능 활용하기

[홈] 탭-[클립보드] 그룹-[서식 복사]를 클릭해도 서식을 복사할 수 있어요. [서식 복사]를 한번 클릭하면 한 번만 서식을 적용할 수 있고, 두번 클릭하면 Esc 를 누를 때까지 계속 서식을 적용할 수 있습니다. 마우스 포인터가 ▷♣ 모양으로 바뀌면 서식을 적용할 위치에서 클릭하여 복사한 서식을 적용하세요.

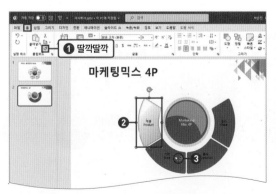

▲ 첫 번째와 두 번째 도형에 차례대로 서식 적용하기

◉ 실습예제 : 그림도형.pptx
◉ 완성예제 : 그림도형_완성.pptx

실무 06 여러 도형에 하나의 그림 채워서 연출하기

그래픽

표 & 차트

애니메이션

사운드 & 동영상

발표

테마 & 마스터

S N S

✔ 실무 활용 사례

• 표지, 목차, 콘셉트 슬라이드에서 그림을 특별한 모양으로 표현해야 할 때
• 여러 도형에 걸쳐 하나의 그림으로 채워야 할 때

✔ 업무 시간 단축

• 그룹화: Ctrl + G
• 그룹 해제: Ctrl + Shift + G
• 마우스 오른쪽 단추 → [도형 서식]-[채우기] 선택

① ❶ 1번 슬라이드에서 ❷ 그림을 선택하고 복사(Ctrl + C)하세요.

❶

배경 이미지

❷ 딸깍 → Ctrl + C

영상강의

② ❶ 2번 슬라이드에서 ❷ Shift를 이용해 육각형 도형들을 함께 선택하고 ❸ [홈] 탭-[그리기] 그룹-[정렬]을 클릭한 후 ❹ '개체 그룹'의 [그룹]을 선택해 도형들을 하나의 그룹으로 묶으세요.

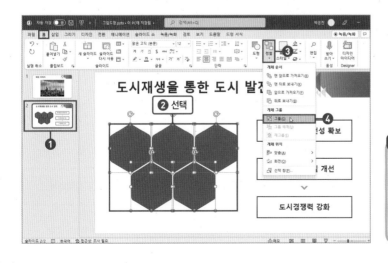

도시재생을 통한 도시 발전

❷ 선택

❸

❹

Tip

반드시 여러 개의 도형들을 하나로 그룹화해야 도형 그룹 안에 하나의 그림으로 채울 수 있어요.
• 그룹화: Ctrl + G
• 그룹 해제: Ctrl + Shift + G

③ **❶** 도형 그룹에서 마우스 오른쪽 단추를 클릭하고 **❷** [도형 서식]을 선택하세요.

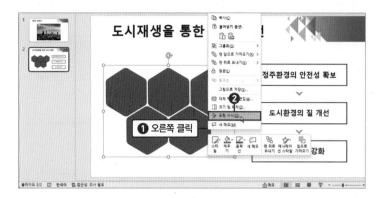

④ 화면의 오른쪽에 [도형 서식] 창이 열리면 **❶** [도형 옵션]-[채우기 및 선](⬨)의 **❷** [채우기]에서 **❸** [그림 또는 질감 채우기]를 선택합니다.

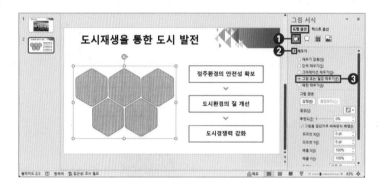

⑤ **❶** [클립보드]를 클릭해 **❷** 도형 그룹에 복사한 그림을 채우세요.

> **Tip**
> 1번 슬라이드의 그림을 복사해 두었으므로 [클립보드]를 클릭합니다. 만약 그림이 파일로 저장되어 있으면 [삽입]을 클릭하세요.

6 **❶** [그림을 질감으로 바둑판식 배열]에 체크 표시하고 **❷** '배율 X'와 '배율 Y'에는 [80%]를, '맞춤'에
는 [아래쪽]을 지정한 후 **❸** [선]에서 **❹** [선 없음]을 선택하세요.

Tip

[그림을 질감으로 바둑판식 배열]에 체크 표시하면 그림의 채우기 배율과 도형 안에서 채우는 위치를 지정할 수 있어요.

02

스마트아트 그래픽 활용해 시각 자료 만들기

텍스트보다 도해로 슬라이드를 표현하면 시각적 정보가 포함되므로 메시지의 전달력이 더욱 높아집니다. 이때 스마트아트(SmartArt) 그래픽을 이용하면 텍스트를 더욱 쉽게 도해로 표현할 수 있어요.

◉ 실습예제 : 스마트아트로변환.pptx
◉ 완성예제 : 스마트아트로변환_완성.pptx

활용도 ■■■ ▨▨▨▨ ▨▨▨▨

텍스트를 스마트아트 그래픽으로 변환하기

✔ **실무 활용 사례**

• 텍스트를 빠르게 도해로 표현해야 할 때

✔ **업무 시간 단축**

• [홈] 탭-[단락] 그룹-[SmartArt 그래픽으로 변환] 선택

① 1번 슬라이드에서 ❶ 왼쪽 텍스트 상자를 선택하고 ❷ [홈] 탭-[단락] 그룹-[SmartArt 그래픽으로 변환]을 클릭한 후 ❸ [기타 SmartArt 그래픽]을 선택하세요.

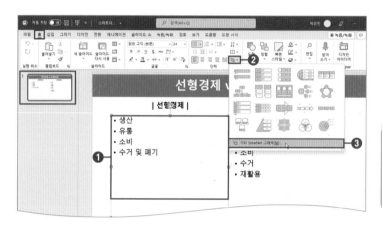

Tip

[SmartArt 그래픽으로 변환]을 선택하면 입력한 텍스트 내용을 스마트아트 그래픽으로 변환할 수 있어요.

② [SmartArt 그래픽 선택] 대화상자가 열리면 ❶ [프로세스형] 범주에서 ❷~❸ [세로 프로세스형]을 선택하고 ❹ [확인]을 클릭하세요.

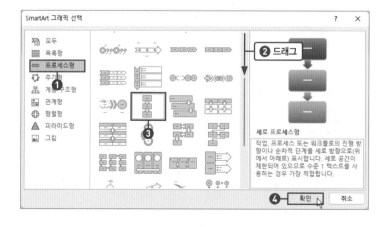

그래픽

표 & 차트

애니메이션

사운드 & 동영상

발표

테마 & 마스터

SNS

③ **❶** 왼쪽 텍스트가 세로 프로세스형 스마트아트 그래픽으로 변환되었으면 **❷** 오른쪽 텍스트 상자를 선택하고 **❸** [홈] 탭-[단락] 그룹-[SmartArt 그래픽으로 변환]을 클릭한 후 **❹** [기본 주기형]을 선택하세요.

④ 오른쪽의 텍스트가 기본 주기형으로 변환되었어요. 텍스트로만 표현된 슬라이드를 스마트아트 그래픽을 사용해 시각적 전달 효과가 높은 슬라이드로 완성했습니다.

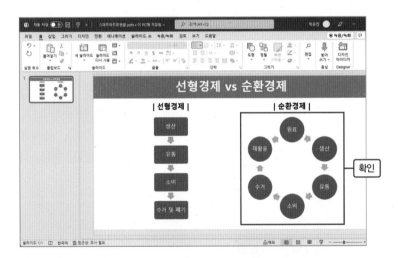

활용도 ▰▰▰▰ ▰▰▰ ▰▰▰

기본 02 스마트아트 그래픽으로 7조각 파이 디자인하기

① 1번 슬라이드에서 [삽입] 탭-[일러스트레이션] 그룹-[SmartArt 그래픽 삽입]을 클릭하세요.

> **Tip**
>
> 본문의 개체 틀에 [SmartArt 그래픽 삽입] 단추(📇)가 보이면 곧바로 클릭해도 됩니다.

② [SmartArt 그래픽 선택] 대화상자가 열리면 ❶ [주기형] 범주를 선택하고 ❷ [기본 원형]을 선택한 후 ❸ [확인]을 클릭하세요.

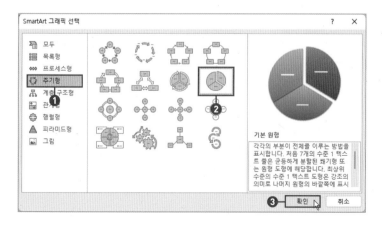

③ [SmartArt 디자인] 탭-[그래픽 만들기] 그룹-[도형 추가]를 4번 클릭해 4개의 도형을 추가하세요.

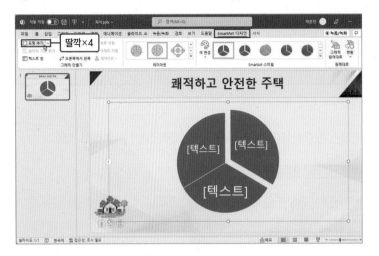

Tip

기본 원형 스마트아트 그래픽은 최대 7개의 항목까지만 삽입할 수 있어요.

④ ❶ [SmartArt 디자인] 탭-[그래픽 만들기] 그룹-[텍스트 창]을 클릭해 텍스트 창을 열고 ❷ 다음의 그림과 같이 **내진 설계, 태양열 에너지, 단열 강화, 동파 방지, 소음 저감, 난연 마감재, 수질 개선**을 입력합니다. 하나의 항목을 2줄 이상 입력하려면 Shift + Enter 를 누르세요.

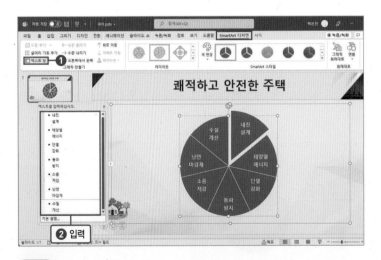

Tip

텍스트 창을 이용하지 않고 도형을 하나씩 선택한 후 텍스트를 입력할 수도 있어요. 스마트아트 그래픽의 왼쪽에 있는 ◁를 클릭하면 텍스트 창을 열 수 있고 [닫기] 단추(☒)를 클릭하면 텍스트 창이 닫혀요.

⑤ 강조할 필요가 없는데 원 밖으로 튀어나온 파이 도형을 선택하고 원점을 향해 안쪽으로 드래그합니다. [Alt]를 누르고 드래그하면 원하는 위치로 세밀하게 이동할 수 있어요.

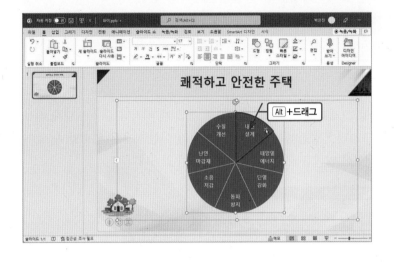

그래픽

표 & 차트

애니메이션

사운드 & 동영상

발표

테마 & 마스터

SNS

◉ 실습예제 : 깔때기.pptx
◉ 완성예제 : 깔때기_완성.pptx

활용도 ▰▰▰ ▰▰▰ ▱▱▱

기본 03 깔때기 디자인의 입출력 개수 변경하기

① 1번 슬라이드에서 ❶ 스마트아트 그래픽을 선택하고 ❷ 텍스트 창의 맨 마지막 줄을 클릭해 커서를 올려놓은 후 Enter를 누르세요. 그러면 ❸ 빨간색 ✖로 표시되면서 더 이상 내용을 입력할 수 없어요. 깔때기 모양의 스마트아트 그래픽은 입력 3개, 출력 1개로 고정되어 있습니다.

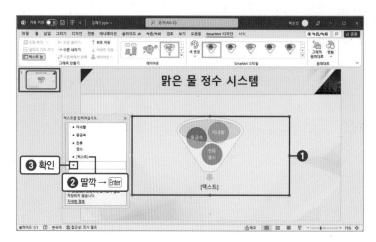

영상강의

Tip
만약 텍스트 창이 보이지 않으면 스마트아트 그래픽의 왼쪽에 있는 ◁를 클릭하세요.

② ❶ 스마트아트 그래픽을 선택하고 ❷ [SmartArt 디자인] 탭-[원래대로] 그룹-[변환]을 클릭한 후 ❸ [도형으로 변환]을 선택하세요.

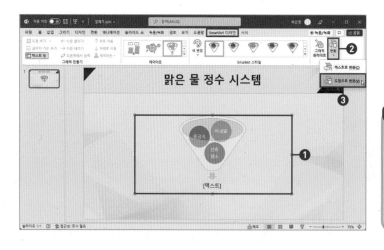

Tip
도형으로 변환되면 깔때기 개체를 선택했을 때 리본 메뉴에 [SmartArt 디자인] 탭이 아니라 [도형 서식] 탭이 나타납니다. 도형으로 변환되면 구성을 자유롭게 수정할 수 있어요.

③ ❶ '중금속' 원을 선택하고 [Ctrl]을 누른 상태에서 드래그하면 원을 복사할 수 있어요. 이와 같은 방법으로 깔때기의 위쪽에 1개, ❷~❸ 아래쪽에 2개의 '중금속' 원을 복사하세요.

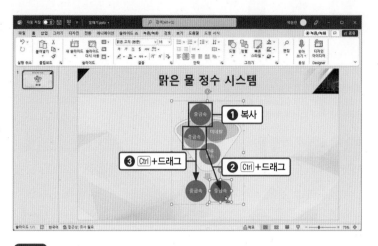

Tip
도형으로 변환되었으므로 원하는 위치에 필요한 개수만큼 자유롭게 복사할 수 있어요. [Alt]를 함께 누르고 드래그하면 좀 더 세밀한 위치로 복사할 수 있습니다.

④ ❶ 복사한 원의 텍스트를 다음의 그림과 같이 **침전물, 건강한 물, 깨끗한 얼음**으로 수정하세요. ❷ [Shift]를 이용해 아래쪽에 있는 2개의 원을 모두 선택하고 ❸ **[홈] 탭-[그리기] 그룹-[도형 채우기]**를 클릭한 후 ❹ '테마 색'의 **[파랑, 강조 1, 25% 더 어둡게]**를 클릭해 입력 도형과 차별화합니다.

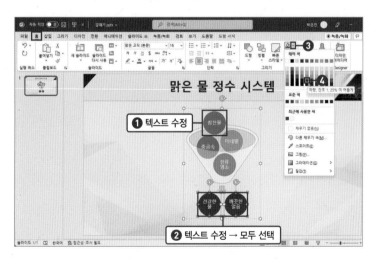

그래픽

표 & 차트

애니메이션

사운드 & 동영상

발표

테마 & 마스터

SNS

CHAPTER 02

이미지와 그래프로
정보 시각화하기

내용과 관련된 이미지를 사용하면 메시지를 전달하는 데 크게 도움이 됩니다. 특히 프레젠테이션에서 활용도가 높은 배경이 투명한 이미지와 그림 자르기 기능을 다양하게 익혀 실무에 바로 적용해 보세요. 이번 장에서는 표의 서식을 최소화하여 데이터를 강조하는 방법과 그림과 차트 기능을 결합하여 인포그래픽 효과를 표현해 보겠습니다.

03

디자인의 품격을 높이는 이미지 활용하기

이미지에 따라 프레젠테이션 디자인의 품질이 달라집니다. 배경이 투명한 PNG 이미지는 활용도가 높아 자주 사용되고 EMF와 SVG 이미지는 도형처럼 그룹 해제하거나 색을 변경할 수 있어서 편리합니다. 그러므로 이들 이미지의 특성과 사용법을 제대로 익혀두는 것이 좋습니다.

● **실습예제** : 배경제거.pptx
● **완성예제** : 배경제거_완성.pptx

활용도 ▮▮▮▮ ▮▮▮▮ ▮▮▮▮

기본 01 배경이 투명한 PNG 이미지 만들기

그래픽

표 & 차트

애니메이션

사운드 & 동영상

발표

테마 & 마스터

SNS

① 1번 슬라이드에서 ❶ 로고 이미지를 선택하고 ❷ [그림 서식] 탭-[조정] 그룹-[색]을 클릭한 후 ❸ [투명한 색 설정]을 선택합니다.

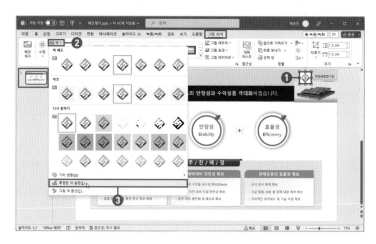

> **Tip**
>
> 오피스 버전에 따라 [그림 서식] 탭 대신 [그림 도구]의 [서식] 탭으로 나타날 수 있습니다. [투명한 색 설정]을 선택하면 마우스로 클릭한 부분의 한 가지 색이 투명하게 바뀝니다.

② 마우스 포인터가 🖋 모양으로 바뀌면 로고 이미지의 흰색 부분을 클릭합니다.

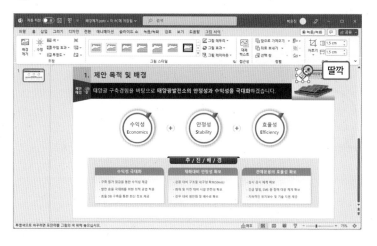

③ ❶ 로고 아래의 이미지를 선택하고 ❷ **[그림 서식] 탭-[조정] 그룹-[배경 제거]**를 클릭하세요.

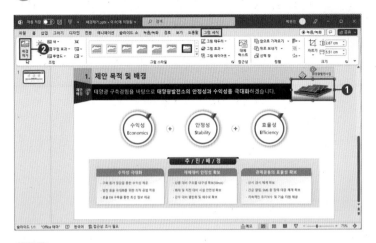

Tip
색이 다양한 부분을 투명하게 만들려면 '배경 제거' 기능을 이용하세요. 화면을 크게 확대해서 작업하면 편리합니다.

④ 투명하게 처리될 부분이 분홍색 영역으로 표시되면 ❶ **[배경 제거] 탭-[미세 조정] 그룹-[보관할 영역 표시]**를 클릭합니다. ❷ 마우스 포인터가 ✎ 모양으로 바뀌면 태양광 그림의 왼쪽 끝부분을 드래그하거나 클릭하여 투명하게 처리할 영역에서 제외하세요.

Tip
• **보관할 영역 표시**: 그림으로 나타낼 부분
• **제거할 영역 표시**: 투명하게 처리할 부분

⑤ 이와 같은 방법으로 ❶ 태양광 그림의 오른쪽 끝부분을 드래그해 그림이 나타나도록 설정하고 ❷ [배경 제거] 탭-[닫기] 그룹-[변경 내용 유지]를 클릭하세요.

Tip

배경 제거 기능을 종료하려면 Esc 를 누르거나 이미지의 바깥쪽을 클릭해도 됩니다.

⑥ 로고와 태양광 패널 이미지의 배경이 투명하게 설정되었는지 확인합니다. 배경이 투명한 PNG 이미지는 다른 개체 위에 배치해도 자연스럽게 어울리므로 활용도가 높습니다.

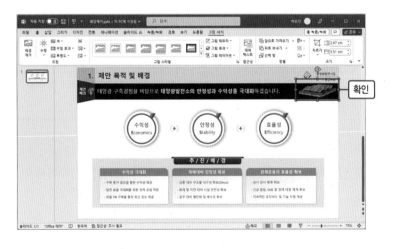

그래픽

표 & 차트

애니메이션

사운드 & 동영상

발표

테마 & 마스터

SNS

유틸리티 사이트에서 이미지 배경 제거하기

① 웹 브라우저를 실행하고 ❶ 배경 제거 사이트인 **removebg**(www.remove.bg/ko)로 이동한 후 ❷ **[이미지 업로드]**를 클릭하세요.

Tip

'투명한 색 설정'이나 '배경 제거' 기능으로 이미지의 배경이 깔끔하게 지워지지 않은 경우 removebg 사이트를 이용하면 투명한 배경 이미지를 쉽게 얻을 수 있습니다. 머리카락처럼 경계가 명확하지 않은 부분도 스마트 AI를 이용해 몇 초 안에 배경을 깔끔하게 제거할 수 있어요.

② [열기] 대화상자가 열리면 부록 실습파일에서 ❶ **'그림1.jpg'**를 선택하고 ❷ **[열기]**를 클릭하세요.

Tip

윈도우 탐색기 창에서 이미지 파일을 직접 [이미지 업로드] 위로 드래그 앤 드롭하거나 이미지가 있는 사이트의 URL을 복사하여 붙여넣기해도 됩니다.

③ 몇 초 만에 배경이 제거된 이미지가 만들어졌는지 확인하세요.

Tip

저해상도 이미지는 무료로 변환할 수 있지만, 12MB 이상의 고해상도 이미지는 장당 200~300원 정도의 비용을 지불해야 합니다.

❶ **[편집]**: [삭제/복구] 등을 이용해 이미지를 수정할 수 있습니다.

❷ **[다운로드]**: 배경이 깔끔하게 삭제된 이미지를 다운로드해서 프레젠테이션 문서에 자유롭게 사용할 수 있습니다.

잠깐만요!

무료로 제공되는 배경 제거 사이트

회원 가입하지 않아도 무료로 배경을 제거할 수 있는(누끼 따기) 사이트는 다음과 같습니다.

사이트	URL	사이트	URL
Adobe Express	adobe.com/kr/express	Clipping Magic	ko.clippingmagic.com
PhotoRoom	photoroom.com/kr	PhotoScissors	photoscissors.com

▲ Adobe Express   ▲ PhotoRoom

그래픽

표 & 차트

애니메이션

사운드 & 동영상

발표

테마 & 마스터

SNS

◉ 실습예제 : 그림압축.pptx
◉ 완성예제 : 그림압축_완성.pptx

활용도 ■■■ ■■■ ▯▯▯▯

기본 03 잘린 그림 영역 삭제해 파일 용량 줄이기

✔ **실무 활용 사례**

• 불필요한 이미지를 삭제해 저장 용량을 줄여야 할 때

✔ **업무 시간 단축**

• [그림 서식] 탭-[조정] 그룹-[그림 압축] 선택 → 잘려진 그림 영역 삭제

① 그림의 잘린 영역을 삭제한 후 더 이상 복원되지 않도록 설정하면 불필요한 저장을 막아 파일의 용량을 줄일 수 있습니다. 1번 슬라이드에서 ❶ 그림을 선택하고 ❷ [그림 서식] 탭-[조정] 그룹-[그림 원래대로]를 클릭한 후 ❸ [그림 및 크기 다시 설정]을 선택하세요.

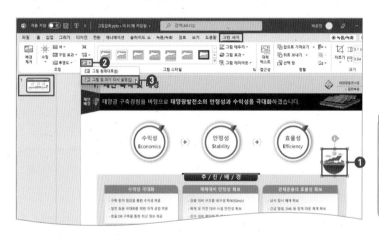

Tip

[그림 원래대로]는 그림에 적용된 서식만 취소하고 원래대로 되돌립니다. 자른 부분까지 복원하려면 [그림 및 크기 다시 설정]을 선택하세요.

② 그림을 잘랐는데도 원본 그림 상태로 복원되었으면 Ctrl + Z 를 눌러 실행을 취소하세요.

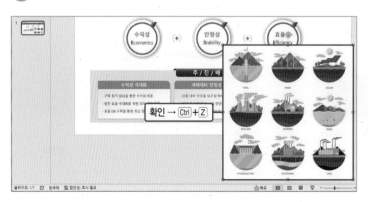

Tip

그림 복원은 보안 문제까지 고려해야 할 부분입니다. 민감한 내용이 포함된 그림을 자른 경우에는 복원 가능성에 대비해야 합니다.

③ ❶ 그림이 이전 상태로 되돌아갔으면 그림을 선택한 상태에서 ❷ [그림 서식] 탭-[조정] 그룹-[그림 압축]을 클릭하세요.

④ [그림 압축] 대화상자가 열리면 ❶ '압축 옵션'의 [이 그림에만 적용]과 [잘려진 그림 영역 삭제]에 체크 표시되었는지 확인하고 ❷ '해상도'에서는 [인쇄(220ppi)]를 선택한 후 ❸ [확인]을 클릭하세요.

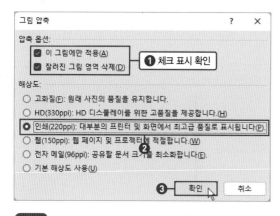

Tip

[이 그림에만 적용]의 체크 표시를 해제하면 문서에 있는 모든 그림에 그림 압축이 설정됩니다.

핵심

그래픽

표 & 차트

애니메이션

사운드 & 동영상

발표

테마 & 마스터

SNS

⑤ 선택한 그림에만 그림 압축이 설정되었어요. 다시 ❶ **[그림 서식] 탭-[조정] 그룹-[그림 원래대로]**를 클릭하고 ❷ **[그림 및 크기 다시 설정]**을 선택해 ❸ 더 이상 원본 상태로 복원되지 않는지 확인합니다.

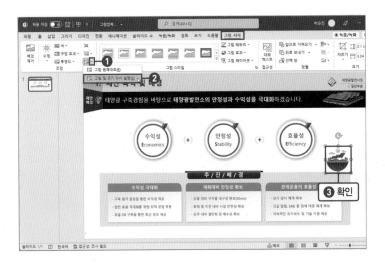

⑥ 슬라이드에 해상도가 아주 높은 그림을 삽입하면 압축하지 않아도 기본값으로 자동 압축됩니다. 만약 원본의 높은 해상도를 유지하려면 그림이 압축되지 않도록 설정해야 합니다. **[파일] 탭-[옵션]**을 선택해 [PowerPoint 옵션] 창을 열고 ❶ **[고급] 범주**에서 ❷ '이미지 크기 및 품질'의 **[파일의 이미지 압축 안 함]**에 체크 표시하고 ❸ **[확인]**을 클릭하세요. 이 경우에는 파일의 크기가 매우 커질 수 있다는 것을 기억하세요.

> **Tip**
>
> [파일의 이미지 압축 안 함]의 체크 표시를 해제하면 '기본 해상도'에서 선택한 품질로 이미지를 압축합니다.

◉ **실습예제** : 그림바꾸기.pptx
◉ **완성예제** : 그림바꾸기_완성.pptx

기본 04 '그림 바꾸기'로 쉽고 빠르게 그림 교체하기

✓ **실무 활용 사례**
- 같은 구조로 반복되는 디자인에서 그림만 바꾸어야 할 때

✓ **업무 시간 단축**
- 한 세트 작성 후 일정 간격으로 복사(또는 복제)해 배치
- 그림 선택 → [그림 서식] 탭-[조정] 그룹-[그림 바꾸기] 선택
- 파일로 저장된 그림은 [파일에서], 복사한 그림은 [클립보드] 선택

① 서식과 크기가 모두 같고 그림만 서로 다르면 하나의 그림 세트를 만들어두었다가 복사한 후 그림만 바꾸어서 빠르게 작업할 수 있어요. 1번 슬라이드에서 ❶ 두 번째 그림을 선택하고 ❷ [그림 서식] 탭-[조정] 그룹-[그림 바꾸기]를 클릭한 후 ❸ [파일에서]를 선택하세요.

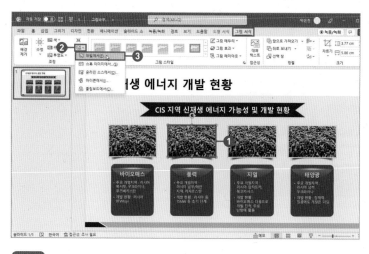

Tip

[그림 바꾸기]를 클릭했을 때 나타나는 메뉴는 오피스 버전에 따라 조금씩 다를 수 있어서 [파일에서] 대신 [이 디바이스에서]를 선택할 수도 있습니다.

그래픽

표 & 차트

애니메이션

사운드 & 동영상

발표

테마 & 마스터

S N S

47

② [그림 삽입] 대화상자가 열리면 부록 실습파일에서 ❶ '**그림2.png**'를 선택하고 ❷ [**삽입**]을 클릭하세요.

③ ❶ 두 번째 그림의 크기와 서식이 모두 유지되면서 그림만 변경되었습니다. 이와 같은 방법으로 ❷ 세 번째 그림과 네 번째 그림도 '그림3.png'와 '그림4.png'로 바꾸세요.

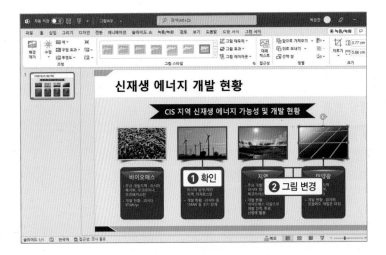

● 실습예제 : SVG.pptx
● 완성예제 : SVG_완성.pptx

05 SVG 이미지로 지도의 일부 지역만 색 변경하기

실무

그래픽
표 & 차트
애니메이션
사운드 & 동영상
발표
테마 & 마스터
SNS

① 웹 브라우저를 실행하고 구글(google.com) 사이트에서 ❶ 검색 키워드에 **south korea svg**를 입력한 후 Enter를 누릅니다. 검색 결과가 표시되면 ❷ 행정 구역이 구분된 지도 그림이 보이는 링크를 클릭하세요.

Tip

키워드에 'SVG'를 포함시켜서 검색하세요. SVG(Scalable Vector Graphics)는 2차원 그래픽을 표현하기 위해 만들어진 XML 파일 형식으로, 파워포인트 2019 버전 이후부터는 그림으로 삽입할 수 있습니다. 그리고 그림의 그룹을 해제하면 도형처럼 사용할 수 있어요.

② 지도 그림에 대한 화면이 표시되면 [Download SVG]를 클릭해 지도 이미지를 다운로드합니다.

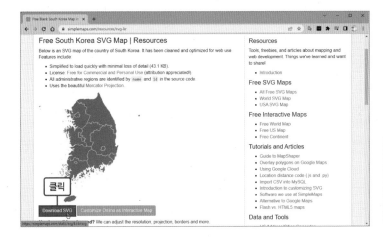

Tip

이미지에서 마우스 오른쪽 단추를 클릭하고 [이미지를 다른 이름으로 저장]을 선택해도 됩니다. 이때 확장자가 'SVG'인지 확인하세요.

③ ❶ 'SVG.pptx'를 실행하고 1번 슬라이드에서 ❷ [삽입] 탭-[이미지] 그룹-[그림]을 클릭한 후 ❸ [이 디바이스]를 선택합니다.

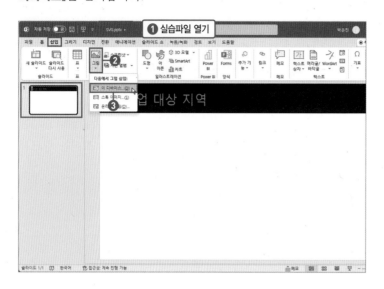

④ [그림 삽입] 대화상자가 열리면 ❶ '다운로드' 폴더로 이동해서 ❷ 다운로드한 그림을 선택한 후 ❸ [삽입]을 클릭하세요.

> **Tip**
> SVG 형식의 이미지는 오피스 2019 버전 이후 또는 M365(Microsoft 365) 버전에서만 삽입할 수 있어요. 이전 버전 사용자는 부록 실습파일에서 'kr.emf'를 선택하여 삽입하세요.

⑤ 삽입한 SVG 이미지를 선택한 상태에서 ❶ **[그래픽 형식] 탭-[크기] 그룹-[도형 높이]**를 **[13cm]**로 수정하고 ❷ 슬라이드의 가운데로 이동하세요. 그룹을 해제하기 위해 ❸ **[그래픽 형식] 탭-[정렬] 그룹-[그룹화]**를 클릭하고 ❹ **[그룹 해제]**를 선택하세요.

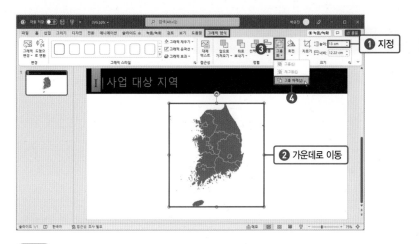

Tip

[홈] 탭-[그리기] 그룹-[정렬]을 클릭하고 [그룹 해제]를 선택하거나 단축키(Ctrl+Shift+G)를 눌러도 됩니다.

⑥ 그룹이 아닌 가져온 그림이고 그리기 개체로 변환하겠는지 묻는 메시지 창이 열리면 **[예]**를 클릭하세요.

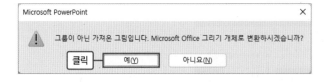

잠깐만요!

Cloudconvert에서 SVG 이미지를 EMF 이미지로 변환하기

Cloudconvert.com 사이트에서 SVG 이미지를 모든 버전의 파워포인트에서 사용할 수 있는 EMF 이미지로 변환할 수 있습니다.

▲ [Convert SVG to EMF] 선택하기

그래픽

표 & 차트

애니메이션

사운드 & 동영상

발표

테마 & 마스터

S N S

⑦ SVG 이미지가 그룹 해제되면서 도형처럼 지도의 각 부분이 분리되었는지 확인합니다.

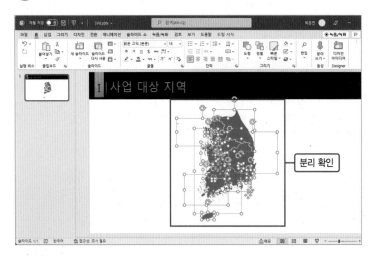

분리 확인

⑧ ❶ 강원도 지역만 선택하고 ❷ **[홈] 탭-[그리기] 그룹-[도형 채우기]**를 클릭한 후 ❸ '테마 색'의 **[녹색, 강조 6]**을 선택하여 원하는 색으로 변경합니다. 이와 같이 파워포인트에서 만든 도형처럼 자유롭게 도형 서식을 지정할 수 있어요.

활용도 ■■■■ ■■■■ ■■■■

도형 병합 기능으로 자유롭게 그림 자르기

기본 **06**

핵심 ⚡

그래픽

표 & 차트

애니메이션

사운드 & 동영상

발표

테마 & 마스터

S N S

① ❶ **2번 슬라이드**에서 ❷ 도형을 원하는 그림의 위치로 드래그해 각각 배치하고 첫 번째 그림을 선택한 후 ❸ Shift 를 누른 상태에서 첫 번째 도형을 함께 선택합니다. ❹ **[도형 서식] 탭-[도형 삽입] 그룹-[도형 병합]**을 클릭하고 ❺ **[교차]**를 선택하세요. 이때 반드시 그림을 먼저 선택해야 도형과 교차된 부분의 그림이 남겨집니다.

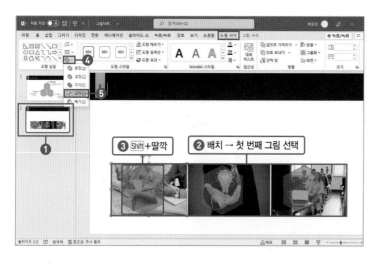

영상강의

Tip
파워포인트 2016 이상의 버전에서만 가능한 기능으로, 그림과 겹쳐지는 텍스트에도 실행할 수 있어요.

② ❶ 두 번째 그림을 먼저 선택하고 ❷ Shift 를 누른 상태에서 두 번째 도형을 선택한 후 F4 를 눌러 앞의 작업을 반복합니다.

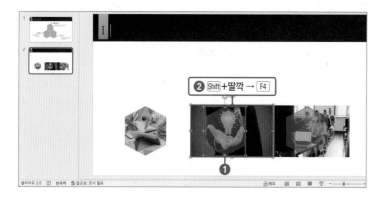

③ 이와 같은 방법으로 세 번째 그림과 도형도 병합하여 그림을 자르고 자른 그림을 모두 복사 ((Ctrl)+(C))합니다.

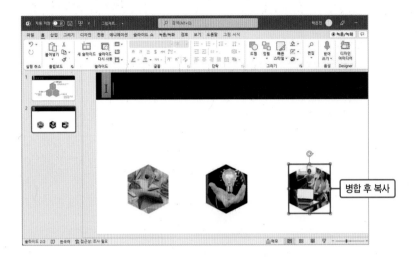

④ ❶ 1번 슬라이드를 선택하고 ❷ 앞에서 복사한 그림들을 붙여넣은 후 다음의 그림과 같이 도형 위에 배치하세요.

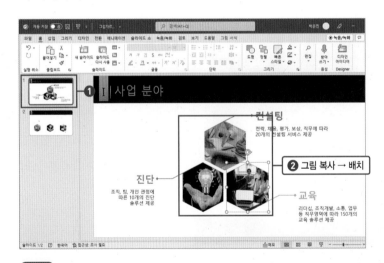

Tip

복사한 그림을 도형과 겹쳐 배치할 때 스마트 가이드의 빨간색 점선을 이용하면 편리합니다.

⑤ **❶~❷** Shift 를 이용해 3개의 그림을 함께 선택하고 **❸** [홈] 탭-[그리기] 그룹-[정렬]을 클릭한 후 **❹** [맨 뒤로 보내기]를 선택하세요.

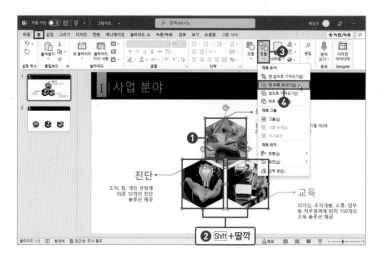

⑥ 투명하게 처리한 검은색 도형을 겹쳐서 그림 톤을 어둡게 조절했습니다.

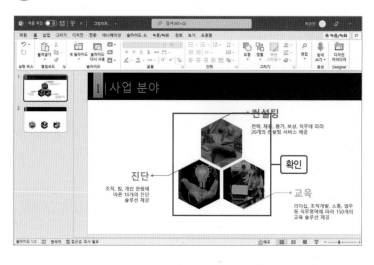

그래픽

표 & 차트

애니메이션

사운드 & 동영상

발표

테마 & 마스터

SNS

04

데이터를 강조하는
표와 차트 디자인하기

표의 서식이 지나치면 내용이 잘 보이지 않게 되므로 꼭 필요한 부분에만 테두리와 채우기 서식을 적용하여 내용을 강조해야 합니다. 기본 차트 기능 외에도 그래픽 요소들을 이용해 다양한 방법으로 숫자 데이터를 효과적으로 표현할 수 있습니다.

● 실습예제 : 표_테두리.pptx
● 완성예제 : 표_테두리_완성.pptx

활용도 ▰▰▰ ▯▯▯▯▯ ▯▯▯▯

01 테두리 최소화해 데이터 강조하는 표 만들기
기본

✓ **실무 활용 사례**

• 표의 테두리를 최소화해서 표 데이터를 돋보이게 해야 할 때

✓ **업무 시간 단축**

• [테이블 디자인] 탭-[테두리 그리기] 그룹-[펜 스타일], [펜 두께], [펜 색] 선택
• [테이블 디자인] 탭-[표 스타일] 그룹-[테두리 위치] 선택

① 1번 슬라이드에서 ❶ 표를 선택하고 ❷ [테이블 디자인] 탭-[표 스타일] 그룹-[테두리]를 클릭한 후 ❸ [테두리 없음]을 선택하여 표에 설정된 테두리를 모두 지웁니다.

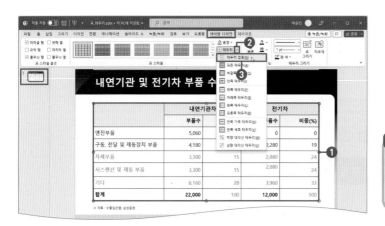

Tip

오피스 버전에 따라 [테이블 디자인] 탭 대신 [표 도구]의 [디자인] 탭으로 표시될 수 있어요.

② ❶ [테이블 디자인] 탭-[테두리 그리기] 그룹-[펜 두께]에서 [1.5pt]를 지정하고 ❷ [펜 색]에서 ❸ '테마 색'의 [흰색, 배경 1, 35% 더 어둡게]를 클릭하세요.

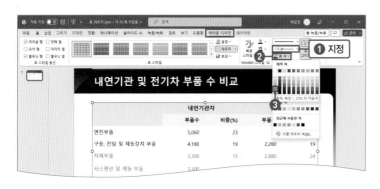

Tip

[테이블 디자인] 탭-[테두리 그리기] 그룹에서 설정한 테두리 속성은 [테이블 디자인] 탭-[표 스타일] 그룹-[테두리]에서 적용할 테두리 위치를 지정할 때 반영됩니다.

57

③ 표를 선택한 상태에서 **①** **[테이블 디자인] 탭-[표 스타일] 그룹-[테두리]**를 클릭하고 **②** **[위쪽 테두리]** 와 **③** **[아래쪽 테두리]**를 차례대로 선택하세요.

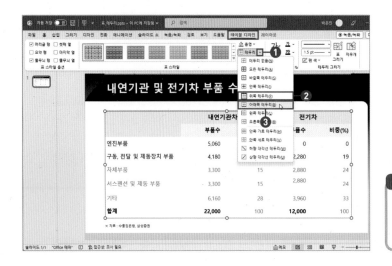

④ **①** 표의 제목과 '합계' 행을 제외한 부분을 범위로 지정하고 **②** **[테이블 디자인] 탭-[테두리 그리기]** 그룹-[펜 두께]**에서 **[1pt]**를 선택하세요. **③** **[테이블 디자인] 탭-[표 스타일] 그룹-[테두리]**를 클릭하고 **④** **[위쪽 테두리]**와 **⑤** **[아래쪽 테두리]**를 차례대로 선택하세요.

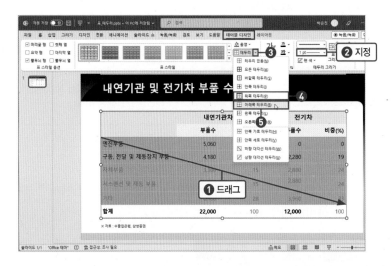

⑤ ● 2행의 텍스트 부분을 범위로 지정하고 ❷ [테이블 디자인] 탭-[테두리 그리기] 그룹-[펜 두께]에서 [0.5pt]를 선택하세요. ❸ [테이블 디자인] 탭-[표 스타일] 그룹-[테두리]를 클릭하고 ❹ [위쪽 테두리]를 선택하세요.

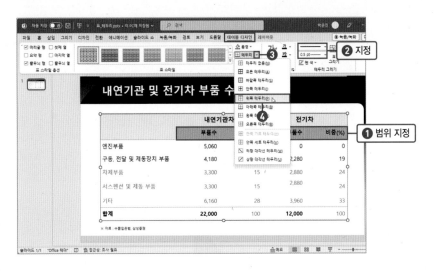

⑥ ● 표 전체를 선택하고 ❷ [테이블 디자인] 탭-[테두리 그리기] 그룹-[펜 스타일]에서는 ┈┈┈┈ 를, [펜 두께]에서는 [0.25pt]를 선택하세요. ❸ [테이블 디자인] 탭-[표 스타일] 그룹-[테두리]를 클릭하고 ❹ [안쪽 세로 테두리]를 선택하세요.

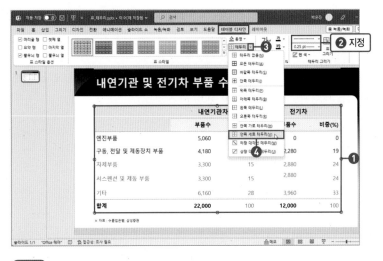

Tip

표에서 셀의 채우기 색이 너무 화려하거나 테두리가 진하면 표의 내용이 잘 보이지 않습니다. 그러므로 선이나 내부의 채우기 색을 최대한 자제하면서 꼭 필요한 부분에만 적용하여 내용을 강조하는 것이 중요합니다.

그래픽

표 & 차트

애니메이션

사운드 & 동영상

발표

테마 & 마스터

SNS

◉ **실습예제** : 진행률차트.pptx
◉ **완성예제** : 진행률차트_완성.pptx

활용도 ■■■■ ■■■■ ■■■■

원형 차트와 도형으로 진행률 차트 만들기

① 진행률을 게이지(gauge) 차트 모양으로 표현하면 시각적인 효과가 크지만 파워포인트에서는 게이지 차트가 제공되지 않으므로 원형 차트를 변형해서 만들어 볼게요. 1번 슬라이드에서 ❶ 세 번째 원형 차트를 선택하고 ❷ **[차트 디자인] 탭-[데이터] 그룹-[데이터 편집]**을 클릭하세요.

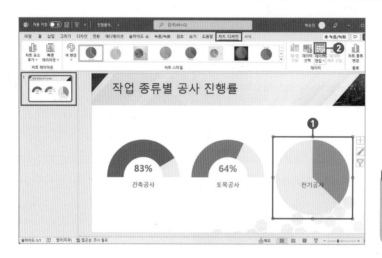

> **Tip**
>
> 오피스 버전에 따라 [차트 디자인] 탭 대신 [차트 도구]의 [디자인] 탭으로 표시될 수 있습니다.

② [차트 데이터 시트] 창이 열리면 ❶ **[B4] 셀**에 100을 입력하고 ❷ 오른쪽 아래의 표식을 아래쪽으로 드래그해 차트 데이터 영역을 **[B4] 셀**까지 확장한 후 ❸ 창을 닫으세요.

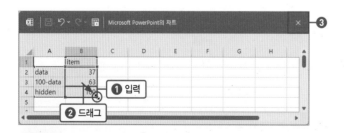

> **Tip**
>
> B3셀에는 수식 '=100-B2'가 입력되어 있어서 [B2] 셀 값을 변경하면 자동으로 [B3] 셀 값도 변경됩니다. [B4] 셀 값인 '100'은 나머지 반원을 차지하면서 투명하게 처리해 감춰질 부분이에요.

③ ❶ 세 번째 원형 차트에서 마우스 오른쪽 단추를 클릭하고 ❷ [데이터 요소 서식]을 선택하세요.

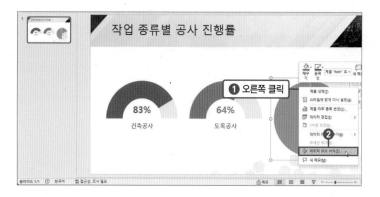

④ 화면의 오른쪽에 [데이터 계열 서식] 창이 열리면 ❶ [계열 옵션](█)의 ❷ [계열 옵션]에서 ❸ '첫째 조각의 각'을 [270°]로 지정하세요.

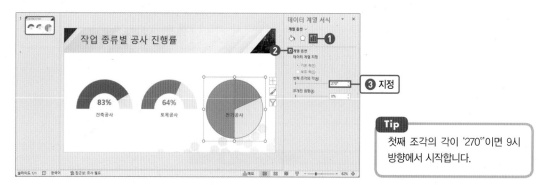

> **Tip**
> 첫째 조각의 각이 '270°'이면 9시 방향에서 시작합니다.

⑤ 아래쪽 반원은 사용하지 않을 부분이므로 투명하게 처리해 볼게요. ❶ 아래쪽 회색 반원 조각을 한 번 더 클릭해 선택하고 ❷ [계열 옵션]-[채우기 및 선](◇)의 ❸ [채우기]에서는 ❹ [채우기 없음]을, ❺ [테두리]에서는 ❻ [선 없음]을 선택한 후 ❼ [데이터 요소 서식] 창을 닫으세요.

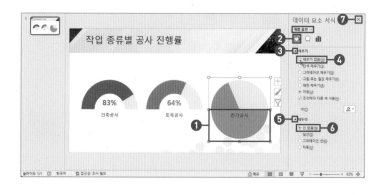

그래픽

표 & 차트

애니메이션

사운드 & 동영상

발표

테마 & 마스터

S N S

⑥ ❶~❷ Shift를 이용해 '토목공사' 차트의 흰색 반원과 텍스트 상자를 함께 선택하고 ❸ Ctrl + Shift를 누른 상태에서 오른쪽으로 드래그해 수평으로 복사하세요.

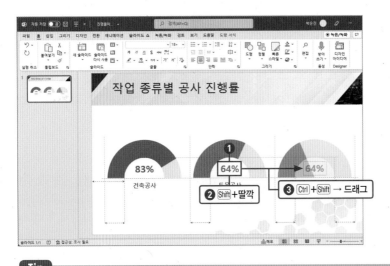

Tip

빨간색 점선 화살표 모양의 스마트 그리드를 이용하면 정확하게 차트의 가운데로 도형을 복사할 수 있어요.

⑦ ❶ 복사한 텍스트 상자의 값을 **37%**로 수정하고 ❷ **[홈] 탭-[글꼴] 그룹-[글꼴 색]**을 클릭한 후 ❸ '테마 색'의 **[녹색, 강조 6]**을 클릭하세요.

⑧ **①~②** Shift를 이용해 차트 위에 배치된 3개의 흰색 반원들을 함께 선택합니다. **③** [홈] 탭-[그리기] 그룹-[도형 효과]를 클릭하고 **④** [그림자]를 선택한 후 **⑤** '안쪽'의 [왼쪽 위]를 선택해 그림자를 적용하세요.

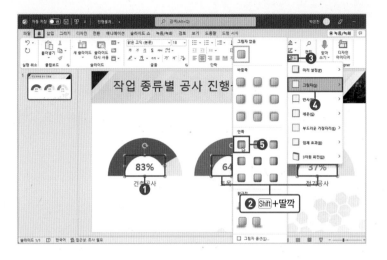

⑨ 원형 차트와 반원 도형을 이용해 게이지 모양의 진행률 차트를 완성했습니다.

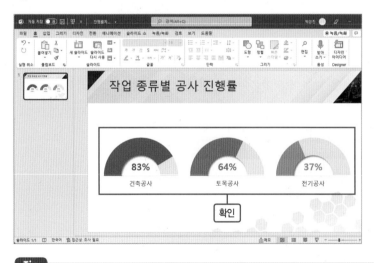

Tip

차트 데이터를 수정하면 진행률을 쉽게 변경할 수 있어요.

그래픽

표 & 차트

애니메이션

사운드 & 동영상

발표

테마 & 마스터

SNS

● 실습예제 : 아이콘차트.pptx
● 완성예제 : 아이콘차트_완성.pptx

활용도 ▮▮▮▮ ▮▮▮▮ ▮▮▮▮

03 아이콘 복제해 비율 표시하는 아이콘 차트 만들기

기본

① 비율은 원형 차트뿐만 아니라 아이콘이나 로고 이미지의 색깔을 이용해서도 표현할 수 있습니다. 이번에는 아이콘을 복제하여 100개를 나열하고 회색을 이용해 해당 비율을 나타내볼게요. 1번 슬라이드에서 트위터 이미지를 모두 선택하고 Ctrl+D를 눌러 복제하세요.

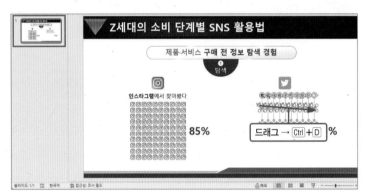

② 복제한 개체들의 가로와 세로 줄을 맞추어 위치를 이동합니다. 스마트 가이드의 점선과 화살표를 보면서 위쪽과 세로 줄을 맞추고 왼쪽 인스타그램 아이콘의 높이에 맞추어 위치를 이동하세요.

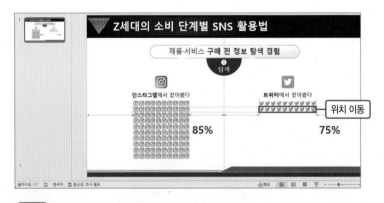

> **Tip**
> 복제하는 동안에는 다른 곳에 클릭해 개체의 선택을 취소하면 안 됩니다.

③ Ctrl + D 를 8번 더 눌러서 같은 간격으로 아이콘을 10줄 복제합니다.

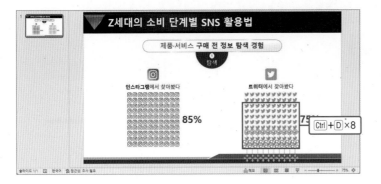

④ ❶ 왼쪽 아이콘 중에서 마지막 15개를 선택하고 ❷ [그림 서식] 탭-[조정] 그룹-[색]을 클릭한 후
❸ '다시 칠하기'의 [밝은 회색, 배경색 2 밝게]를 클릭하세요.

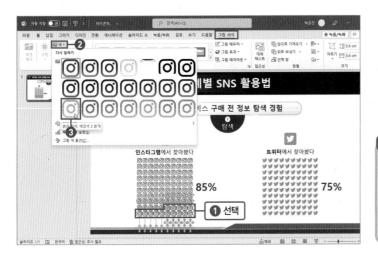

Tip
그림 크기가 작아서 선택하기 어
려우면 화면을 충분히 크게 확대
한 상태에서 작업하는 것이 좋습
니다. Shift 를 누르고 아이콘들을 차
례대로 클릭해 함께 선택하세요.

⑤ 오른쪽 아이콘 중에서 마지막 25개를 선택하고 F4 를 눌러 같은 작업을 반복하세요.

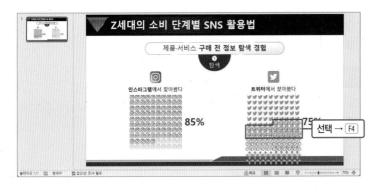

핵심 ⚡

그래픽

표 & 차트

애니메이션

사운드 & 동영상

발표

테마 & 마스터

S N S

활용도 ▮▮▮ ▮▮▮ ▮▮▮

◉ **실습예제** : 그림자르기차트.pptx
◉ **완성예제** : 그림자르기차트_완성.pptx

실무 04 그림 잘라서 인포그래픽 차트 만들기

✔ **실무 활용 사례**

• 그림으로 비율을 표현해야 할 때

✔ **업무 시간 단축**

• **뒤쪽 그림**: '희미하게'로 조정한 전체 그림
• **앞쪽 그림**: '자르기'로 비율을 나타내는 그림

① 그림을 복사한 후 자른 그림과 원본 크기의 그림을 포개는 방법으로 비율을 표시하는 차트를 만들어볼게요. 1번 슬라이드에서 **❶~❷** Shift 를 이용해 두 번째 그림부터 네 번째 그림을 함께 선택하고 **❸** Ctrl + Shift 를 누른 상태에서 오른쪽으로 드래그해 수평 복사하세요.

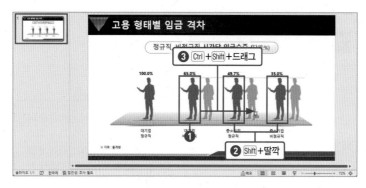

② **❶** 복사한 3개의 그림을 선택한 상태에서 **❷** Shift 를 누른 채 1번 그림을 클릭해 함께 선택합니다. **❸** [그림 서식] 탭-[조정] 그룹-[색]을 클릭하고 **❹** '다시 칠하기'의 [파랑, 밝은 강조색 1]을 클릭하세요.

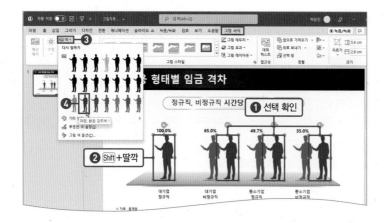

66

③ ❶ Esc 를 눌러 그림의 선택을 취소하고 ❷~❸ Shift 를 이용해 2번, 3번, 4번 그림에서 원본 그림을 함께 선택합니다. ❹ [그림 서식] 탭-[조정] 그룹-[색]을 클릭하고 ❺ '다시 칠하기'의 [희미하게]를 클릭하세요.

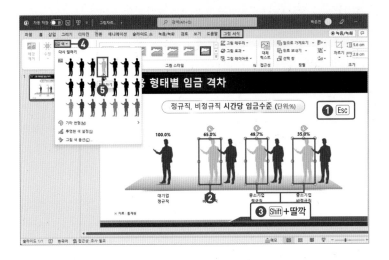

④ ❶ 2번 그림에서 복사한 그림을 선택하고 ❷ [그림 서식] 탭-[크기] 그룹-[자르기]를 클릭합니다. 자르기 선이 표시되면 ❸ 그림의 65% 정도가 남도록 그림을 위에서 아래로 드래그해 자르세요.

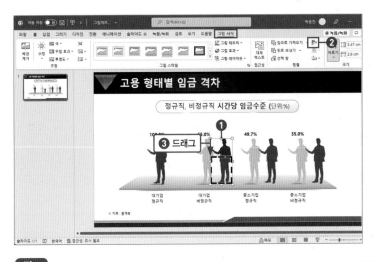

Tip
그림 자르기는 정확한 숫자값이 있는 것이 아니므로 대략적인 느낌으로 잘라야 합니다. 2개 이상 값을 표시해야 할 경우 상대적인 크기를 고려하여 자르세요. 이때 Alt 를 누른 상태에서 드래그하면 좀 더 세밀하게 그림을 자를 수 있습니다.

⑤ 나머지 2개의 그림도 각각 '50%', '35%' 정도의 값이 되도록 그림을 자르세요.

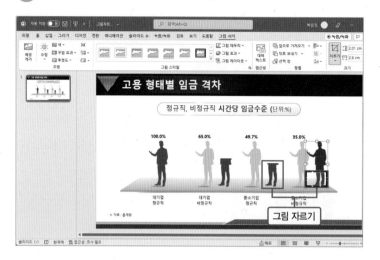

⑥ ①~② Shift를 이용해 2번 그림의 원본과 복사본 그림을 함께 선택하고 ❸ **[그림 서식] 탭-[정렬] 그룹-[개체 맞춤]**을 클릭한 후 ❹ **[왼쪽 맞춤]**을 선택해 2개의 그림을 정확하게 포개세요.

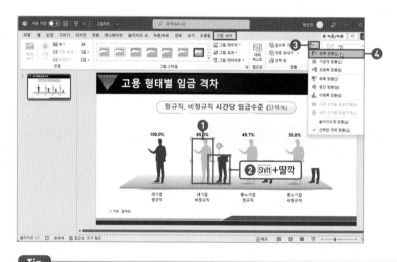

Tip

2개의 그림을 포개었을 때 복사한 그림, 즉 자르기한 그림이 앞쪽에 위치해야 합니다.

⑦ **①~②** Shift를 이용해 3번 그림을 함께 선택하고 F4를 눌러 앞에서 실행한 [왼쪽 맞춤]을 한 번 더 실행합니다.

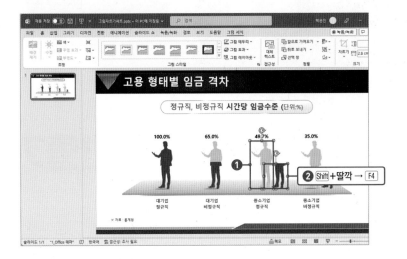

⑧ 이와 같은 방법으로 **①~②** 4번 그림도 함께 선택하고 F4를 눌러 그림을 정확하게 겹치게 합니다. 이제 값 크기를 고려하여 일부분만 자른 그림과 희미하게 색을 변경한 그림을 포개어 차트를 완성했어요.

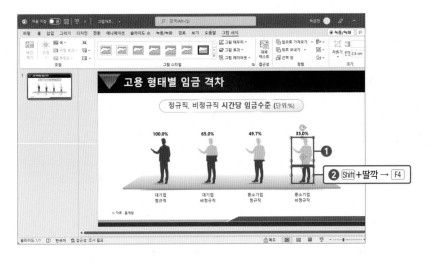

그래픽

표 & 차트

애니메이션

사운드 & 동영상

발표

테마 & 마스터

SNS

CHAPTER 03

멀티미디어 활용해
다이내믹한 프레젠테이션 만들기

프레젠테이션에 애니메이션과 화면 전환, 사운드, 동영상 등을 활용하면 훨씬 쉽게 청중들의 관심 집중을 유도하면서 다이내믹하게 슬라이드 쇼를 진행할 수 있습니다. 발표자 보기는 자연스럽게 발표하는 데 도움을 줍니다. 그리고 작성한 슬라이드 쇼를 녹화한 후 동영상으로 내보내기 기능으로 활용도 높은 영상을 쉽게 제작할 수 있습니다.

05

애니메이션과 화면 전환 효과
활용하기

애니메이션과 전환 효과를 적절히 사용하면 프레젠테이션
을 좀 더 생동감 있게 진행할 수 있어요. 필요한 시점에 원하
는 방향으로 반복해서 애니메이션을 실행할 수도 있고 모핑
전환 효과를 사용해 좀 더 다이내믹하게 화면을 전환할 수도
있습니다.

◉ 실습예제 : 퀴즈.pptx
◉ 완성예제 : 퀴즈_완성.pptx

활용도 ▩▩▩ ▥▥▥▥ ▥▥▥

퀴즈와 정답 애니메이션 만들기

기본

✓ **실무 활용 사례**

• 클릭할 때마다 하나씩 나타나는 애니메이션을 만들어야 할 때

• 클릭하면 퀴즈 정답이 나타나는 애니메이션을 만들어야 할 때

✓ **업무 시간 단축**

• [애니메이션] 탭-[애니메이션] 그룹-[나타내기] 애니메이션 선택

• 애니메이션 이름 앞의 별 색으로 애니메이션의 종류 구분 예 초록색 ☆ : 나타내기 애니메이션

① 퀴즈 문제가 제시된 화면에서 클릭하면 정답이 나타나는 애니메이션을 설정해 볼게요. 1번 슬라이드에서 ❶ **제로웨이스트** 텍스트를 선택하고 ❷ **[애니메이션] 탭-[애니메이션] 그룹-[자세히] 단추(▽)**를 클릭한 후 '**나타내기**'의 **[실선 무늬]**를 선택하세요.

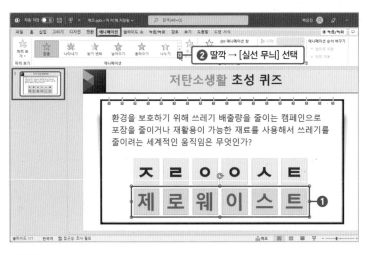

Tip

함께 애니메이션되는 개체들을 그룹화한 후 애니메이션을 지정하면 관리해야 할 개체의 수를 줄일 수 있어서 편리합니다. 그러므로 함께 표시할 텍스트를 모두 그룹으로 묶고 애니메이션을 설정하세요. [자세히] 단추(▽)를 클릭하고 [추가 나타내기 효과]를 선택하면 더 많은 종류의 애니메이션을 선택할 수 있습니다. 애니메이션의 종류는 다음과 같습니다.

• **나타내기(☆)**: 개체를 나타나게 하는 애니메이션
• **강조(☀)**: 개체의 크기를 조정하거나 색을 변경하여 강조하는 애니메이션
• **끝내기(★)**: 개체를 사라지게 하는 애니메이션
• **이동 경로(☆)**: 정해진 경로를 따라 이동하는 애니메이션

② 상태 표시줄에서 ❶ **[읽기용 보기] 단추(▤)**나 **[슬라이드 쇼] 단추(▯)**를 클릭합니다. 슬라이드 쇼가 실행되면 텍스트 ❷ **제로웨이스트**를 클릭해 '나타내기' 애니메이션이 실행되는지 확인하세요. 이때 정답을 문제 위에 겹쳐서 배치하면 좀 더 자연스럽게 연출할 수 있습니다.

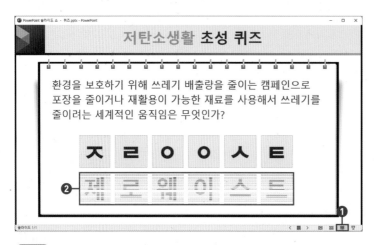

> **Tip**
>
> **애니메이션 시작 방법**
> - **클릭할 때**: 슬라이드를 클릭할 때 애니메이션이 시작됩니다.
> - **이전 효과와 함께**: 이전 애니메이션과 동시에 애니메이션이 시작됩니다.
> - **이전 효과 다음에**: 이전 효과가 발생한 직후에 애니메이션이 시작됩니다.

잠깐만요!

읽기용 보기와 슬라이드 쇼 비교하기

	읽기용 보기	슬라이드 쇼
공통점	애니메이션과 화면 전환이 실행되고 삽입된 동영상과 음악이 재생됩니다.	
차이점 및 주요 용도	• 2개 이상의 문서를 화면 분할해 작은 창으로 실행할 수 있습니다. • 다른 문서에 적용된 애니메이션과 화면 전환을 비교하여 작성할 때 주로 사용합니다.	• 1개의 슬라이드 쇼를 전체 화면으로 실행합니다. • 청중들 앞에서 발표할 때 사용합니다.

◉ **실습예제** : 서비스특징.pptx
◉ **완성예제** : 서비스특징_완성.pptx

활용도

기본 **02**

한 개체에 다양한 애니메이션 지정하고 반복 실행하기

✔ 실무 활용 사례

- 하나의 개체에 2개 이상의 애니메이션을 지정해야 할 때

✔ 업무 시간 단축

- 두 번째 애니메이션부터는 [애니메이션] 탭-[고급 애니메이션] 그룹-[애니메이션 추가]에서 지정

① ❶ 상태 표시줄에서 **[읽기용 보기] 단추**(📖)나 **[슬라이드 쇼] 단추**(豆)를 클릭해 슬라이드 쇼를 실행한 후 ❷ 설정된 애니메이션을 확인합니다. 3개의 개체에 '나타내기' 애니메이션이 설정된 것을 확인했으면 '안정성' 도형에 '강조' 애니메이션을 추가로 설정해 볼게요.

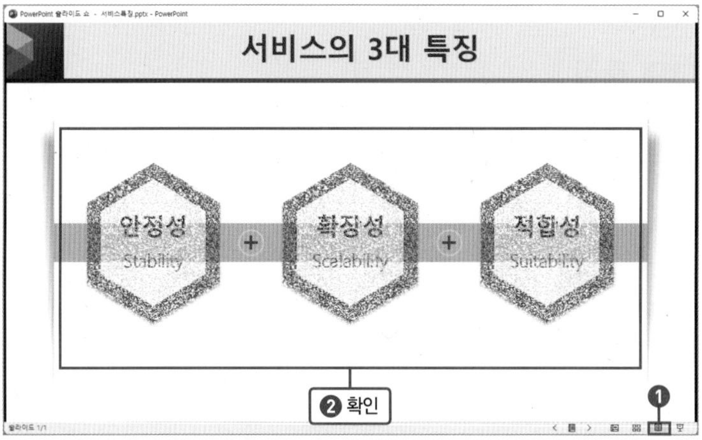

영상강의

Tip

애니메이션이나 전환이 설정되어 있으면 슬라이드 축소판 그림 창에서 슬라이드 번호의 아래쪽에 ★ 모양이 표시됩니다.

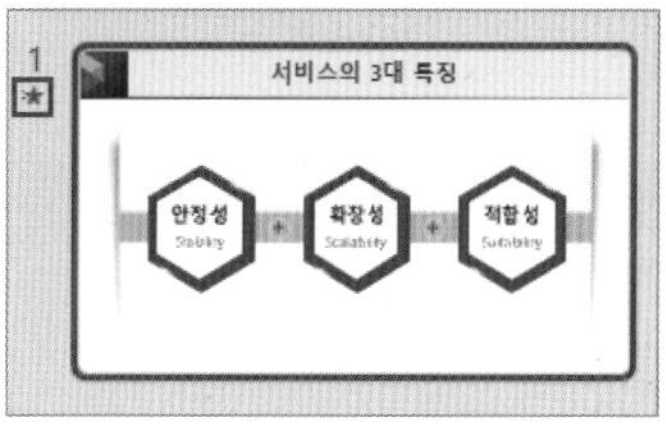

② 1번 슬라이드에서 ❶ '안정성' 도형을 선택하고 ❷ [애니메이션] 탭-[고급 애니메이션] 그룹-[애니메이션 추가]를 클릭한 후 ❸ '강조'의 [펄스]를 선택하세요.

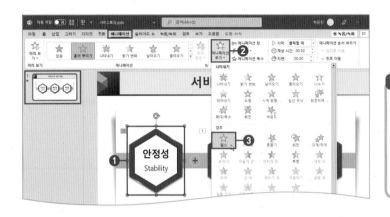

Tip
첫 번째 애니메이션을 적용할 때는 [애니메이션] 탭-[애니메이션] 그룹에서 선택하고 두 번째 애니메이션부터는 [애니메이션] 탭-[고급 애니메이션] 그룹-[애니메이션 추가]에서 선택해야 합니다.

③ ❶ F5를 눌러 슬라이드 쇼를 실행한 후 ❷ '안정성' 개체를 클릭해 '펄스' 애니메이션으로 한 번 더 강조되는지 확인하세요.

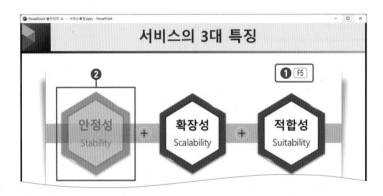

④ ❶ [애니메이션] 탭-[고급 애니메이션] 그룹-[애니메이션 창]을 클릭합니다. 화면의 오른쪽에 [애니메이션 창]이 열리면 ❷ 맨 마지막 애니메이션의 목록 단추(▼)를 클릭하고 ❸ [타이밍]을 선택하세요.

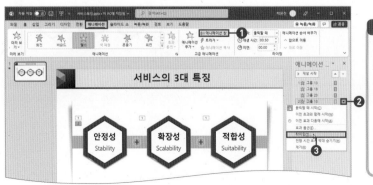

Tip
애니메이션을 제거하려면 [애니메이션 창]에서 해당 애니메이션을 선택한 후 목록 단추(▼)를 클릭하고 [제거]를 선택하거나 Delete를 누르세요. [애니메이션] 탭-[애니메이션] 그룹에서 [자세히] 단추(▼)를 클릭한 후 [없음]을 선택해도 애니메이션을 삭제할 수 있습니다.

⑤ [펄스] 대화상자의 [타이밍] 탭이 열리면 ❶ '반복'에 [3]을 지정하고 ❷ [확인]을 클릭하세요.

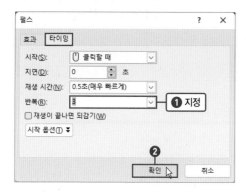

⑥ F5 를 눌러 슬라이드 쇼를 실행한 후 '안정성' 개체에 '펄스' 애니메이션이 3번 반복되는지 확인하세요.

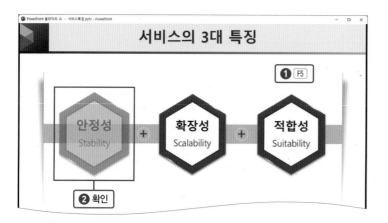

그래픽

표 & 차트

애니메이션

사운드 & 동영상

발표

테마 & 마스터

S N S

🔷 잠깐만요!

슬라이드 쇼를 실행하는 다양한 방법

작성한 프레젠테이션 문서를 슬라이드 쇼로 실행하려면 다음의 방법을 이용할 수 있습니다.

방법1 처음 슬라이드부터 재생하려면 F5 를, 현재 선택한 슬라이드부터 재생하려면 Shift + F5 를 누릅니다.

방법2 상태 표시줄에서 [읽기용 보기] 단추(▤)나 [슬라이드 쇼] 단추(모)를 클릭합니다.

방법3 [슬라이드 쇼] 탭-[슬라이드 쇼 시작] 그룹-[처음부터]나 [현재 슬라이드부터]를 클릭합니다.

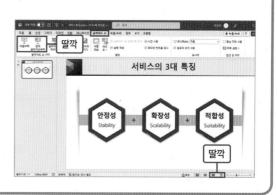

활용도 ▮▮▮ ▮▮▮ ▮▮▮▮▮

반복되는 애니메이션 복사하고 실행 방향 바꾸기

✓ **실무 활용 사례**

• 한 개체에 적용된 애니메이션을 다른 개체에 똑같이 적용해야 할 때

• 애니메이션의 진행 방향을 바꿔야 할 때

✓ **업무 시간 단축**

• **애니메이션 복사** : Alt + Shift + C

• **애니메이션 붙여넣기** : 마우스 포인터 ◈⬅로 적용할 개체 클릭

① F5 를 눌러 슬라이드 쇼를 실행한 후 애니메이션을 확인합니다. '수도권' 도형 그룹에 설정된 애니메이션을 복사하여 다른 도형 그룹에도 같은 애니메이션을 적용해 볼게요.

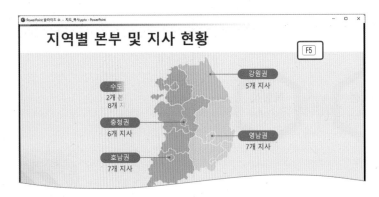

② 1번 슬라이드에서 ❶ 애니메이션이 설정된 **'수도권'** 도형 그룹을 선택하고 ❷ **[애니메이션] 탭-[고급 애니메이션] 그룹-[애니메이션 복사]**를 더블클릭하세요.

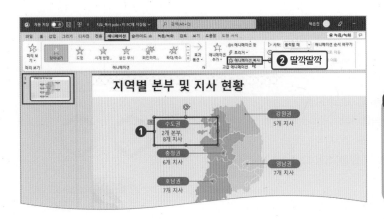

> **Tip**
>
> 애니메이션 복사의 단축키는 Alt + Shift + C 입니다. 한 개체에만 애니메이션을 복사하려면 한 번만 클릭하고 여러 개의 개체에 연속으로 복사하려면 더블클릭하세요.

3 마우스 포인터가 ⬚ 모양으로 바뀌면 애니메이션을 적용할 개체인 '**충청권**' 도형 그룹을 클릭하세요.

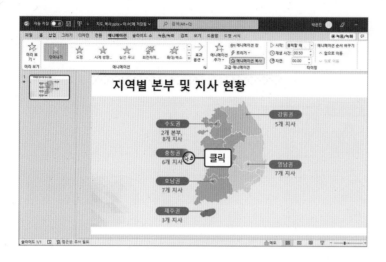

4 ❶~❹ 나머지 도형 그룹에도 계속 클릭해 애니메이션을 복사하고 [Esc]를 눌러 복사를 종료하세요. ❺ [F5]를 눌러 슬라이드 쇼를 실행한 후 적용한 애니메이션을 확인합니다.

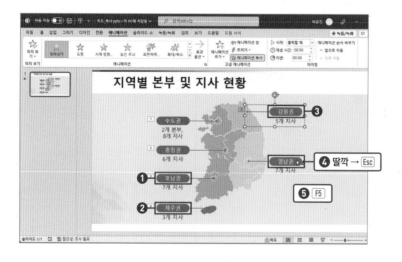

79

(5) **①~②** Shift를 이용해 '강원권', '영남권' 도형 그룹을 함께 선택하고 **③** **[애니메이션] 탭-[애니메이션]** 그룹-**[효과 옵션]**을 클릭한 후 **④** **[오른쪽에서]**를 선택하세요.

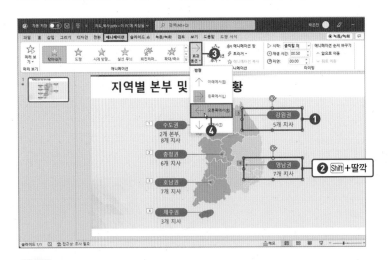

Tip

애니메이션의 종류에 따라 [효과 옵션]에서 선택할 수 있는 애니메이션 방향이나 옵션이 달라집니다.

(6) F5를 눌러 슬라이드 쇼를 실행한 후 지도의 오른쪽에 있는 도형 그룹의 애니메이션 방향이 오른쪽에서 진행되는지 확인하세요.

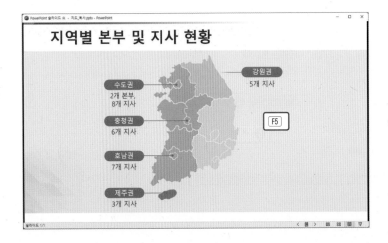

◉ 실습예제 : 지도_트리거.pptx
◉ 완성예제 : 지도_트리거_완성.pptx

활용도 ▮▮▮▮ ▮▮▮▮ ▮▮▮▮▮

기본 04 선택한 순서대로 실행하는 애니메이션 만들기

① 먼저 개체에 이름을 설정해 볼게요. 1번 슬라이드의 지도에서 ❶ **'수도권'**에 해당하는 보라색 부분을 선택하고 ❷ **[홈] 탭-[편집] 그룹-[선택]**을 클릭한 후 ❸ **[선택 창]**을 선택하세요.

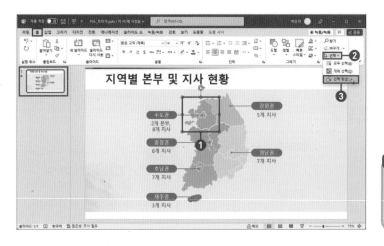

> **Tip**
> [선택 창]은 모든 개체를 목록으로 표시하는데, 개체를 선택하거나 순서와 이름을 바꿀 수 있어요.

② 화면의 오른쪽에 [선택] 창이 열리면 현재 선택된 개체인 **'그룹 1'**을 찾아 선택하고 개체의 이름을 **'지도:서울'**로 수정하세요.

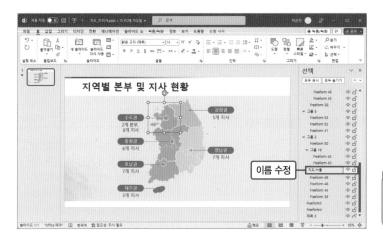

이름 수정

> **Tip**
> 개체의 이름을 의미 있게 설정해 두면 좀 더 쉽게 알아볼 수 있어요.

③ 이와 같은 방법으로 ❶ 다른 지역도 각각 지도에서 개체를 선택하고 '**지도:대구**', '**지도:광주**', '**지도:대전**', '**지도:제주**', '**지도:강릉**' 등으로 개체의 이름을 변경한 후 ❷ [**선택**] 창을 닫으세요.

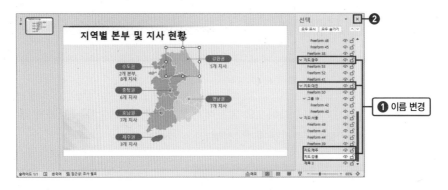

④ F5 를 눌러 슬라이드 쇼를 실행한 후 현재 설정된 애니메이션을 확인하세요.

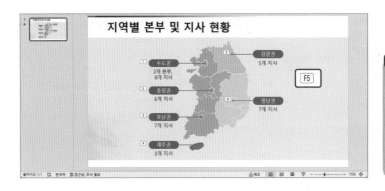

Tip

[애니메이션] 탭을 선택했을 때 나타나는 숫자는 마우스 클릭 횟수를 의미합니다. 따라서 '충청권설명'의 왼쪽에 있는 숫자 2 는 마우스를 2번 클릭했을 때 실행되는 애니메이션임을 알 수 있어요.

⑤ ❶ '수도권' 설명 도형 그룹을 선택하고 ❷ [**애니메이션**] 탭-[**고급 애니메이션**] 그룹-[**트리거**]를 클릭한 후 ❸~❹ [**클릭할 때**]-[**지도:서울**]을 선택하세요.

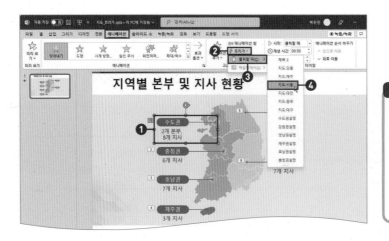

Tip

트리거(trigger)는 애니메이션을 실행하는 방아쇠나 작동 장치를 의미해요. '지도:서울'을 '수도권설명' 도형의 트리거로 설정하면 지도에서 보라색 부분을 클릭했을 때 '수도권' 설명 도형의 애니메이션이 실행됩니다.

⑥ ❶ **'충청권'** 설명 도형 그룹을 선택하고 **[애니메이션] 탭-[고급 애니메이션] 그룹-[트리거]**를 클릭한 후 **[클릭할 때]-[지도:대전]**을 선택합니다. 이와 같은 방법으로 ❷~❼ 나머지 지도의 설명 도형에도 각각 트리거를 설정하세요.

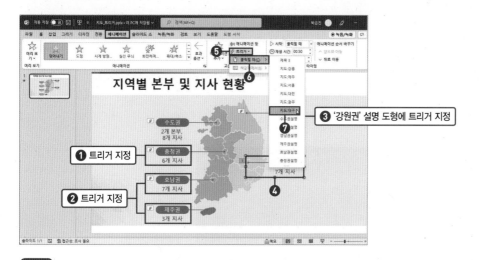

Tip
트리거를 설정한 애니메이션 개체의 왼쪽에는 숫자 대신 🖋 모양이 표시됩니다.

⑦ ❶ **F5**를 눌러 슬라이드 쇼를 실행한 후 ❷ 각 지역을 무작위로 클릭해 ❸~❺ 해당 지역의 설명이 나타나는지 확인하세요.

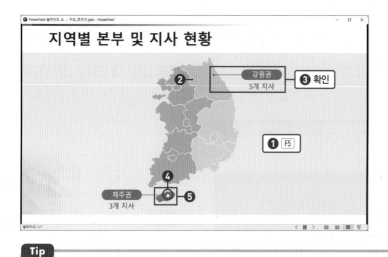

Tip
설명 도형에 '나타내기' 애니메이션을 먼저 지정한 후 트리거로 지도를 설정하면 지도에서 클릭했을 때 설명 도형이 나타나는 애니메이션이 실행됩니다.

그래픽

표 & 차트

애니메이션

사운드 & 동영상

발표

테마 & 마스터

SNS

활용도 ▰▰▰ ▰▰▰ ▰▰▰

05 모핑 효과로 다이내믹하게 화면 전환하기

기본

① 슬라이드 축소판 그림 창에서 ❶ **1번 슬라이드**를 선택하고 Ctrl+D를 4번 눌러 ❷ 4개의 슬라이드를 복제하세요. 그러면 슬라이드가 모두 5개가 되었네요.

❶ 딸깍 → Ctrl+D×4

❷ 복제 확인

영 상 강 의

> **Tip**
>
> 모핑 전환 효과를 사용하면 다음 슬라이드로 화면을 전환할 때 2개의 슬라이드에 연속적으로 존재하는 개체가 자연스럽게 변화되는 애니메이션을 연출할 수 있습니다. 모핑 전환 효과를 지정하려면 2개의 슬라이드에 연속적으로 존재하는 개체가 필요하므로 슬라이드를 복제한 후 개체의 크기, 색깔, 위치 등에 변화를 주어야 합니다.

② ❶ 복제한 **2번 슬라이드**에서 ❷ 첫 번째 도형 그룹을 선택하고 ❸ **[그래픽 형식] 탭-[크기] 그룹-[도형 높이]**와 **[도형 너비]**를 모두 **[6cm]**로 지정한 후 ❹ 옆의 도형들과 수평을 맞추어 나란히 배치하세요.

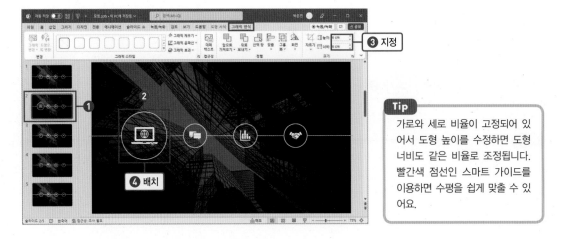

❸ 지정

❶

❹ 배치

> **Tip**
>
> 가로와 세로 비율이 고정되어 있어서 도형 높이를 수정하면 도형 너비도 같은 비율로 조정됩니다. 빨간색 점선인 스마트 가이드를 이용하면 수평을 쉽게 맞출 수 있어요.

③ ● 3번 슬라이드로 이동해서 두 번째 도형 그룹을 선택하고 ② 과정과 같이 [도형 높이]와 [도형 너비]를 모두 [6cm]로 지정한 후 옆의 도형들과 수평을 맞추어 나란히 배치합니다. 이와 같은 방법으로 ❷ 4번 슬라이드에서는 세 번째 도형 그룹을, ❸ 5번 슬라이드에서는 ❹ 네 번째 도형 그룹까지 이 작업을 반복하세요.

④ ● 2번 슬라이드의 ❷ 첫 번째 도형 그룹에서 바깥쪽 원 부분을 클릭해 선택하고 [홈] 탭-[그리기] 그룹-[도형 채우기]를 클릭한 후 '테마 색'의 [흰색, 배경 1]을 클릭합니다. ❸ 안쪽 아이콘 부분을 선택하고 ❹~❺ '테마 색'의 [검정, 텍스트 1]을 클릭하세요.

그래픽

표 & 차트

애니메이션

사운드 & 동영상

발표

테마 & 마스터

SNS

⑤ ❶ **3번 슬라이드**의 두 번째 도형 그룹에서 바깥쪽 원에는 **흰색**을, 안쪽 아이콘에는 **검은색**을 지정합니다. ❷ 이와 같은 방법으로 **4번 슬라이드**에서는 세 번째 도형 그룹에, ❸~❼ **5번 슬라이드**에서는 네 번째 도형 그룹에 이 작업을 반복하세요.

⑥ ❶ [F5]를 눌러 처음부터 슬라이드 쇼를 실행합니다. 화면 전환 효과가 없는 상태에서 다음 슬라이드로 전환될 때의 화면 변화를 확인하고 ❷ [Esc]를 눌러 원래의 화면으로 되돌아오세요.

⑦ 슬라이드 축소판 그림 창에서 ❶~❷ Shift를 이용해 2번 슬라이드부터 5번 슬라이드까지 함께 선택하고 ❸ [전환] 탭-[슬라이드 화면 전환] 그룹-[모핑]을 클릭한 후 ❹ [전환] 탭-[타이밍] 그룹-[기간]을 [1.00]으로 지정하세요.

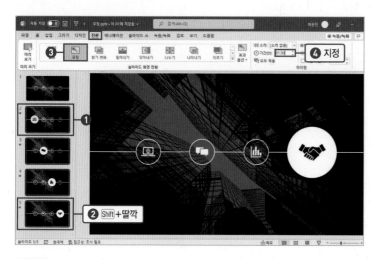

Tip

Microsoft 365를 구독하거나 오피스 2021, 오피스 2019 버전, 오피스 2016 업데이트 버전 사용자만 모핑 전환을 만들거나 재생할 수 있어요. 모핑 전환은 첫 번째 슬라이드를 제외한 나머지 슬라이드에서 설정해야 하고 공통된 개체가 있어야 자연스럽게 효과를 표현할 수 있어요.

⑧ F5를 눌러 처음부터 슬라이드 쇼를 실행한 후 화면이 전환될 때의 모핑 효과를 확인하세요.

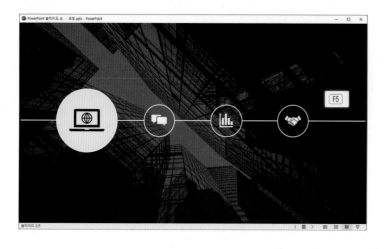

그래픽

표 & 차트

애니메이션

사운드 & 동영상

발표

테마 & 마스터

SNS

06

사운드와 동영상 활용해
프레젠테이션 만들기

오디오 파일과 비디오 파일 등의 멀티미디어를 사용할 경우
재생 방법을 다양하게 설정할 수 있어요. 또한 배경 음악을
모든 슬라이드에서 재생하거나 원하는 위치에서 멈출 수도
있고 동영상의 특정 부분만 재생할 수도 있습니다.

● 실습예제 : 아로마테라피_배경음악.pptx
● 완성예제 : 아로마테라피_배경음악_완성.pptx

활용도 ▰▰▰ ▰▰▰ ▱▱▱

01 배경 음악 설정하고 원하는 위치에서 음악 멈추기

기본

그래픽

표 & 차트

애 니 메 이 션

사 운 드 & 동 영 상

발 표

테 마 & 마 스 터

S N S

① ❶ **1번 슬라이드**를 선택하고 모든 슬라이드에서 배경 음악을 재생하기 위해 ❷ **[삽입] 탭-[미디어]** **그룹-[오디오]**를 클릭한 후 ❸ **[내 PC의 오디오]**를 선택하세요.

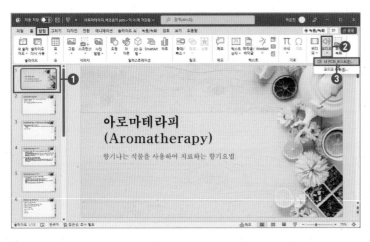

영상강의

② **[오디오 삽입]** 대화상자가 열리면 부록 실습파일에서 ❶ **'music1.mp3'**를 선택하고 ❷ **[삽입]**을 클릭하세요.

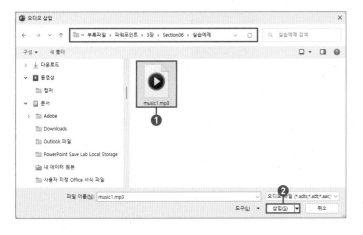

③ ● 삽입한 오디오 파일의 볼륨 아이콘(🔊)을 슬라이드의 밖으로 드래그해 이동하고 ❷ **[재생]**
탭-[오디오 스타일] 그룹-[백그라운드에서 재생]을 클릭하세요.

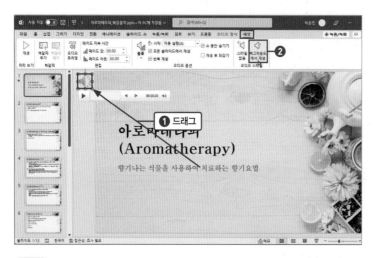

Tip

[백그라운드에서 재생]을 클릭하면 [재생] 탭-[오디오 옵션] 그룹-[시작]이 [자동 실행]으로 선택되고 [모든 슬라이드에서 재
생], [반복 재생], [쇼 동안 숨기기]에 자동으로 체크 표시됩니다.

④ ● F5를 눌러 처음부터 슬라이드 쇼를 실행합니다. 다음 슬라이드로 넘어가면서 모든 슬라이드
에서 배경 음악이 재생되는지 확인하고 ❷ Esc를 눌러 원래의 화면으로 되돌아오세요.

⑤ 이제 원하는 위치에서 배경 음악이 멈추도록 설정해 볼게요. ❶ 배경 음악의 볼륨 아이콘(🔊)을 선택한 상태에서 ❷ [애니메이션] 탭-[애니메이션] 그룹-[추가 효과 옵션 표시](⤡)를 클릭하세요.

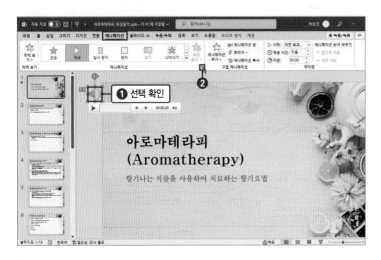

⑥ [오디오 재생] 대화상자의 [효과] 탭이 열리면 ❶ '재생 중지'의 [지금부터], [9 슬라이드 후]를 지정하고 ❷ [확인]을 클릭합니다. 여기서는 '현재 슬라이드 번호+지정한 수(1+9=10)'를 계산하여 10번 슬라이드에서 재생이 중지되도록 설정했어요.

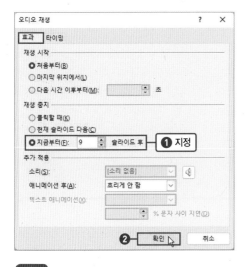

> **Tip**
>
> '재생 중지'의 [지금부터]를 [999 슬라이드 후]로 설정하면 프레젠테이션을 재생할 때 슬라이드가 중지되지 않고 계속 실행됩니다.

표 & 차트

애니메이션

사운드 & 동영상

발표

테마 & 마스터

SNS

⑦ [F5]를 눌러 처음부터 슬라이드 쇼를 실행하고 10번 슬라이드에서 배경 음악이 멈추는지 확인하세요.

Tip
10번 슬라이드에서 다시 새로운 오디오를 삽입하면 다른 배경 음악으로 교체할 수 있어요.

잠깐만요!

파워포인트에서 지원하는 오디오/비디오 파일 형식

파워포인트에서는 다음의 오디오/비디오 파일 형식을 지원하므로 프레젠테이션 문서를 작성할 때 이용해 보세요.

	파워포인트 2010	파워포인트의 최신 버전	기타
오디오 파일 형식	wav, wma	AAC 오디오로 인코딩된 m4a 파일	aiff, au, mid, midi, mp3, m4a, mp4, wav, wma 등
비디오 파일 형식	wmv	H.264 비디오 및 AAC 오디오로 인코딩된 mp4 파일	asf, avi, mp4, m4v, mov, mpg, mpeg, wmv 등

● **실습예제** : 와인_동영상.pptx
● **완성예제** : 와인_동영상_완성.pptx

활용도 ▬▬▬ ▯▯▯▯▯ ▯▯▯▯▯

기본 02 동영상 트리밍해 특정 부분만 재생하기

① ¹ 2번 슬라이드에서 ² 삽입된 동영상을 선택하고 ³ [재생] 탭-[비디오 옵션] 그룹-[시작]에서 [자동 실행]을 선택한 후 ⁴ [전체 화면 재생]에 체크 표시합니다. ⁵ Shift + F5 를 눌러 현재 슬라이드부터 슬라이드 쇼를 실행한 후 동영상을 확인하고 Esc 를 눌러 원래의 화면으로 되돌아온 후 ⁶ [재생] 탭-[편집] 그룹-[비디오 트리밍]을 클릭하세요.

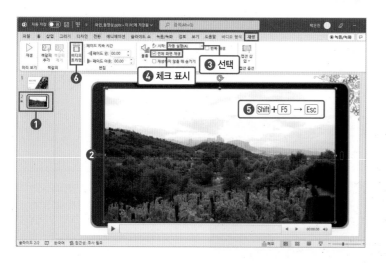

② [비디오 트리밍] 대화상자가 열리면 동영상의 앞뒤의 포도밭 영상을 제외한 와이너리 영상만 재생하기 위해 ❶ '시작 시간'은 [00:07]로, '종료 시간'은 [00:27]로 지정하고 ❷ [확인]을 클릭하세요.

Tip

트리밍(trimming)은 불필요한 부분을 제거하고 재생하려는 부분만 남기는 기능으로, 시간을 지정하는 대신 초록색과 빨간색 표식을 드래그해서 재생할 부분을 설정할 수 있어요. 트리밍한 영상의 원본이 삭제되는 것은 아니므로 언제든지 원래대로 되돌릴 수 있고 용량도 줄어들지 않습니다.

핵심 ⚡

그래픽

표 & 차트

애니메이션

사운드 & 동영상

발표

테마 & 마스터

SNS

③ ❶ Shift + F5 를 눌러 현재 슬라이드부터 슬라이드 쇼를 실행한 후 트리밍한 부분의 영상만 재생되는지 확인하세요. '자동 실행'과 '전체 화면 재생'도 함께 확인하고 ❷ Esc 를 눌러 원래의 화면으로 되돌아오세요.

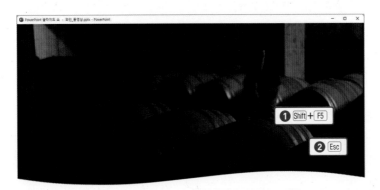

④ 트리밍된 부분에서 동영상이 뚝 끊기는 현상을 매끄럽게 처리하기 위해 [재생] 탭-[편집] 그룹-[페이드 인]은 [1.50]초로, [페이드 아웃]은 [2.00]초로 설정하세요.

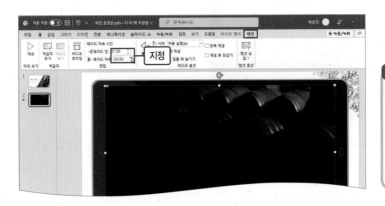

> **Tip**
> • 페이드인(fade-in): 영상의 시작 부분이 차츰 선명하게 나타나는 효과
> • 페이드아웃(fade-out): 영상의 끝부분이 차츰 흐리게 종료되는 효과

⑤ Shift + F5 를 눌러 현재 슬라이드부터 슬라이드 쇼를 실행한 후 시작 부분과 종료 부분이 부드럽게 페이드인, 페이드아웃되는지 확인하세요.

> **Tip**
> 화면에 따라서는 페이드인(fade-in)과 페이드아웃(fade-out)이 없는 것이 더 자연스러울 수 있으므로 영상에 맞게 설정하세요.

◉ **실습예제** : 와인_가운데.pptx
◉ **완성예제** : 와인_가운데_완성.pptx

실무 03 동영상에서 가운데 영상만 제외하고 재생하기

✓ 실무 활용 사례

- 파워포인트 기능만으로 동영상 가운데 부분을 빼고 재생해야 할 때

✓ 업무 시간 단축

- [비디오 트리밍]으로 앞부분 동영상 재생 설정
- Ctrl + D로 슬라이드 복제
- [비디오 트리밍]으로 가운데 부분을 빼고 동영상 뒷부분을 재생 설정

그래픽

표 & 차트

애니메이션

사운드 & 동영상

발표

테마 & 마스터

SNS

① ❶ **2번 슬라이드**에서 ❷ 동영상을 선택하고 ❸ **[재생] 탭-[편집] 그룹-[비디오 트리밍]**을 클릭하세요.

영상강의

② **[비디오 트리밍]** 대화상자가 열리면 ❶ '종료 시간'에 **[00:12.00]**을 지정하고 ❷ **[확인]**을 클릭하세요.

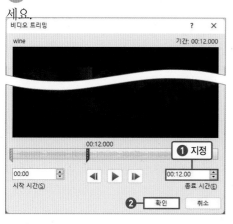

Tip

'비디오 트리밍' 기능을 이용하면 영상의 앞부분이나 뒷부분 또는 가운데 부분만 재생할 수 있지만, 영상의 가운데 부분만 제외할 수는 없습니다.

③ 슬라이드 축소판 그림 창에서 ❶ **2번 슬라이드**를 선택하고 Ctrl+D를 눌러 슬라이드를 복제합니다. ❷ 복제한 **3번 슬라이드**를 선택한 상태에서 ❸ 동영상을 선택하고 ❹ **[재생] 탭-[편집] 그룹-[비디오 트리밍]**을 클릭하세요.

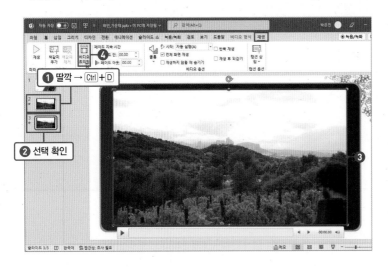

④ [비디오 트리밍] 대화상자가 열리면 ❶ '시작 시간'은 **[00:15]**초로, '종료 시간'은 끝까지 재생되도록 지정하고 ❷ **[확인]**을 클릭하세요.

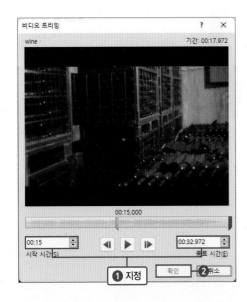

⑤ **❶** **2번 슬라이드**를 선택하고 **❷** **[전환] 탭-[타이밍] 그룹-[화면 전환]**의 **[다음 시간 후]**에 체크 표시하세요.

Tip
동영상의 앞부분 슬라이드에 '전환' 효과를 설정하면 됩니다. [다음 시간 후]에 [0초]를 지정하면 해당 슬라이드에 삽입된 동영상이나 애니메이션이 끝나면 자동으로 다음 슬라이드로 화면 전환됩니다.

⑥ F5 를 눌러 처음부터 슬라이드 쇼를 실행한 후 2번 슬라이드에서 동영상이 자동 실행되고 전체화면으로 재생되는지 확인합니다. 이때 동영상에서 아이가 나오는 부분을 제외한 나머지 영상이 재생되는지도 확인하세요.

Tip
동영상에 2개의 슬라이드가 삽입되었지만, 파일 크기를 확인해 보면 영상이 한 번만 포함되었을 때와 큰 차이가 없습니다.

그래픽

표 & 차트

애니메이션

사운드 & 동영상

발표

테마 & 마스터

SNS

07

프레젠테이션 발표 준비하고
문서 관리하기

작성한 프레젠테이션 문서를 다양한 방법으로 활용할 수 있어요. 또한 발표자 보기를 이용해 슬라이드 쇼로 진행하거나 발표자의 목소리나 잉크 주석을 포함한 내용을 동영상으로 저장하여 활용할 수도 있습니다. 최신 파워포인트 버전에서는 슬라이드 화면을 애니메이션 GIF 이미지로 저장하는 기능도 제공합니다.

◉ 실습예제 : 아로마테라피.pptx

기본 01 발표자 보기 활용해 발표하기

그래픽

표 & 차트

애니메이션

사운드 & 동영상

발표

테마 & 마스터

S N S

① ● [슬라이드 쇼] 탭-[모니터] 그룹-[발표자 보기 사용]에 체크 표시되었는지 확인하고 ❷ [모니터]에서 슬라이드 쇼를 표시할 모니터를 선택하세요. '모니터'에서 [자동]을 선택하면 추가로 연결된 모니터에 슬라이드 쇼를 표시하고 기본 모니터에는 발표자 보기가 표시됩니다.

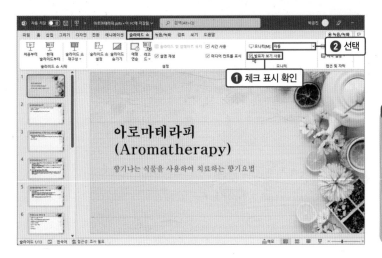

> **Tip**
>
> 빔 프로젝터와 모니터, 노트북 화면 등 여러 대의 모니터와 연결되어 있으면 [발표자 보기]에 자동으로 체크 표시됩니다. [슬라이드 쇼] 탭-[설정] 그룹-[슬라이드 쇼 설정]을 클릭하고 [복수 모니터]에서도 설정할 수 있어요.

② 하나의 모니터에서 발표자 보기를 표시하려면 ● 슬라이드 쇼를 실행한 상태에서 ❷ 마우스 오른쪽 단추를 클릭하고 ❸ [발표자 보기 표시]를 선택하세요.

> **Tip**
>
> 기본 보기에서 단축키 Alt + F5 를 눌러도 발표자 보기를 표시할 수 있어요.

③ 발표자 보기를 실행하면 다음 슬라이드와 발표자 노트, 타이머 등의 미리 보기가 표시되어 편리합니다. 그리고 현재 화면의 슬라이드 쇼 보기를 제외한 나머지는 발표자의 화면에서만 표시됩니다.

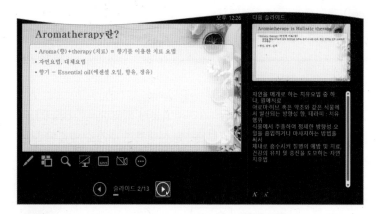

Tip

발표자 노트는 기본 보기 화면에서 슬라이드의 아래쪽에 내용을 입력할 수 있어요. '발표자 보기'를 이용하면 하나의 모니터에서는 전체 화면 슬라이드 쇼를 표시하고 다른 모니터에서는 발표에 도움이 되는 정보를 표시할 수 있어서 발표하는 데 매우 유용합니다.

④ ❶ **[펜 및 레이저 포인터 도구]**(✎)를 클릭한 후 **[레이저 포인터]**를 선택하면 마우스 포인터를 화살표 모양 대신 레이저 포인터로 표시할 수 있고 **[펜]**이나 **[형광펜]**을 선택하면 슬라이드 쇼에 직접 메모하고 그리면서 발표할 수 있어요. ❷ [Esc]를 눌러 슬라이드 쇼를 종료하고 기본 보기로 되돌아옵니다. 이때 메뉴를 클릭하거나 선택하는 과정은 청중들에게 보이지 않습니다.

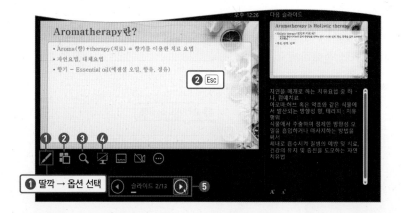

❶ **[펜 및 레이저 포인터 도구]**: 슬라이드를 가리키거나 슬라이드에 사용할 수 있고 [Esc]를 누르면 해제됩니다.

❷ **[모든 슬라이드 보기] 도구**: 모든 슬라이드의 축소판 그림을 표시합니다

❸ **[슬라이드 확대] 도구**: 슬라이드의 특정 부분을 확대합니다.

❹ 슬라이드 쇼 화면을 검정으로 설정 및 취소합니다

❺ 애니메이션 단계를 실행하거나 이전 또는 다음 슬라이드로 이동할 수 있습니다.

● 실습예제 : 아로마테라피_녹화.pptx
● 완성예제 : 아로마테라피_녹화_완성.pptx

활용도 ▮▮▮▮ ▮▮▮▮ ▮▮▮▮▮

기본 02 슬라이드 쇼에 발표 내용 녹화하기

✔ **실무 활용 사례**

• 슬라이드 내용, 화면 전환, 주석, 발표자의 얼굴을 포함한 동영상 강의를 녹화해야 할 때

✔ **업무 시간 단축**

• [슬라이드 쇼] 탭-[설정] 그룹-[레코드]-[처음부터] 선택

① 슬라이드 쇼의 애니메이션, 화면 전환, 잉크로 쓴 주석, 레이저 포인터의 제스처와 함께 발표자의 얼굴과 설명을 모두 포함하여 슬라이드 쇼를 녹화할 수 있어요. ❶ **1번 슬라이드**에서 ❷ **[슬라이드 쇼] 탭-[설정] 그룹-[레코드]**를 클릭하고 ❸ **[처음부터]**를 선택하세요.

Tip

오피스 버전에 따라 [레코드] 대신 [슬라이드 쇼 녹화]라고 나타날 수 있어요. Microsoft 365 구독자는 [녹음/녹화] 탭이나 리본 메뉴의 오른쪽 끝에 있는 [녹음/녹화] 단추(● 녹음/녹화)를 클릭하면 좀 더 쉽고 빠르게 슬라이드를 녹음/녹화할 수 있습니다.

그래픽

표 & 차트

애니메이션

사운드 & 동영상

발표

테마 & 마스터

SNS

② 슬라이드 쇼를 녹화하는 화면이 열리면 ❶ ▪▪▪를 클릭해 마이크와 카메라를 설정한 후 ❷ [녹음/녹화 시작] 도구(⬤)를 클릭해 녹화를 시작합니다.

Tip
해당 슬라이드 설명이 끝난 후 다음 페이지로 넘어가면 다음 페이지의 녹화가 자동으로 시작됩니다.

③ 음성으로 설명한 내용은 오디오 클립으로 저장되어 각 슬라이드 단위로 삽입되고 레이저 포인터와 잉크, 형광펜 등을 사용한 마우스 움직임도 함께 저장됩니다. ❶ 마지막 슬라이드까지 넘기면서 슬라이드 쇼와 설명을 진행하고 ❷ [닫기] 단추(❎)를 클릭해 슬라이드 녹화를 종료하세요.

Tip
슬라이드에 있는 애니메이션과 화면 전환, 슬라이드에 머문 시간 등도 모두 슬라이드 정보로 저장됩니다.

④ 종료하기 전에 비디오를 내보낼지 묻는 메시지 창이 열리면 **[끝내기]**를 클릭하세요.

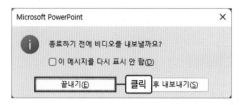

Tip

모든 슬라이드에서 만족스럽게 녹화가 잘 끝났으면 [저장 후 내보내기]를 클릭해 비디오로 내보내도 됩니다.

⑤ **❶** Shift + F5 를 눌러 현재 슬라이드부터 슬라이드 쇼를 실행한 후 삽입된 설명과 화면을 확인합니다. 이때 설명은 각 슬라이드의 오른쪽 아래에 오디오 클립으로 삽입되어 있고, **❷ [재생] 탭-[오디오 옵션] 그룹-[시작]**에서는 **[자동 실행]**이 선택되어 있으며, **❸ [쇼 동안 숨기기]**에 체크 표시된 것을 확인할 수 있어요.

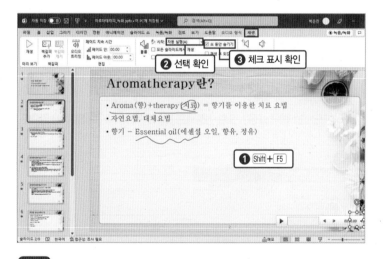

Tip

[전환] 탭-[타이밍] 그룹-[다음 시간 후]에도 시간이 자동으로 설정되어 있습니다.

그래픽

표 & 차트

애니메이션

사운드 & 동영상

발표

테마 & 마스터

SNS

⑥ 설명이나 화면이 마음에 들지 않는 슬라이드가 있으면 ❶ 해당 슬라이드를 선택하고 ❷ **[슬라이드 쇼] 탭-[설정] 그룹-[레코드]**를 클릭한 후 ❸~❹ **[지우기]-[현재 슬라이드의 설명 지우기]**를 선택해 삽입된 설명을 지우세요.

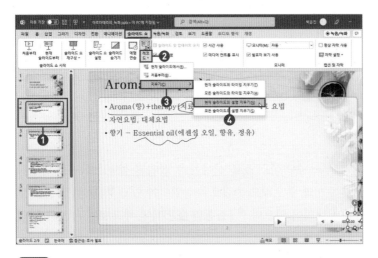

> **Tip**
>
> 모두 마음에 들지 않으면 [슬라이드 쇼] 탭-[설정] 그룹-[레코드]를 클릭한 후 [지우기]-[모든 슬라이드의 설명 지우기]를 선택하세요. Microsoft 365를 구독한다면 [녹음/녹화] 탭-[편집] 그룹-[녹음/녹화 지우기]를 선택하면 됩니다.

⑦ 다시 녹화할 슬라이드에서 ❶ **[슬라이드 쇼] 탭-[설정] 그룹-[레코드]**를 클릭하고 ❷ **[현재 슬라이드에서]**를 선택하세요.

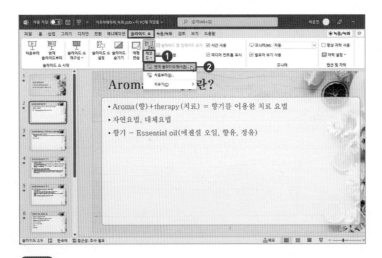

> **Tip**
>
> 모든 슬라이드를 다시 녹화하려면 [슬라이드 쇼] 탭-[설정] 그룹-[레코드]를 클릭하고 [처음부터]를 선택하세요.

⑧ ❶ **[다시 찍기 레코딩] 도구(⟳▾)**를 클릭하고 ❷ **[현재 슬라이드에서]**를 선택해 현재 슬라이드의 설명과 화면을 다시 녹화하세요.

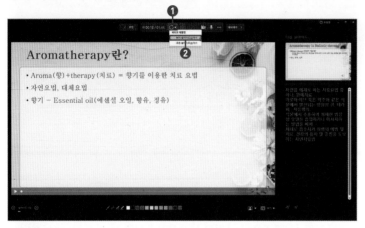

Tip

❶ 프레젠테이션 편집
❷ 현재 슬라이드 녹화 시간/전체 녹화 시간
❸ 다시 찍기 레코딩 – 현재 슬라이드에서, 전체 슬라이드에서
❹ 녹음/녹화 시작/중지
❺ 녹음/녹화 일시 중지
❻ 카메라 켜기/끄기(Ctrl+K)
❼ 마이크 켜기/끄기(Ctrl+M)
❽ 레코딩을 위한 추가 옵션 선택 카메라 및 마이크 설정, 녹음 지우기
❾ 비디오 내보내기

그래픽

표 & 차트

애니메이션

사운드 & 동영상

발표

테마 & 마스터

SNS

활용도 ■■■ ■■■ ▮▯▯

03
기본

녹화한 슬라이드 쇼를 동영상으로 저장하기

✓ **실무 활용 사례**

• 녹화된 쇼를 동영상으로 저장해야 할 때

✓ **업무 시간 단축**

• [파일] 탭-[내보내기]-[비디오 만들기] 선택

① 모든 슬라이드의 오른쪽 아래에는 녹화 과정을 통해 형성된 오디오 클립이 삽입되어 있습니다. **❶ 1번 슬라이드**에서 **❷ [전환] 탭-[타이밍] 그룹-'화면 전환'**의 **[다음 시간 후]**에 시간이 자동으로 설정되어 있는지 확인하세요.

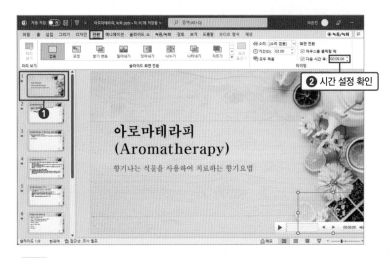

❷ 시간 설정 확인

Tip

녹화가 완료된 슬라이드 쇼는 일반 프레젠테이션처럼 청중을 위해 재생하거나 동영상 파일로 저장할 수 있습니다.

② 녹화된 내용을 비디오로 저장하기 위해 ^{①~②} **[파일] 탭-[내보내기]**를 선택하고 ^③ **[비디오 만들기]**를 선택합니다. 비디오 품질은 ^④ **[HD(720p)]**와 **[기록된 시간 및 설명 사용]**을 선택하고 ^⑤ **[비디오 만들기]**를 클릭하세요.

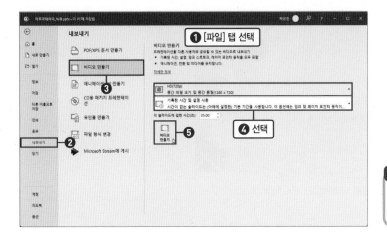

Tip
비디오 품질(해상도)에 대해서는
108쪽의 '잠깐만요!'를 참고하세요.

③ [비디오 내보내기] 대화상자가 열리면 ^① '문서' 폴더로 이동해서 ^② '파일 이름'에 **아로마테라피_녹화**를 입력하고 '파일 형식'에서 **[MPEG-4 비디오 (*.mp4)]**를 선택한 후 ^③ **[내보내기]**를 클릭하세요.

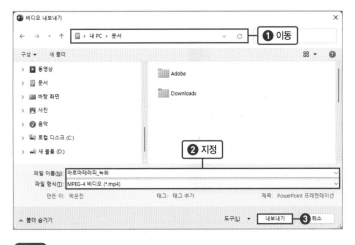

Tip
비디오 파일 형식
• MPEG-4(mp4): 유튜브 등의 온라인 공유 및 최신 버전 동영상 플레이어에 적합합니다.
• Windows Media 비디오(wmv): 파워포인트 2010 버전, DVD와 같은 물리적 매체에 적합합니다.

핵심

그래픽

표 & 차트

애니메이션

사운드 & 동영상

발표

테마 & 마스터

SNS

④ 프레젠테이션을 동영상으로 저장하는 동안 상태 표시줄에서 진행 상황을 확인할 수 있어요.

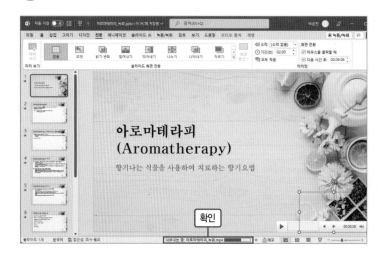

⑤ 동영상으로 내보내기가 끝나면 ⊞+E를 눌러 윈도우 탐색기 창을 열고 저장한 경로에서 해당 동영상 파일을 재생하여 내용을 확인하세요.

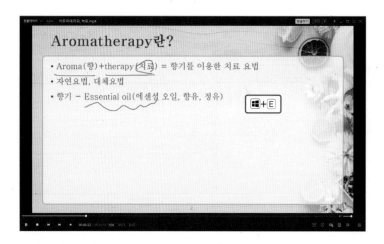

🔶 잠깐만요!

비디오의 품질(해상도) 선택하기

비디오의 해상도가 높을수록 파일 크기가 크고 저장 시간이 오래 걸리므로 용도에 맞는 적절한 해상도를 선택해야 합니다.

- **Ultra HD(4K) (Windows 10)**: 3840×2160, 최대 파일 크기, 큰 모니터
- **Full HD(1080p)**: 1920×1080, 대용량 파일 크기, 컴퓨터 및 HD 화면
- **HD(720p)**: 1280×720, 중간 파일 크기, 인터넷 및 DVD
- **Standard(480p)**: 852×480, 최소 파일 크기, 휴대용 장치

● 실습예제 : 기대효과_GIF.pptx
● 완성예제 : 기대효과_GIF_완성.pptx

활용도 ▩▩▩ ▩▩▩ ▥▥▥

04
기본

프레젠테이션 화면을
애니메이션 GIF 이미지로 만들기

① **❶** F5 를 눌러 슬라이드 쇼를 실행한 후 **❷** **2~6번 슬라이드**에 모핑 전환 효과가 적용되었는지 확인하세요.

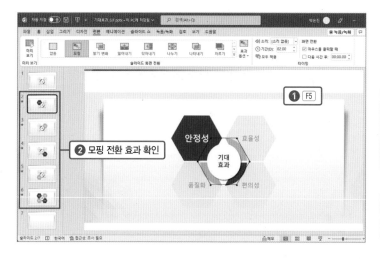

영상강의

Tip
Microsoft 365 구독자만 사용할 수 있는 기능입니다.

② **❶~❷** [파일] 탭-[내보내기]를 선택하고 **❸** [애니메이션 GIF 만들기]를 선택한 후 GIF의 품질에서 **❹** [크게]를 선택합니다. **❺** [배경 투명하게 만들기]에 체크 표시하고 **❻** '슬라이드 수'에는 [1]과 [6]을 지정한 후 **❼** [GIF 만들기]를 클릭하세요.

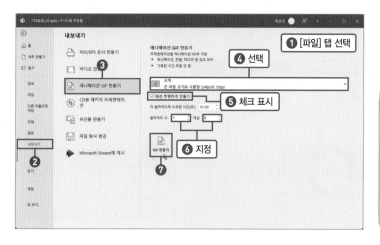

Tip
개체에 적용된 애니메이션, 전환, 미디어, 잉크 등이 애니메이션에 포함됩니다. [배경 투명하게 만들기]에 체크 표시하면 배경 이미지는 결과물에 포함되지 않고 무한 반복되는 애니메이션 GIF로 저장됩니다.

그래픽

표 & 차트

애니메이션

사운드 & 동영상

발표

테마 & 마스터

SNS

109

③ [다른 이름으로 저장] 대화상자가 열리면 ❶ '**문서' 폴더**로 이동해서 ❷ '파일 이름'에 **기대효과_ GIF**를 입력하고 '파일 형식'에서 **[애니메이션 GIF 형식 (*.gif)]**을 선택한 후 ❸ **[저장]**을 클릭하세요.

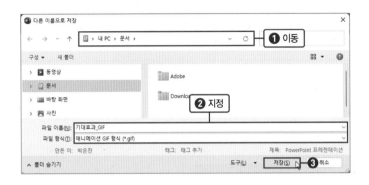

④ 프레젠테이션을 애니메이션 GIF 이미지로 저장하는 동안 상태 표시줄에서 진행 상황을 확인할 수 있어요.

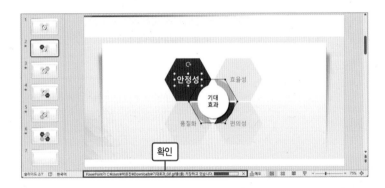

⑤ ❶ **7번 슬라이드**를 선택하고 ❷ **[삽입] 탭-[이미지] 그룹-[그림]**을 클릭한 후 **[이 디바이스]**를 선택해 ❸에서 저장한 '문서' 폴더의 '**기대효과_GIF.gif**'를 삽입합니다. ❸ 배경이 투명한 움직이는 '기대효과' 이미지를 확인하세요.

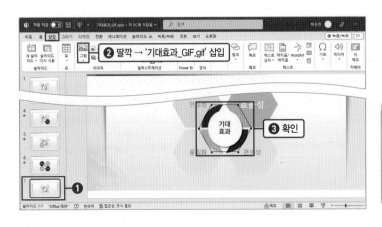

> **Tip**
> 움직이는 GIF 이미지는 슬라이드 쇼 보기를 했을 때 애니메이션이 실행되지만, 최신 버전의 오피스에서는 기본 보기에서도 애니메이션을 확인할 수 있어요.

실무 05 문서에 포함된 모든 이미지와 동영상 추출하기

① 이번 실습을 진행하려면 반디집(Bandizip)이나 알집(ALZiP)과 같은 압축 프로그램이 설치되어 있어야 하는데, 여기서는 반디집을 사용해 실습해 볼게요. ❶ 추출할 문서에 사용한 그림, 배경 음악, 동영상 등 구성 요소를 확인하고 ❷ **[닫기] 단추**(✖)를 클릭하세요.

영상 강의

② ❶ ⊞+E를 눌러 윈도우 탐색기 창을 실행하고 ❷ 부록 실습파일에서 '**에너지_소스추출.pptx**'를 선택한 후 파일 확장자를 'pptx'에서 '**zip**'으로 변경합니다.

Tip

파일의 확장자를 변경하기 전에 파일이 열려있으면 닫은 후에 작업해야 합니다. 만약 확장자가 보이지 않으면 [보기] 탭에서 [표시]-[파일 확장명]을 선택해서 파일 확장명을 표시해 주세요. 윈도우 10에서는 [보기] 탭-[표시/숨기기] 그룹-[파일 확장명]에 체크 표시하면 파일 확장자가 표시됩니다.

그래픽

표 & 차트

애니메이션

사운드 & 동영상

발표

테마 & 마스터

SNS

③ 파일의 확장명을 변경하면 사용할 수 없게 될 수 있는데도 변경하겠는지 묻는 [이름 바꾸기] 메시지 창이 열리면 [예]를 클릭하세요.

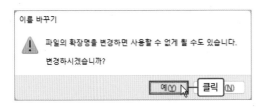

④ 윈도우 탐색기 창에서 '에너지_소스추출.zip' 파일을 더블클릭합니다. 압축 파일이 열리면 왼쪽 폴더 창에서 ❶ 'ppt\media' 폴더를 선택하고 오른쪽 창에서 ❷ Ctrl + A 를 눌러 모든 파일을 선택한 후 ❸ [풀기]를 클릭하세요.

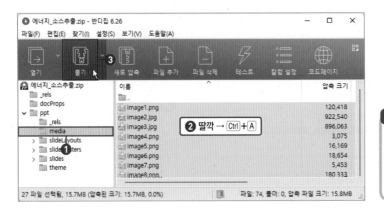

Tip

'ppt\media' 폴더에 있는 파일을 모두 선택하고 압축을 풀어야 합니다. 이 파일들이 바로 추출할 데이터 파일입니다.

⑤ [압축 풀 폴더 선택] 창이 열리면 ❶ 압축을 풀 위치를 선택하고 '압축 풀 파일'에서 ❷ **[선택된 파일]**을 선택합니다. ❸ **[대상 폴더의 하위에 '압축 파일명'으로 폴더 생성 후 압축 풀기]**에 체크 표시하고 ❹ **[확인]**을 클릭하세요.

⑥ 성공적으로 압축을 풀었다는 [압축 풀기] 창이 열리면 **[닫기]**를 클릭하세요.

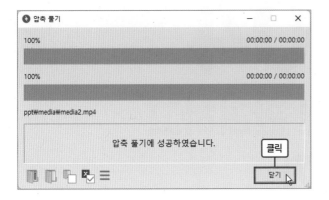

⑦ ❶ 윈도우 탐색기 창에서 압축을 푼 폴더로 이동한 후 ❷ 프레젠테이션 문서에 포함된 모든 그림
뿐만 아니라 동영상 파일과 사운드 파일이 추출되었는지 확인하세요.

Tip

추출이 끝난 프레젠테이션 문서는 압축 파일을 모두 닫은 후 파일 확장자를 다시 'zip'에서 'pptx'로 변경해 보세요. 그러면 원래
의 파일 상태로 되돌아갑니다.

그래픽

표 & 차트

애니메이션

사운드 & 동영상

발표

테마 & 마스터

S N S

CHAPTER 04

테마로 디자인 관리하고
SNS 활용하기

슬라이드 마스터에서 프레젠테이션에 공통으로 적용할 배경 그림, 글꼴, 효과 등의 디자인 요소들을 레이아
웃별로 정의하여 쉽고 빠르게 프레젠테이션의 디자인을 관리할 수 있습니다. 그리고 원하는 크기로 슬라이
드를 설정한 후 작성한 결과물을 그림으로 저장하면 여러 가지 용도로 사용할 수 있는 SNS에서 다양한 크
기와 품질의 이미지를 만들 수 있습니다.

08

테마와 마스터로 디자인 관리하기

테마와 마스터를 사용하면 문서의 디자인을 좀 더 쉽게 일관된 모양으로 관리할 수 있습니다. 그리고 마스터에서 디자인 요소들을 변경하고 서식을 포함하여 슬라이드를 복사하거나 마음에 드는 다른 문서의 디자인을 빠르게 적용할 수 있어요. 이번 섹션에서는 활용도가 높은 테마와 마스터 사용법을 익혀보겠습니다.

활용도 ▮▮▮▮▮ ▮▮▮▮▮ ▮▮▮▮▮

모든 슬라이드에 같은 배경 그림 적용하기

핵심 ⚡

그래픽

표 & 차트

애니메이션

사운드 & 동영상

발표

테마 & 마스터

S N S

✔ 실무 활용 사례
• 모든 슬라이드의 배경 그림을 같게 지정해야 할 때

✔ 업무 시간 단축
• 마우스 오른쪽 단추 클릭 → [배경 서식] 선택
• [배경 서식] 창의 [그림 또는 질감 채우기]에서 배경 그림 선택 → [모두 적용]

① ❶ **1번 슬라이드**를 선택하고 ❷ 슬라이드의 빈 공간에서 마우스 오른쪽 단추를 클릭한 후 ❸ **[배경 서식]**을 선택하세요.

> **Tip**
> [디자인] 탭-[사용자 지정] 그룹-[배경 서식]을 클릭해도 됩니다.

② 화면의 오른쪽에 [배경 서식] 창이 열리면 ❶ **[채우기 및 선]**( )의 ❷ **[채우기]**에서 ❸ **[그림 또는 질감 채우기]**를 선택하고 ❹ **[삽입]**을 클릭하세요.

③ [그림 삽입] 창이 열리면 **[파일에서]**를 선택합니다.

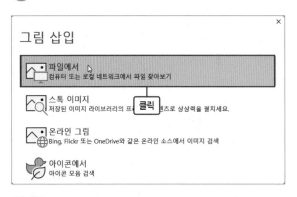

Tip

오피스 버전에 따라 [그림 삽입] 창이 조금씩 다를 수 있어요.

④ [그림 삽입] 대화상자가 열리면 부록 실습파일에서 ❶ 'image1.png'를 선택하고 ❷ **[삽입]**을 클릭하세요.

⑤ ❶ 슬라이드에 'image1.png' 이미지가 삽입되었으면 [배경 서식] 창에서 ❷ [모두 적용]을 클릭하고 ❸ [닫기] 단추(✕)를 클릭하세요.

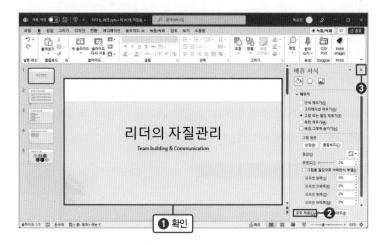

⑥ 모든 슬라이드에 같은 배경 그림이 적용되었는지 확인하세요.

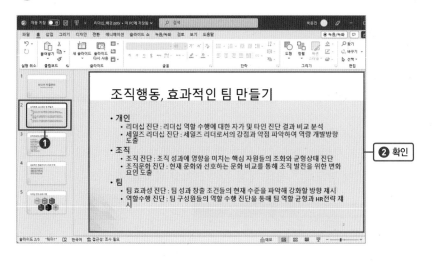

그래픽

표 & 차트

애니메이션

사운드 & 동영상

발표

테마 & 마스터

S N S

● 실습예제 : 리더십_마스터.pptx
● 완성예제 : 리더십_마스터_완성.pptx

활용도 ▮▮▮▮▮ ▮▮▮▮▮ ▮▮▮▮▮

실무 02 마스터에서 배경 디자인 변경하기

① 표지의 배경 그림을 변경하고 슬라이드 마스터에서 제목과 로고의 위치를 수정해 볼게요. ❶ **1번 슬라이드**에서 ❷ **[보기] 탭-[마스터 보기] 그룹-[슬라이드 마스터]**를 클릭하세요.

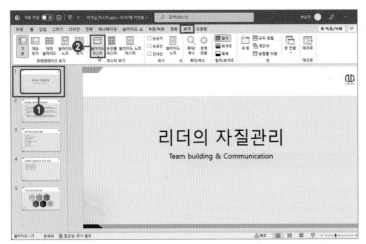

영상강의

> **Tip**
>
> Shift +[기본] 단추(▤)를 클릭하면 슬라이드 마스터 보기 화면을 빠르게 열 수 있어요.

② 슬라이드 마스터 보기 화면이 표시되면 슬라이드 축소판 그림 창에서 왼쪽 맨 위에 있는 ❶ **'슬라이드 마스터'**를 선택하고 배경 그림에 맞도록 ❷ 제목 개체 틀의 크기와 위치를 조절합니다.

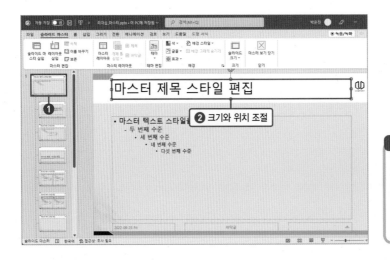

> **Tip**
>
> '슬라이드 마스터' 아래에 점선으로 연결된 것은 모두 '레이아웃'입니다. 여러 페이지에 반복적으로 표현할 디자인은 '슬라이드 마스터'에서 작업하세요.

③ 본문 공간을 좀 더 확보하기 위해 아래쪽 내용 개체 틀의 크기를 위쪽으로 늘려주세요.

Tip

'슬라이드 마스터'에서 변경한 내용은 아래의 모든 '레이아웃'에 자동으로 반영됩니다.

④ 슬라이드 마스터 보기 창에서 ❶ **'제목 슬라이드 레이아웃'**을 선택하고 ❷ **[슬라이드 마스터] 탭-[배경] 그룹-[배경 그래픽 숨기기]**에 체크 표시한 후 ❸ **[배경 서식]**(⬜)을 클릭하세요.

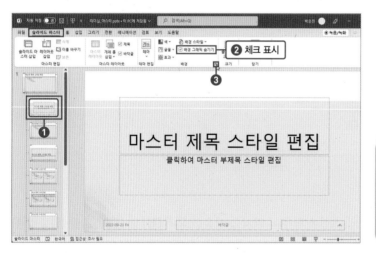

Tip

[배경 그래픽 숨기기]에 체크 표시하면 슬라이드 마스터에서 삽입한 개체들이 현재 선택한 제목 슬라이드 레이아웃에서는 나타나지 않도록 설정합니다.

⑤ 화면의 오른쪽에 [배경 서식] 창이 열리면 ❶ **[채우기 및 선]**(⬜)의 ❷ **[채우기]**에서 ❸ **[그림 또는 질감 채우기]**를 선택하고 ❹ **[삽입]**을 클릭하세요.

그래픽

표 & 차트

애니메이션

사운드 & 동영상

발표

테마 & 마스터

SNS

121

⑥ [그림 삽입] 창이 열리면 [파일에서]를 선택합니다.

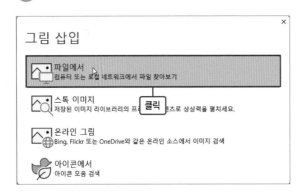

⑦ [그림 삽입] 대화상자가 열리면 부록 실습파일에서 ❶ 'image2.png'를 선택하고 ❷ [삽입]을 클릭하세요.

⑧ ❶ 제목 개체 틀을 선택하고 배경 그림에 맞추어 위치를 이동한 후 ❷ [홈] 탭-[단락] 그룹-[왼쪽 맞춤]을 클릭합니다. ❸ [홈] 탭-[글꼴] 그룹-[글꼴 색]을 클릭하고 ❹ '테마 색'의 [흰색, 배경 1]을 클릭하세요.

> **Tip**
> 선택한 제목 슬라이드 레이아웃의 배경 그림만 변경되고 다른 레이아웃에는 변화가 없습니다.

⑨ ❶ 부제목 개체 틀을 선택하고 제목 개체 틀과 시작 위치에 맞추어 위치를 이동한 후 ❷ [홈] 탭-[단락] 그룹-[왼쪽 맞춤]을 클릭하세요.

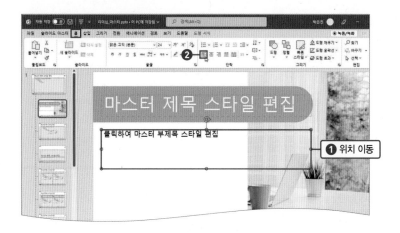

⑩ ❶ 슬라이드 마스터에서 로고 이미지를 복사(Ctrl+C)하고 ❷~❸ 제목 슬라이드에 붙여넣기(Ctrl+V)한 후 슬라이드의 가운데 아래쪽으로 위치를 이동하세요

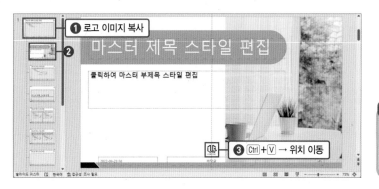

Tip
제목 슬라이드 레이아웃만 다른 레이아웃과 구분되게 디자인했습니다.

⑪ ❶ 상태 표시줄에서 [기본] 단추(回)를 클릭해 기본 슬라이드 화면으로 되돌아온 후 ❷ 변경된 디자인을 확인하세요.

Tip
제목 슬라이드를 제외한 나머지 슬라이드들의 제목과 본문 위치는 슬라이드 마스터에서 수정한 대로 변경되었습니다.

● **실습예제 : 리더십_복사.pptx**

03 원본 문서의 서식 그대로 슬라이드에 복사하기

기본

✓ **실무 활용 사례**

• 원본 슬라이드의 배경과 글꼴 서식을 그대로 유지하면서 슬라이드를 복사해야 할 때

✓ **업무 시간 단축**

• [홈] 탭-[클립보드] 그룹-[붙여넣기]-[원본 서식 유지] 선택

---

① ❶ 2번 슬라이드를 선택하고 ❷ [홈] 탭-[클립보드] 그룹-[복사]([Ctrl]+[C])를 클릭하여 슬라이드를 복사하세요.

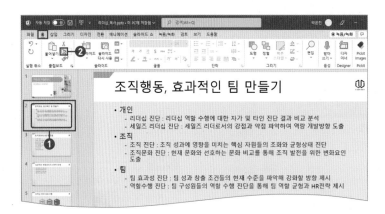

② ❶ [Ctrl]+[N]을 눌러 새 프레젠테이션 문서를 열고 ❷ [홈] 탭-[클립보드] 그룹-[붙여넣기]를 클릭한 후 ❸ '붙여넣기 옵션'의 [원본 서식 유지]([📝])를 클릭하세요.

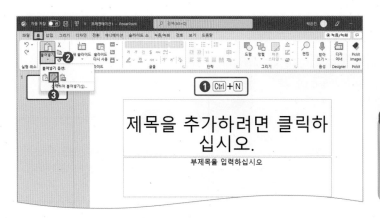

> **Tip**
> [Ctrl]+[V]로 붙여넣고 [붙여넣기 옵션] 단추([📋(Ctrl)▾])를 클릭한 후 [원본 서식 유지]([📝])를 클릭해도 됩니다.

③ **[보기] 탭-[마스터 보기] 그룹-[슬라이드 마스터]**를 클릭하세요.

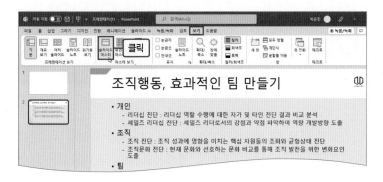

④ 슬라이드 마스터 보기 화면이 열리면 ❶ 슬라이드 축소판 그림 창의 스크롤바를 아래쪽으로 드래그해 ❷ 원본 슬라이드의 '슬라이드 마스터'까지 복사되었는지 확인하세요.

⑤ ❶ 상태 표시줄에서 **[기본]** 단추(▭)를 클릭해 기본 슬라이드 화면으로 되돌아온 후 ❷ **[홈] 탭-[슬라이드] 그룹-[새 슬라이드]**를 클릭하면 ❸ 2개의 마스터 중 필요한 모양을 선택해서 삽입할 수 있어요.

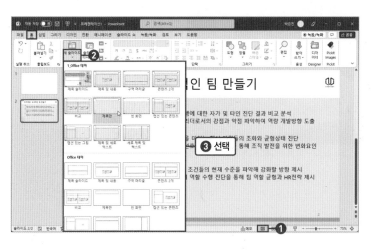

◉ 실습예제 : 리더십_복사.pptx, 경제지표.pptx
◉ 완성예제 : 리더십_새테마.pptx

활용도 ▰▰▰ ▰▰▰ ▭▭▭

현재 파일에 마음에 드는 테마 디자인 적용하기

기본 **04**

① '리더십_복사.pptx', '경제지표.pptx'를 열고 각 프레젠테이션 문서의 디자인을 확인한 후 '경제지표.pptx'는 닫으세요. 여기에서는 '리더십_복사.pptx'의 내용에 '경제지표.pptx'의 디자인을 그대로 적용해 볼 것입니다.

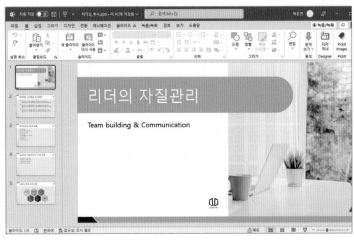

▲ 리더십_복사.pptx

영상강의

▲ 경제지표.pptx

126

② '리더십_복사.pptx'에서 ❶ [디자인] 탭-[테마] 그룹-[자세히] 단추(▽)를 클릭하고 ❷ [테마 찾아보기]를 선택하세요.

③ [테마 또는 테마 문서 선택] 대화상자가 열리면 부록 실습파일에서 ❶ '경제지표.pptx'를 선택하고 ❷ [적용]을 클릭하세요.

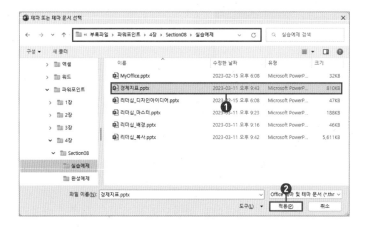

그래픽

표 & 차트

애니메이션

사운드 & 동영상

발표

테마 & 마스터

S N S

④ **❶** '경제지표.pptx'의 디자인이 현재 문서에 그대로 적용되었는지 확인하고 **❷** **[보기] 탭-[마스터 보기] 그룹-[슬라이드 마스터]**를 클릭하여 슬라이드 마스터 보기로 이동하세요.

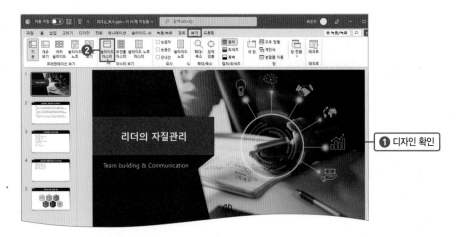

❶ 디자인 확인

⑤ **❶** 슬라이드 축소판 그림 창의 맨 위에 있는 '**슬라이드 마스터**'를 선택하고 **❷~❸** Shift 를 이용해 기존의 마스터에서 지워지지 않은 도형들까지 함께 선택한 후 Delete 를 눌러 삭제하세요.

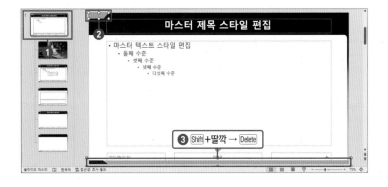

❸ Shift +딸깍 → Delete

⑥ **❶** 상태 표시줄에서 **[기본] 단추(⊡)**를 클릭해 기본 슬라이드 화면으로 되돌아온 후 **❷~❸** 변경된 디자인을 확인하세요.

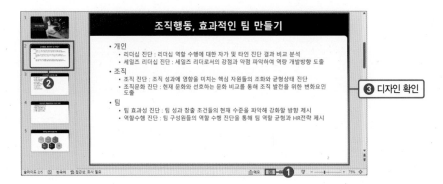

❸ 디자인 확인

05 사용자 지정 파일을 기본 테마로 설정하기

실무

그래픽

표 & 차트

① 'MyOffice.pptx'는 슬라이드 크기가 A4인 세로 방향의 문서입니다. ❶ [디자인] 탭-[테마] 그룹-[자세히] 단추(▾)를 클릭하고 ❷ [현재 테마 저장]을 선택하세요.

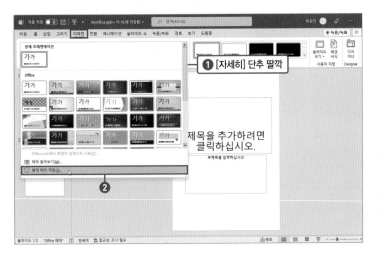

Tip

슬라이드의 크기와 방향뿐만 아니라 배경 서식, 글꼴 등을 변경한 파일을 테마로 저장하면 빠르게 서식을 적용할 수 있어서 편리합니다.

② [현재 테마 저장] 대화상자가 열리면 ❶ 기본 저장 경로에 ❷ '파일 이름'을 A4세로로 입력하고 '파일 형식'에서 [Office 테마 (*.thmx)]를 선택한 후 ❸ [저장]을 클릭하세요.

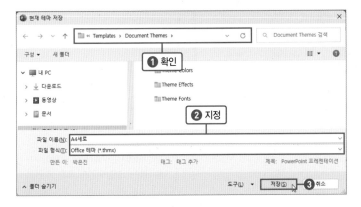

Tip

테마 파일의 기본 저장 경로는 'C:\Users\사용자\AppData\Roaming\Microsoft\Templates\Document Themes'입니다. 파일 이름은 알아보기 쉽게 설정하면 됩니다.

애니메이션

사운드 & 동영상

발표

테마 & 마스터

S N S

129

③ **①** [디자인] 탭-[테마] 그룹-[자세히] 단추(▽)를 클릭하면 '사용자 지정'에 [A4세로]가 추가된 것을 확인할 수 있습니다. **②** [A4세로]에서 마우스 오른쪽 단추를 클릭하고 **③** [기본 테마로 설정]을 선택하세요.

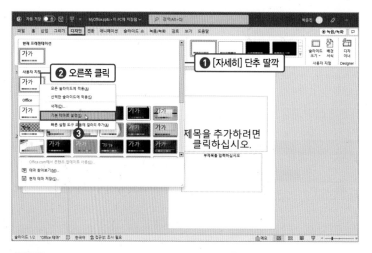

Tip
자주 사용하는 문서의 크기와 방향이 기본 프레젠테이션과 달라서 매번 변경하기 번거로우면 원하는 값을 기본 테마로 설정할 수 있습니다.

④ **①~②** [파일] 탭-[닫기]를 클릭해 열려있던 문서를 닫습니다. **③** [파일] 탭-[홈]을 선택하고 '새로 만들기'에서 **④** [Default Theme]를 클릭하면 A4 크기의 세로 방향 문서가 기본 문서로 만들어지는 것을 확인할 수 있어요.

Tip
단축키 Ctrl+N을 눌러도 새 프레젠테이션을 만들 수 있습니다. 현재 실습에서는 A4, 세로 방향이 기본 테마로 설정되었습니다.

⑤ 원래의 기본 테마 형식인 와이드 스크린, 가로 방향으로 되돌려볼게요. ❶ [디자인] 탭-[테마] 그룹-[자세히] 단추(▽)를 클릭하고 ❷ '사용자 지정'의 [Defualt Theme]에서 마우스 오른쪽 단추를 클릭한 후 ❸ [삭제]를 선택하세요.

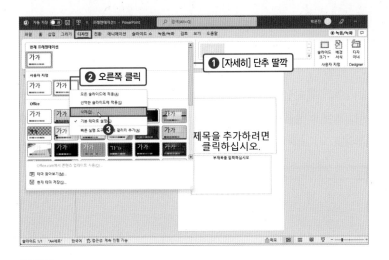

그래픽

표 & 차트

애니메이션

사운드 & 동영상

발표

테마 & 마스터

SNS

Tip

현재의 'A4세로' 테마를 삭제하지 않고 'Office 테마'에서 마우스 오른쪽 단추를 클릭하고 [기본 테마로 설정]을 선택해도 됩니다.

⑥ 이 테마를 삭제하겠냐고 묻는 메시지 창이 열리면 [예]를 클릭합니다. 사용자 정의로 설정한 기본 테마를 삭제하면 원래의 'Office 테마'가 기본 테마로 설정됩니다.

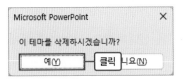

활용도

● 실습예제 : 리더십_디자인아이디어.pptx
● 완성예제 : 리더십_디자인아이디어_완성.pptx

06 디자인 아이디어 적용해 전문가처럼 디자인하기

① '디자이너' 기능은 사용자가 슬라이드에 콘텐츠를 추가했을 때 가장 어울리는 디자인 아이디어를 다양한 레이아웃으로 제시합니다. 그리고 사용자는 클릭만으로 쉽게 디자인을 적용할 수 있습니다. ❶ 1번 슬라이드에서 ❷ [홈] 탭-[Designer] 그룹-[디자이너]를 클릭하세요.

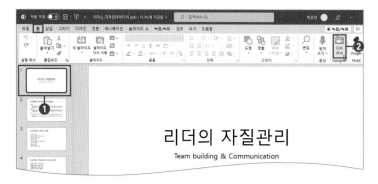

> **Tip**
> '디자이너'는 Microsoft 365 구독자만 사용할 수 있는 기능으로, [홈] 탭 대신 [디자인] 탭-[Designer] 그룹-[디자이너]를 클릭해도 됩니다. [디자인] 탭-[Designer] 그룹에 [디자이너]가 표시되지 않으면 135쪽의 '잠깐만요!'를 참고하세요.

② 화면의 오른쪽에 [디자이너] 창이 열리면 ❶ 마음에 드는 디자인을 선택하세요. 그러면 ❷ 현재 슬라이드에 자동으로 디자인이 적용됩니다.

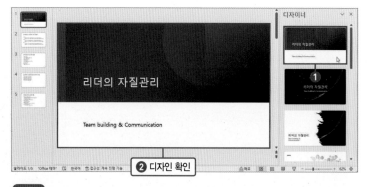

> **Tip**
> 적용한 디자인 아이디어가 마음에 들지 않으면 Ctrl+Z를 클릭해 이전 상태로 되돌리거나 새로운 디자인을 다시 클릭해 디자인 선택을 변경할 수 있어요. [디자이너] 창에 표시된 디자인은 실행할 때마다 변경되므로 이 책의 화면과 다를 수 있습니다.

③ **❶ 2번 슬라이드**를 선택하면 [디자이너] 창에 새로운 디자인 아이디어가 다시 생성됩니다. ❷ 적절한 디자인 아이디어를 선택하여 ❸ 적용하세요.

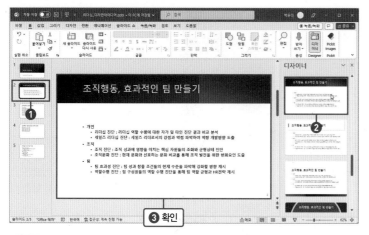

Tip
디자인이 마음에 들지 않으면 스크롤바를 끝까지 내려서 [더 많은 디자인 아이디어 보기]를 선택하거나 [홈] 탭-[Designer] 그룹-[디자이너]를 클릭하여 디자이너 기능을 다시 실행해 보세요.

④ **❶ 3번 슬라이드**를 선택했을 때 ❷~❸ 텍스트 내용을 분석하여 스마트아트 그래픽으로 변환한 디자인을 제안하기도 합니다.

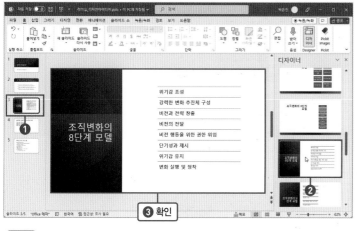

Tip
디자인 아이디어에서 디자이너는 슬라이드에 있는 그림이나 차트 또는 표를 감지하여 짜임새 있고 세련된 레이아웃으로 정렬할 수 있는 몇 가지 안을 제안하고 텍스트를 읽기 쉬운 그래픽으로 변환합니다.

그래픽

표 & 차트

애니메이션

사운드 & 동영상

발표

테마 & 마스터

S N S

⑤ ❶ **4번 슬라이드**를 선택하고 ❷ **[삽입] 탭-[이미지] 그룹-[그림]**을 클릭한 후 ❸ **[이 디바이스]**를 선택합니다.

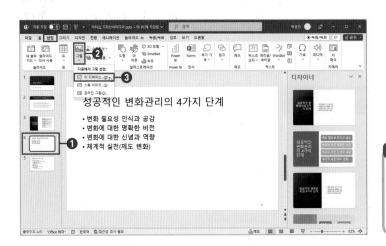

Tip
[디자이너]는 슬라이드에 도형이나 텍스트 상자가 그려져 있으면 디자인 아이디어를 제안하지 못합니다.

⑥ [그림 삽입] 대화상자가 열리면 부록 실습파일에서 ❶ '**image3.jpg**'를 선택하고 ❷ **[삽입]**을 클릭하세요.

⑦ [디자이너] 창에 삽입한 그림에 최적화된 디자인을 제시하는 목록이 표시되면 ❶ 마음에 드는 디자인을 클릭해서 ❷ 적용하세요.

Tip
[파일] 탭-[옵션]을 선택하여 [PowerPoint 옵션] 창을 열고 [일반] 범주에서 [디자인 아이디어를 자동으로 표시]의 체크 표시를 해제하면 디자이너의 자동 제안 기능을 끌 수 있습니다.

⑧ 디자이너 기능이 제시한 디자인 아이디어를 적용한 후 미흡한 부분은 사용자가 보완할 수 있어요. **❶** 2번 슬라이드에서 본문 텍스트가 너무 작으므로 **❷** 내용 개체 틀을 선택하고 **❸** [홈] 탭-[글꼴] 그룹-[글꼴 크기 크게]를 클릭하여 텍스트 크기를 보기 좋게 수정하세요.

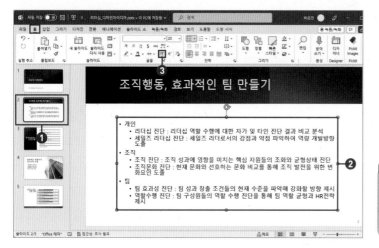

Tip

이 밖에도 텍스트의 줄 바꿈, 개체의 크기 및 위치 등 미흡한 부분을 수정하여 디자인을 완성하세요.

잠깐만요!

리본 메뉴에 [디자이너] 표시 방법 알아보기

방법 1 [파일] 탭-[계정]을 선택하고 Microsoft 365 구독 계정으로 정확히 로그인했는지 확인하세요.

방법 2 [파일] 탭-[옵션]을 선택하여 [PowerPoint 옵션] 창을 열고 [리본 사용자 지정] 범주를 선택합니다. '사용자 지정'의 [원래대로]를 클릭하고 [모든 사용자 지정 다시 설정]을 선택하여 리본 메뉴를 기본 설정으로 되돌려보세요.

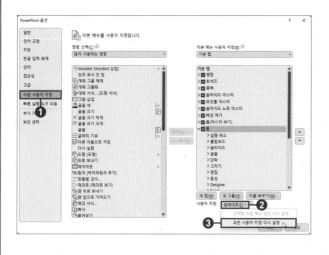

방법 3 해당 프로그램을 지우고 오피스 포털(portal.office.com)에서 다시 프로그램을 설치해 보세요.

그래픽

표 & 차트

애니메이션

사운드 & 동영상

발표

테마 & 마스터

SNS

09

SNS용 프레젠테이션 문서 작성하기

카드 뉴스, 페이스북, 인스타그램, 유튜브, 네이버 블로그 등
에서 사용하는 다양한 용도의 이미지를 제작할 때 파워포인
트를 활용하면 편리합니다. 먼저 슬라이드의 크기를 용도에
맞게 설정하고 작업한 내용을 그림으로 저장하면 다양한 용
도의 SNS용 이미지를 쉽게 만들 수 있습니다.

활용도 ▰▰▰ ▰▰ ▯▯▯▯

실무 **01**

페이스북 커버 디자인 만들기

✓ **실무 활용 사례**

• 페이스북 커버 사진용 이미지를 제작해야 할 때(최소 너비 400px, 높이 150px)

✓ **업무 시간 단축**

• [디자인] 탭-[사용자 지정] 그룹-[슬라이드 크기]-[사용자 지정 슬라이드 크기] 선택
• [파일] 탭-[내보내기] → [파일 형식 변경]-[이미지 파일 형식]-[JPEG 파일 교환 형식 (*.jpg)] 선택

① 1번 슬라이드에서 ❶ **[디자인] 탭-[사용자 지정] 그룹-[슬라이드 크기]**를 클릭하고 ❷ **[사용자 지정 슬라이드 크기]**를 선택하세요.

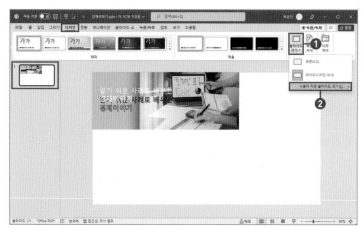

영상강의

Tip

페이스북 커버 사진의 크기는 컴퓨터에서는 너비 820px, 높이 312px로, 스마트폰에서는 너비 640px, 높이 360px로 표시됩니다. 페이스북 커버 사진의 경우 너비는 최소 400px, 높이는 최소 150px이어야 하며, 용량이 100KB 미만일 때 로딩 속도가 가장 빠른데, 이 예제에서는 너비 820px, 높이 312px로 만들어 보겠습니다.

그래픽

표 & 차트

애니메이션

사운드 & 동영상

발표

테마 & 마스터

S N S

② [슬라이드 크기] 대화상자가 열리면 페이스북 커버 사진의 크기를 지정하기 위해 ❶ '슬라이드 크기'에서 [사용자 지정]을 선택하고 ❷ '너비'에는 **21.696cm**를, '높이'에는 **8.255cm**를 입력한 후 ❸ [확인]을 클릭하세요.

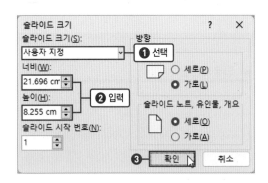

Tip

픽셀(px)을 센티미터(cm)로 변경하는 방법은 141쪽의 '잠깐만 요!'를 참고하세요.

③ 콘텐츠 크기를 어떻게 조정할 것인지 묻는 대화상자가 열리면 [최대화]를 클릭하세요.

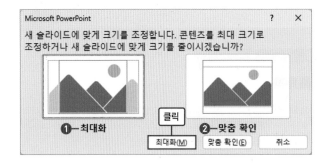

❶ **최대화**: 기존 개체와 텍스트의 크기를 최대로 유지합니다.
❷ **맞춤 확인**: 슬라이드 크기의 변화에 맞게 자동으로 크기를 조정합니다.

④ ❶ Shift 를 이용해 개체들을 함께 선택하고 슬라이드에 맞추어 위치를 이동합니다. ❷ 상태 표시줄의 오른쪽 끝에 있는 🕀 를 클릭해 창 크기에 맞게 슬라이드 보기 비율을 조정하세요.

Tip

[보기] 탭-[확대/축소] 그룹-[창에 맞춤]을 클릭해도 창 크기에 맞게 슬라이드 보기 비율을 조정할 수 있습니다.

⑤ ❶ 아래쪽 텍스트 상자를 선택하고 ❷ [도형 서식] 탭-[WordArt 스타일] 그룹-[텍스트 윤곽선]을 클릭한 후 ❸~❹ [두께]-[3pt]를 선택하세요.

그래픽
표 & 차트
애니메이션
사운드 & 동영상

Tip

오피스 버전에 따라 [도형 서식] 탭이 아니라 [그리기 도구]의 [서식] 탭으로 표현될 수 있습니다. 슬라이드에서 다양한 도형, 텍스트, 그림 등을 활용해 커버에 사용할 이미지를 작성할 수 있어요.

⑥ ❶ Shift를 이용해 그림과 2개의 텍스트 상자를 함께 선택하고 ❷ [도형 서식] 탭-[정렬] 그룹-[맞춤]을 클릭한 후 ❸ [중간 맞춤]을 선택하세요.

발표
테마 & 마스터

Tip

텍스트의 윤곽선을 두껍게 설정하면 글씨 자체가 가늘어집니다. 이 경우 똑같은 텍스트 상자를 2개 만들고 윤곽선이 두꺼운 뒤쪽 텍스트와, 윤곽선이 없는 앞쪽 텍스트를 함께 포개는 방법으로 윤곽선의 두께를 자유롭게 지정할 수 있어요.

SNS

⑦ ❶~❷ **[파일] 탭-[내보내기]**를 선택하고 ❸ **[파일 형식 변경]**을 선택합니다. '이미지 파일 형식'에서
❹ **[JPEG 파일 교환 형식 (*.jpg)]**를 선택하고 ❺ **[다른 이름으로 저장]**을 클릭하세요.

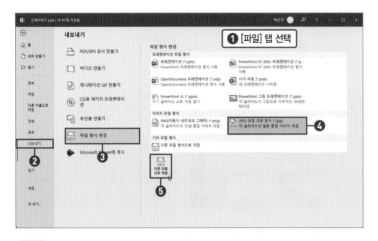

⑧ [다른 이름으로 저장] 대화상자가 열리면 ❶ **'문서' 폴더**에 ❷ **'경제이야기.jpg'**로 ❸ 저장하세요.

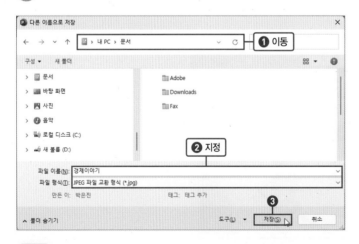

⑨ 내보낼 슬라이드를 선택하라는 메시지 창이 열리면 **[현재 슬라이드만]**을 클릭하세요.

⑩ '문서' 폴더에 저장된 이미지 파일을 확인합니다.

그래픽

표 & 차트

애니메이션

사운드 & 동영상

발표

테마 & 마스터

S N S

잠깐만요!

픽셀을 센티미터로 환산하기

파워포인트 최신 버전을 사용한다면 138쪽의 ② 과정에서 [슬라이드 크기] 대화상자의 [너비]에 '820px'을 입력하세요. 그러면 자동으로 '21.696cm'로 변환됩니다. 하지만 단위가 'cm'로 고정된 버전을 사용한다면 인터넷 검색 창에서 키워드 'px to cm'로 관련 사이트를 검색한 후 'pixel'을 'cm'로 환산한 값을 입력해야 합니다. 픽셀을 센티미터로 환산할 수 있는 사이트는 다음과 같습니다.

사이트	URL
PIXEL Converter	www.pixelto.net/px-to-cm-converter
pixelconverter	www.pixelconverter.com
unitconversion.org	www.unitconversion.org/typography/pixels-x-to-centimeters-conversion.html

◉ 실습예제 : 제로웨이스트.pptx
◉ 완성예제 : 제로웨이스트_완성.pptx, '제로웨이스트' 폴더

활용도 ■■■ ■■■ ▯▯▯▯

SNS용 카드 뉴스 만들기

① 내용을 잘 표현할 수 있는 글꼴을 설치해 볼게요. 부록 실습파일의 ❶ 'font' 폴더에서 ❷ Ctrl + A 를 눌러 모든 파일을 선택하고 ❸ 마우스 오른쪽 단추를 클릭한 후 ❹ [설치]를 선택합니다.

> **Tip**
>
> '배민한나체Pro'와 '배민한나체Air' 글꼴은 배달의민족 폰트 사이트 (www.woowahan.com/fonts)에서 무료로 다운로드해서 영리적·비영리적 목적으로 개인 및 기업 사용자가 모두 사용할 수 있습니다.

② 글꼴을 모두 설치했으면 파워포인트를 다시 실행하고 ❶ 1번 슬라이드에서 ❷ 제목 텍스트의 글꼴 은 [배달의민족 한나체 Pro]로, ❸~❹ 본문 텍스트의 글꼴은 [배달의민족 한나체 Air]로 변경합니다. 이와 같은 방법으로 ❺ 2~4번 슬라이드의 텍스트 글꼴도 모두 변경하세요.

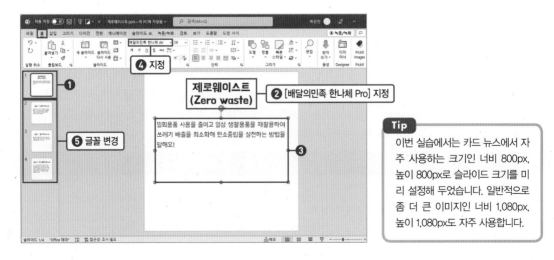

> **Tip**
>
> 이번 실습에서는 카드 뉴스에서 자주 사용하는 크기인 너비 800px, 높이 800px로 슬라이드 크기를 미리 설정해 두었습니다. 일반적으로 좀 더 큰 이미지인 너비 1,080px, 높이 1,080px도 자주 사용합니다.

③ **❶ 1번 슬라이드**를 선택하고 **❷** 슬라이드의 빈 공간에서 마우스 오른쪽 단추를 클릭한 후 **❸ [배경 서식]**을 선택하세요.

④ 화면의 오른쪽에 [배경 서식] 창이 열리면 **❶ [채우기 및 선]**(◇)의 **❷ [채우기]**에서 **❸ [그림 또는 질 감 채우기]**를 선택하고 **❹** '그림 원본'에서 **[삽입]**을 클릭하세요.

Tip

오피스 버전에 따라 [삽입] 탭 대신 [파일] 탭으로 표시될 수 있어요.

그래픽

표 & 차트

애니메이션

사운드 & 동영상

발표

테마 & 마스터

S N S

⑤ [그림 삽입] 창이 열리면 **[파일에서]**를 선택하세요.

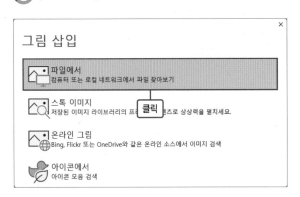

Tip

오피스 버전에 따라 [그림 삽입] 창이 조금씩 다를 수
있어요.

⑥ [그림 삽입] 대화상자가 열리면 부록 실습파일에서 ❶ **'zero1.png'**를 선택하고 ❷ **[삽입]**을 클릭
하세요.

⑦ 1번 슬라이드의 배경 그림이 변경되었는지 확인하세요.

⑧ 이와 같은 방법으로 ❶ **2번 슬라이드**에는 '**zero2.png**'를, ❷ **3번 슬라이드**에는 '**zero3.png**'를, ❸ **4번 슬라이드**에는 ❹ '**zero4.png**'를 삽입하여 슬라이드의 배경 그림을 모두 변경하세요.

Tip

일반적인 슬라이드 작업과 같은 방법으로 도형, 텍스트, 그림 등을 추가할 수 있어요.

⑨ 카드 뉴스의 내용을 꾸미는 작업이 끝났으면 그림으로 저장해 볼게요. ❶~❷ **[파일] 탭-[내보내기]**를 선택하고 ❸ **[파일 형식 변경]**을 선택합니다. '이미지 파일 형식'에서 ❹ **[PNG(이동식 네트워크 그래픽)(*.png)]**를 선택하고 ❺ **[다른 이름으로 저장]**을 클릭하세요.

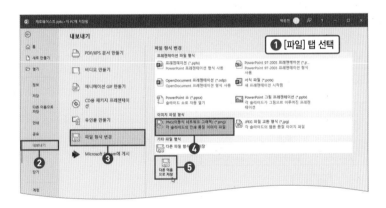

⑩ [다른 이름으로 저장] 대화상자가 열리면 ❶ '**문서**' 폴더에 ❷ '**제로웨이스트.png**'로 ❸ 저장합니다.

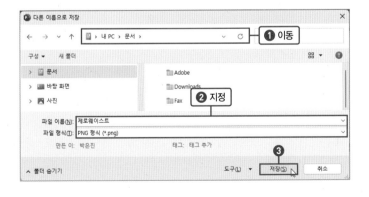

그래픽

표 & 차트

애니메이션

사운드 & 동영상

발표

테마 & 마스터

SNS

⑪ 내보낼 슬라이드를 선택하라는 메시지 창이 열리면 **[모든 슬라이드]**를 클릭하세요.

⑫ 프레젠테이션의 각 슬라이드가 별개의 파일로 저장되었다는 메시지 창이 열리면 **[확인]**을 클릭하세요.

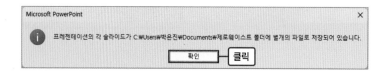

⑬ ❶ '문서' 폴더에 **'제로웨이스트' 폴더**가 만들어지면서 ❷ 모든 슬라이드가 각각 하나의 PNG 그림 파일로 저장된 것을 확인할 수 있어요. 이 그림을 카드 뉴스로 사용할 수 있습니다.

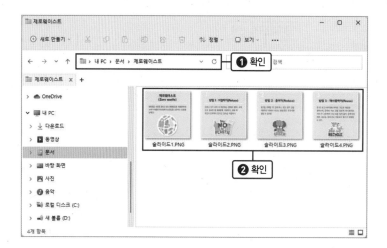

◉ **실습예제** : 국내여행.pptx
◉ **완성예제** : 국내여행_완성.pptx, 국내여행.png

활용도 ▬▬▬ ▬▬▬ ▬▬▬

유튜브 섬네일 만들기

① 유튜브 동영상의 미리 보기 이미지를 '유튜브 섬네일(YouTube Thumbnail)'이라고 합니다. 유튜브 섬네일은 일반적인 유튜브 영상 크기와 동일한 너비 1,280px, 높이 720px로, 파워포인트의 기본 슬라이드 크기와 같습니다. 1번 슬라이드에서 **①~②** Shift를 이용해 텍스트를 함께 선택하고 **③** [홈] 탭-[글꼴] 그룹-[글꼴]을 [Tmon몬소리 Black]으로 변경하세요.

Tip

'Tmon몬소리' 글꼴은 티몬 폰트 사이트(service.tmon.co.kr/font#)에서 무료로 다운로드해서 영리적·비영리적 목적으로 개인 및 기업 사용자가 모두 사용할 수 있습니다. 글꼴 설치 방법에 대해서는 142쪽의 '02. SNS용 카드 뉴스 만들기'의 ① 과정을 참고하세요.

② **①** 슬라이드의 빈 공간에서 마우스 오른쪽 단추를 클릭하고 **②** [배경 서식]을 선택합니다.

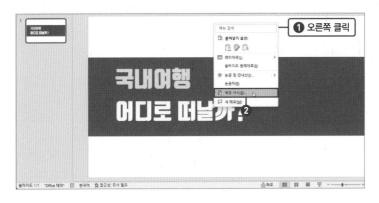

그래픽

표&차트

애니메이션

사운드&동영상

발표

테마&마스터

SNS

147

③ 화면의 오른쪽에 [배경 서식] 창이 열리면 ❶ [채우기 및 선](🖌)의 ❷ [채우기]에서 ❸ [그림 또는 질감 채우기]를 선택하고 ❹ [삽입]을 클릭하세요.

Tip

[배경 서식] 창에서 그림을 삽입하면 [삽입] 탭-[이미지] 그룹에서 그림을 삽입할 때와 달리 슬라이드의 배경 서식으로 설정되어 그림이 선택되지 않습니다.

④ [그림 삽입] 창이 열리면 [파일에서]를 선택하세요.

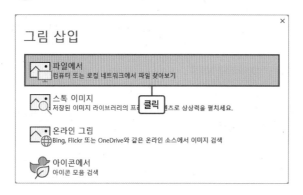

Tip

오피스 버전에 따라 [그림 삽입] 창이 조금씩 다를 수 있어요.

⑤ [그림 삽입] 대화상자가 열리면 부록 실습파일에서 ❶ 'travel.jpg'를 선택하고 ❷ [삽입]을 클릭하세요.

⑥ 화면의 오른쪽에 [배경 서식] 창이 열리면 [채우기 및 선]( )의 [채우기]에서 ❶ [그림을 질감으로 바둑판식 배열]에 체크 표시합니다. ❷ '배율 X'와 '배율 Y'는 [90%]로, '맞춤'은 [가운데]로 지정해서 그림의 크기와 위치를 변경하세요.

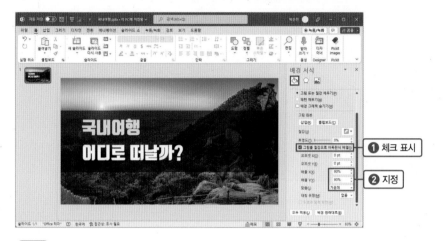

❶ 체크 표시

❷ 지정

Tip

이 기능을 사용하면 원본 그림의 가로, 세로 비율과 슬라이드 크기의 비율이 다를 때 원본 그림의 비율을 유지하면서 자연스럽게 배치할 수 있어요.

⑦ ❶~❷ Shift를 이용해 텍스트를 함께 선택합니다. [도형 서식] 창에서 ❸~❹ [텍스트 옵션]-[텍스트 효과]( )를 클릭하고 ❺ [그림자]의 ❻~❼ '미리 설정'에서 '바깥쪽'의 [오프셋: 오른쪽 아래]를 클릭하세요.

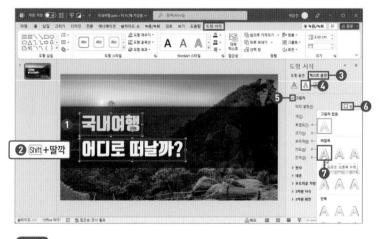

❷ Shift+딸깍

Tip

텍스트에 그림자 효과를 지정하려면 [도형 서식] 탭-[WordArt 스타일] 그룹-[텍스트 효과]를 클릭하고 [그림자]를 선택해도 됩니다.

그래픽

표 & 차트

애니메이션

사운드 & 동영상

발표

테마 & 마스터

S N S

149

⑧ 그림자의 투명도를 조절하기 위해 [그림자]의 '투명도'는 **[0%]**로, '흐리게'는 **[0pt]**로 지정하세요.

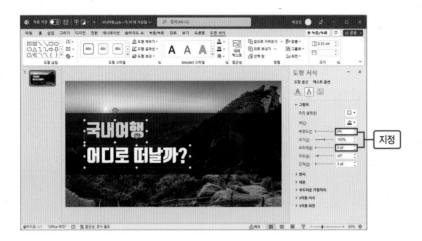

⑨ **①~②** [파일] 탭-[내보내기]를 선택하고 **③** [파일 형식 변경]을 선택합니다. **④** '이미지 파일 형식'에서 [PNG(이동식 네트워크 그래픽) (*.png)]를 선택하고 **⑤** [다른 이름으로 저장]을 클릭하세요.

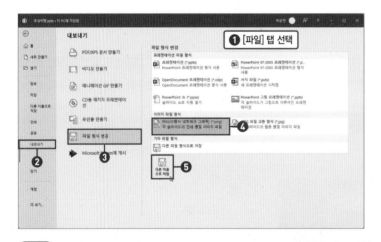

> **Tip**
>
> 유튜브 섬네일은 2MB 이내에서 가능한 크게 만들어야 좋은 화질로 재생되므로 PNG 이미지로 저장하세요.

⑩ [다른 이름으로 저장] 대화상자가 열리면 ❶ '문서' 폴더에 ❷ '국내여행.png'로 ❸ 저장합니다.

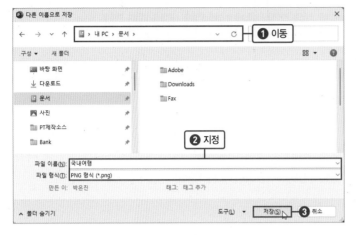

Tip
'문서' 폴더가 아니어도 쉽게 찾을 수 있는 경로에 저장하세요.

⑪ 내보낼 슬라이드를 선택하라는 메시지 창이 열리면 **[현재 슬라이드만]**을 클릭하세요.

⑫ '문서' 폴더에 저장된 이미지 파일을 확인하세요.

그래픽

표 & 차트

애니메이션

사운드 & 동영상

발표

테마 & 마스터

SNS

활용도 ▰▰▰▰ ▰▰▰▰ ▏▏▏▏▏

● 실습예제 : 캠핑.pptx
● 완성예제 : 캠핑_완성.pptx, 캠핑.jpg

실무 04 네이버 블로그 섬네일 만들기

① 도형이나 개체를 그림으로 저장하면 원하는 크기의 이미지를 만들 수 있으므로 ·이 방법을 이용해서 너비 542px, 높이 542px의 블로그 섬네일을 만들어볼게요. 1번 슬라이드에서 ❶ 파란색 사각형을 선택하고 ❷ [도형 서식] 탭-[크기] 그룹-[높이]와 [너비]에 [14.34cm]를 지정해서 도형의 크기를 변경하세요.

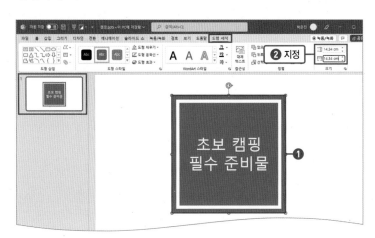

> **영상강의**

> **Tip**
> 542px을 센티미터로 변환하면 14.34cm입니다. 픽셀 단위를 센티미터(cm)로 환산하는 방법은 137쪽의 '01. 페이스북 커버 디자인 만들기'의 ② 과정을 참고하세요.

② 도형을 선택한 상태에서 ❶ [홈] 탭-[그리기] 그룹-[도형 서식](▨)을 클릭합니다. 화면의 오른쪽에 [도형 서식] 창이 열리면 ❷ [도형 옵션]-[채우기 및 선](◇)의 ❸ [채우기]에서 ❹ [그림 또는 질감 채우기]를 선택하고 ❺ [삽입]을 클릭하세요.

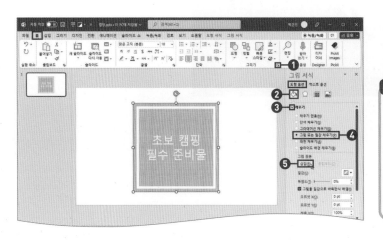

> **Tip**
> 도형을 선택하고 마우스 오른쪽 단추를 클릭한 후 [도형 서식] 메뉴를 선택해도 [도형 서식] 창을 열 수 있습니다. 도형에 그림이나 질감이 채워지면 [도형 서식] 창의 이름이 [그림 서식] 창으로 변경됩니다.

152

③ [그림 삽입] 창이 열리면 **[파일에서]**를 선택하세요.

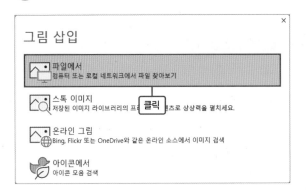

④ [그림 삽입] 대화상자가 열리면 부록 실습파일에서 ❶ 'camping.jpg'를 선택하고 ❷ **[삽입]**을 클릭하세요.

⑤ ❶ 도형에 그림을 삽입했으면 도형을 선택한 상태에서 ❷ **[그림 서식] 탭-[조정] 그룹-[꾸밈 효과]**를 클릭한 후 ❸ **[파스텔 부드럽게]**를 선택하세요.

Tip

오피스 버전에 따라 [그림 서식] 탭 대신 [그림 도구]의 [서식] 탭으로 표시됩니다. 도형에 그림으로 채워지면 [도형 서식] 탭과 [그림 서식] 탭이 함께 나타납니다.

그래픽

표 & 차트

애니메이션

사운드 & 동영상

발표

테마 & 마스터

S N S

⑥ 텍스트의 글꼴이 얇아서 눈에 잘 띄지 않네요. ❶ 텍스트 상자를 선택하고 ❷ [홈] 탭-[글꼴] 그룹-[글꼴]을 [G마켓 산스 Bold]로 변경하세요.

Tip

'G마켓 산스' 폰트는 지마켓 사이트(corp.gmarket.com/fonts)에서 무료로 다운로드해서 영리적 · 비영리적 목적으로 개인 및 기업 사용자가 모두 사용할 수 있습니다. 글꼴 설치 방법에 대해서는 142쪽의 '02. SNS용 카드 뉴스 만들기'의 ① 과정을 참고하세요.

⑦ 텍스트 상자를 선택한 상태에서 [도형 서식] 창의 ❶~❷ [텍스트 옵션]-[텍스트 효과]([A])를 클릭하고 ❸ [네온]의 ❹ '미리 설정'에서 '네온 변형'의 [네온: 8pt, 파랑, 강조색 1]을 클릭하세요. ❺ '색'에서 '테마 색'의 [검정, 텍스트 1]을 선택하고 ❻ '투명도'를 [0%]로 지정한 후 ❼[도형 서식] 창을 닫으세요.

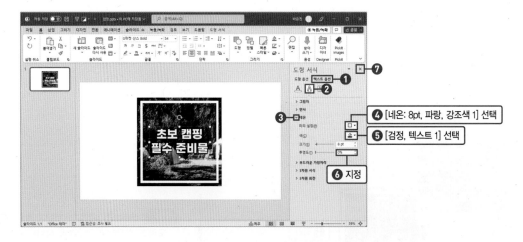

⑧ ❶ 모든 개체를 선택하고 ❷ 마우스 오른쪽 단추를 클릭한 후 ❸ **[그림으로 저장]**을 선택하세요.

⑨ [그림으로 저장] 대화상자가 열리면 ❶ '문서' 폴더에 ❷ '캠핑.jpg'로 ❸ 저장하세요.

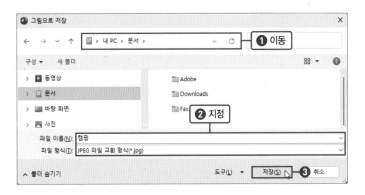

⑩ '문서' 폴더에 저장된 이미지 파일을 확인하세요.

그래픽

표 & 차트

애니메이션

사운드 & 동영상

발표

테마 & 마스터

S N S

찾아보기

직장인을 위한

실무
엑셀
파워포인트
워드+한글

워드

박미정, 박은진 지음

길벗

이 책의 구성

나에게 필요한 핵심 기능부터 빠르게 익힐 수 있도록 [활용도], [실무 활용 사례], [업무 시간 단축]을 제공합니다. [Tip]과 [잠깐만요!]를 통해 추가로 알아두면 더 좋은 유용한 정보를 익히고, [온라인 영상 강의]로 더 쉽고 직관적으로 학습할 수 있습니다.

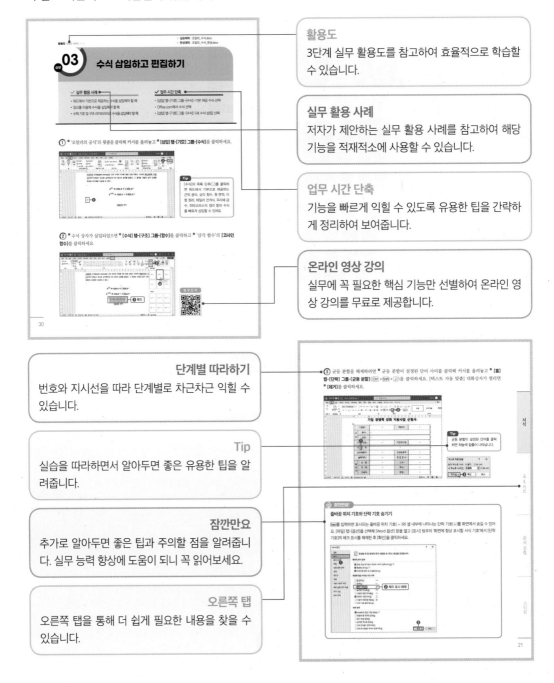

활용도
3단계 실무 활용도를 참고하여 효율적으로 학습할 수 있습니다.

실무 활용 사례
저자가 제안하는 실무 활용 사례를 참고하여 해당 기능을 적재적소에 사용할 수 있습니다.

업무 시간 단축
기능을 빠르게 익힐 수 있도록 유용한 팁을 간략하게 정리하여 보여줍니다.

온라인 영상 강의
실무에 꼭 필요한 핵심 기능만 선별하여 온라인 영상 강의를 무료로 제공합니다.

단계별 따라하기
번호와 지시선을 따라 단계별로 차근차근 익힐 수 있습니다.

Tip
실습을 따라하면서 알아두면 좋은 유용한 팁을 알려줍니다.

잠깐만요
추가로 알아두면 좋은 팁과 주의할 점을 알려줍니다. 실무 능력 향상에 도움이 되니 꼭 읽어보세요.

오른쪽 탭
오른쪽 탭을 통해 더 쉽게 필요한 내용을 찾을 수 있습니다.

직장인을 위한 핵심 포인트!

실제 업무에 100% 활용할 수 있는 핵심 기능을 엄선했습니다. 쉽게 찾아 빠르게 배울 수 있도록 정리했으니, 이 책의 내용을 모두 읽은 후에도 필요할 때마다 이 페이지를 펼쳐 적극 활용하길 바랍니다.

QR코드로 동영상 강의를 시청해 보세요!

책에 실린 QR코드를 통해 저자의 동영상 강의를 바로 시청할 수 있습니다. 유튜브에서 『오피스랩』을 검색해도 강의를 무료로 볼 수 있어요.

❶ 책 속 QR코드를 찾으세요.

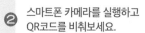

❷ 스마트폰 카메라를 실행하고 QR코드를 비춰보세요.

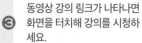

❸ 동영상 강의 링크가 나타나면 화면을 터치해 강의를 시청하세요.

목차

예제 파일 및 완성 파일은 홈페이지에서 다운로드하세요!

이 책에 사용된 예제 파일 및 완성 파일은 **길벗출판사 홈페이지**(www.gilbut.co.kr)에서 다운로드할 수 있어요. 홈페이지 검색 창에『**직장인을 위한 실무 엑셀 파워포인트 워드 한글**』을 검색하고 **[자료실]**을 클릭해 실습 파일을 다운로드하세요. 회원 가입을 하지 않아도 누구나 부록을 다운로드할 수 있습니다.

CHAPTER 01

워드 필수 스킬 익히기

텍스트에 여러 가지 글꼴 서식을 이용해 강조하고 줄 사이 간격보다 단락 사이의 간격을 넓게 지정하면 내용의 가독성을 높일 수 있습니다. 그림, 텍스트 상자, 수식, 표, 차트 등 다양한 시각 자료를 문서에 삽입한 후 텍스트와 어울리도록 자유롭게 배치할 수 있어야 합니다. 이번 장에서는 표에 삽입된 간단한 숫자 데이터를 계산하고 표를 분할하거나 합치는 방법을 배워보겠습니다.

서식 지정해 문서 꾸미기

텍스트에 글꼴, 크기, 색과 글자 간격, 줄 간격, 단락 간격과 같은 서식을 설정할 수 있어야 합니다. 텍스트의 내용뿐만 아니라 서식을 조건으로 찾은 후 다른 내용이나 서식으로 바꿀 수 있어요. 이번 섹션에서는 탭 설정과 균등 분할을 이용해 깔끔하게 줄을 맞추고 텍스트를 정렬하는 방법을 배워보겠습니다.

● 실습예제 : 아로마테라피_바꾸기.docx
● 완성예제 : 아로마테라피_바꾸기_완성.docx

텍스트와 서식까지 함께 변경하기

① 텍스트 '허브'를 찾아서 텍스트 내용과 서식을 함께 변경하기 위해 **[홈] 탭-[편집] 그룹-[바꾸기]** ([Ctrl]+[H])를 클릭하세요.

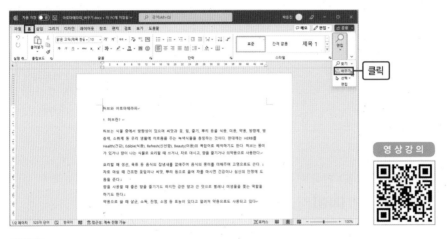

Tip

'바꾸기' 기능을 이용하면 텍스트뿐만 아니라 서식을 비롯하여 다양한 문서 설정 사항을 쉽게 변경할 수 있어요.

② [찾기 및 바꾸기] 대화상자의 [바꾸기] 탭이 열리면 ❶ '찾을 내용'에는 **허브**를, '바꿀 내용'에는 **허브(herb)**를 입력하고 ❷ **[자세히]**를 클릭하세요.

찾기 및 바꾸기	? ✕
찾기(D) **바꾸기(P)** 이동(G)	
찾을 내용(N): 허브	
옵션: 조사 자동 바꾸기	
바꿀 내용(I): 허브(herb)	
자세히(M) >> ❷ 바꾸기(R) 모두 바꾸기(A) 다음 찾기(F) 취소	

❶ 입력

Tip

'찾을 내용'에 텍스트 없이 특정 서식을 지정하면 해당 서식이 적용된 부분을 모두 찾을 수 있어요.

영상강의

③ ❶ '바꾸기'에서 [서식]을 클릭하고 ❷ [글꼴]을 선택하세요.

④ [글꼴 바꾸기] 대화상자의 [글꼴] 탭이 열리면 ❶ '글꼴 스타일'에서 [굵게]를 선택하고 ❷~❸ '모든 텍스트'의 '글꼴 색'에서 '표준 색'의 [파랑]을 클릭한 후 ❹ [확인]을 클릭하세요.

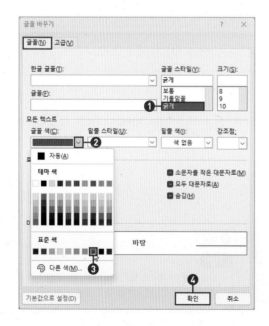

⑤ [찾기 및 바꾸기] 대화상자의 [바꾸기] 탭으로 되돌아오면 ❶ **[모두 바꾸기]**를 클릭합니다. 8개 항목을 바꾸었다는 메시지 창이 열리면 ❷ **[확인]**을 클릭하고 ❸ [찾기 및 바꾸기] 대화상자를 닫으세요.

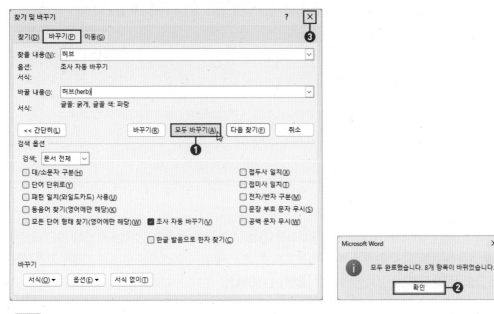

서식

> **Tip**
> '찾을 내용'과 '바꿀 내용'의 목록 창에는 대상 텍스트가, 그 아래쪽에는 서식이 표시되는 것을 볼 수 있어요.

⑥ 텍스트 '허브'가 모두 굵게, 파란색 속성을 가진 '허브(herb)'로 변경되었는지 확인합니다.

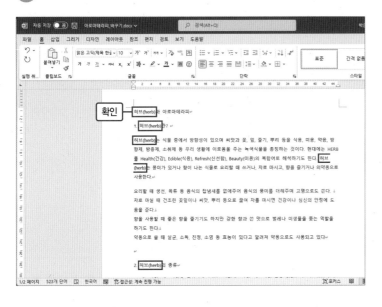

표 & 차트

문서 정렬

스타일

◉ 실습예제 : 메타버스_글자간격.docx
◉ 완성예제 : 메타버스_글자간격_완성.docx

활용도 ▰▰▰ ▰▰▰ ▰▰▰

글자 간격 변경하고 서식 복사하기

✔ 실무 활용 사례

- 좁은 공간에서 장체로 변경해 글자를 추가해야 할 때
- 평체로 변경해 글자를 크게 강조해야 할 때
- 글꼴과 단락 서식을 다른 텍스트에 복사해야 할 때

✔ 업무 시간 단축

- [홈] 탭-[단락] 그룹-[문자 모양]-[장평] 선택
- Ctrl+Shift+C : 서식 복사
- Ctrl+Shift+V : 서식 붙여넣기

① 글자의 모양(장평)이나 글자 사이의 간격(자간)을 조절해서 글자의 간격을 변경할 수 있는데, 두 가지 방법을 이용해 글자 간격을 조절해 볼게요. ❶ 첫 번째 줄의 텍스트를 범위로 지정하고 ❷ [홈] 탭-[단락] 그룹-[문자 모양]을 클릭한 후 ❸❹ [장평]-[150%]를 선택하세요.

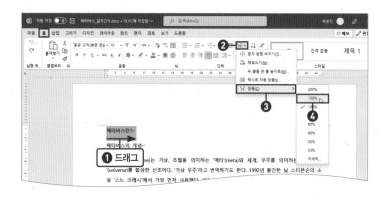

② ❶ 첫 번째 줄이 150% 평체로 넓게 표현되었는지 확인합니다. ❷ 두 번째 줄을 범위로 지정하고 ❸ [홈] 탭-[단락] 그룹-[문자 모양]을 클릭한 후 ❹❺ [장평]-[자세히]를 클릭하세요.

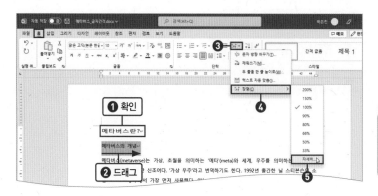

> **Tip**
>
> [홈] 탭-[글꼴] 그룹-[글꼴]([⛶])을 클릭하거나 Ctrl+D를 눌러도 [글꼴] 대화상자를 열 수 있어요.

③ [글꼴] 대화상자의 [고급] 탭이 열리면 ❶ '문자 간격'에서 '장평'에 **[120%]**를 지정하고 ❷ **[확인]**을 클릭하세요.

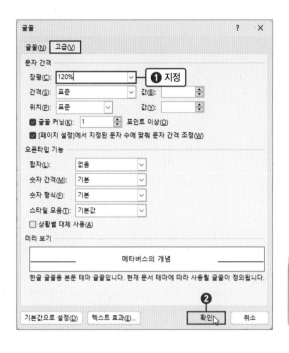

Tip

100%보다 작은 값은 '장체', 100%보다 큰 값은 '평체'라고 하고 이것들을 함께 '장평'이라고 합니다. 장평은 1% 단위로 지정할 수 있어요.

④ ❶ 두 번째 줄의 글자가 120% 평체로 표현되었는지 확인합니다. ❷ **'메타버스(metaverse)는 ~ 세계이다.'** 부분을 범위로 지정하고 ❸ **[홈] 탭-[단락] 그룹-[문자 모양]**을 클릭한 후 ❹~❺ **[장평]-[자세히]**를 선택하세요.

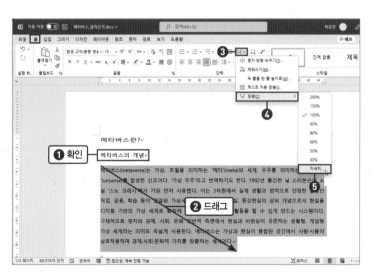

⑤ [글꼴] 대화상자의 [고급] 탭이 열리면 ❶ '문자 간격'에서 '간격'은 [좁게]를, '값'은 [1.1pt]를 지정하고 ❷ [확인]을 클릭하세요.

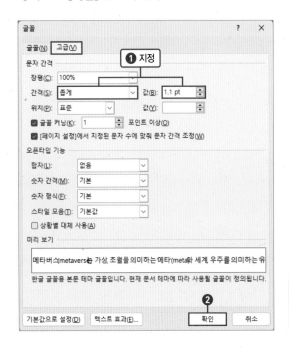

⑥ ❶ 지정한 범위에 있는 글자의 장평은 변함이 없지만 글자 사이의 간격이 좁아졌는지 확인합니다. 이 텍스트의 서식을 복사하기 위해 ❷ [홈] 탭-[클립보드] 그룹-[서식 복사]를 클릭하세요.

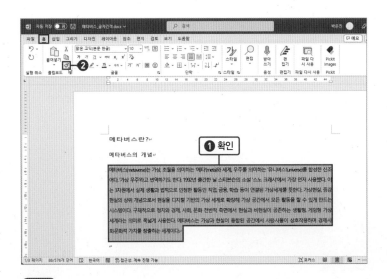

7 마우스 포인터가 ▲I 모양으로 바뀌면 서식을 적용할 텍스트를 드래그해 복사한 서식을 붙여넣으세요.

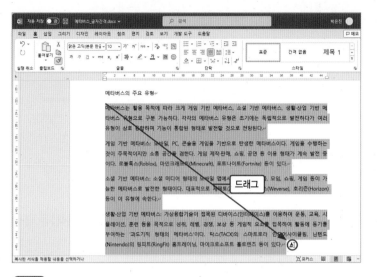

❀ 잠깐만요!

빨간색 밑줄 없애기

문법이나 맞춤법이 틀리거나 사전에 등록되지 않은 단어에 표시되는 빨간 밑줄을 없앨 수 있어요. [파일] 탭-[옵션]을 선택하여 [Word 옵션] 창을 열고 [언어 교정] 범주에서 '예외 항목'의 [현재 문서에서만 맞춤법 오류 숨기기]와 [현재 문서에서만 문법 오류 숨기기]에 체크 표시한 후 [확인]을 클릭하세요.

● 실습예제 : 메타버스_줄간격.docx
● 완성예제 : 메타버스_줄간격_완성.docx

활용도 ▮▮▮▮ ▮▮▮▮ ▮▮▮▮

기본 03 줄 간격과 단락 간격 지정하기

✓ **실무 활용 사례**

• 관련 내용을 모아 읽을 수 있게 지정해서 가독성을
  높여야 할 때

✓ **업무 시간 단축**

• [단락] 대화상자의 [들여쓰기 및 간격] 탭 → '간격'의
  '단락 앞', '단락 뒤', '줄 간격' 지정

---

1 ● Ctrl+A를 눌러 모든 텍스트를 범위로 지정하고 ● **[홈] 탭-[단락] 그룹-[선 및 단락 간격]**을 클릭한 후 ● **[줄 간격 옵션]**을 선택하세요.

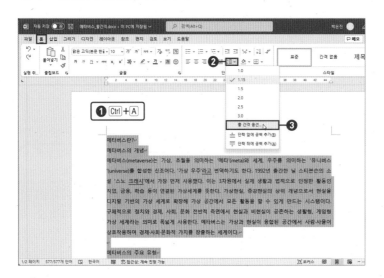

Tip

[단락] 대화상자를 여는 방법

방법1 [홈] 탭-[단락] 그룹-[단락 설정](🔲)을 클릭합니다.

방법2 마우스 오른쪽 단추 클릭 → 바로 가기 메뉴에서 [단락]을 선택합니다.

방법3 [홈] 탭-[단락] 그룹-[선 및 단락 간격]-[줄 간격 옵션]을 선택합니다.

② [단락] 대화상자의 [들여쓰기 및 간격] 탭이 열리면 ❶ '간격'의 '단락 뒤'는 **[1줄]**을, '줄 간격'은 **[배수]**를, '값'은 **[1.1]**을 지정하고 ❷ **[확인]**을 클릭하세요.

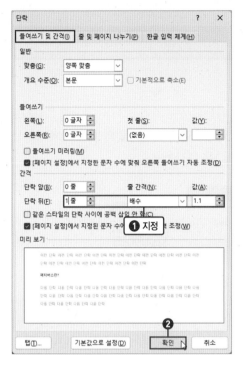

Tip
워드에서 사용하는 단위
• 1inch=72pt=6줄
• 1줄(line)=12pt=1, 6inch=0.423cm

③ 줄 사이 간격이 조금 좁아졌는지 확인합니다. 단락 뒤에 여백을 두어 다른 단락의 내용과 구분하면서 같은 단락의 관련 내용을 쉽게 모아 읽을 수 있게 설정했어요.

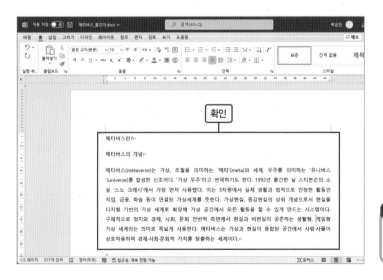

Tip
워드에서는 Enter를 눌러 단락을 구분합니다.

● 실습예제 : 지원서_탭.docx
● 완성예제 : 지원서_탭_완성.docx

활용도 ▬▬ ▬▬ ▬▬

탭 간격 지정하기

실무 **04**

① 탭 간격을 지정하려면 눈금자를 표시한 후 작업해야 하는데 눈금자가 보이지 않으면 **❶ [보기] 탭-[표시] 그룹-[눈금자]**에 체크 표시하세요. 눈금자가 표시되었으면 **❷ '제출서류'**의 내용에 해당하는 부분을 범위로 지정하고 **❸ [홈] 탭-[단락] 그룹-[단락 설정]**(▣)을 클릭하세요.

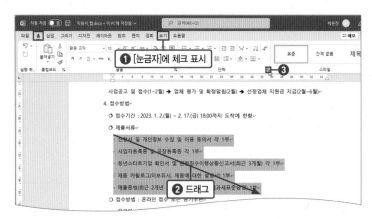

영상 강의

Tip
범위를 지정하고 마우스 오른쪽 단추를 클릭한 후 [단락]을 선택해도 됩니다.

② [단락] 대화상자의 [들여쓰기 및 간격] 탭이 열리면 **❶ [탭]**을 클릭합니다. [탭] 대화상자가 열리면 **❷ '탭 위치'**에 **42**를 입력하고 **❸ '맞춤'**에서는 **[왼쪽]**을, **❹ '채움선'**에서는 **[5]**를 선택한 후 **❺ [설정]**을 클릭하세요. 탭을 설정했으면 **❻ [확인]**을 클릭합니다.

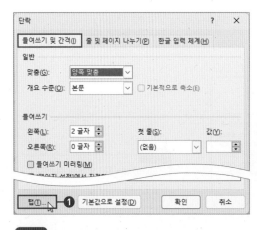

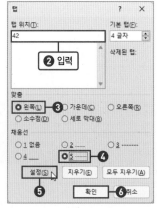

Tip
눈금자를 살펴보면 약 42글자 정도의 위치에서 왼쪽 맞춤이 적당해 보이므로 탭 위치를 '42'로 설정했습니다. 탭 값을 설정하지 않으면 기본 탭은 네 글자 단위로 자동 설정됩니다.

③ ❶ 탭이 설정된 첫 번째 행의 **'각1부'** 앞을 클릭해 커서를 올려놓고 [Tab]을 눌러 탭을 적용하세요. ❷ 탭이 설정된 42글자의 위치에 '각 1부'가 왼쪽 맞춤되면서 그 사이의 빈 공간이 [탭] 대화상자의 '채움선'에서 지정한 5번 모양의 채움선으로 채워지는 것을 확인할 수 있어요.

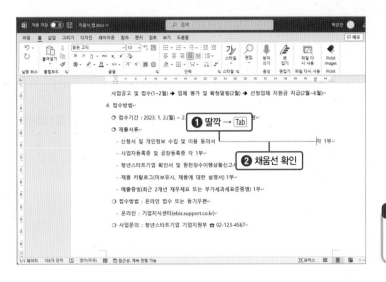

④ 이와 같은 방법으로 아래쪽 텍스트에서도 **'각1부'**와 **'1부'** 앞에서 [Tab]을 눌러 왼쪽 줄 맞춤과 채움선을 빠르게 채워보세요.

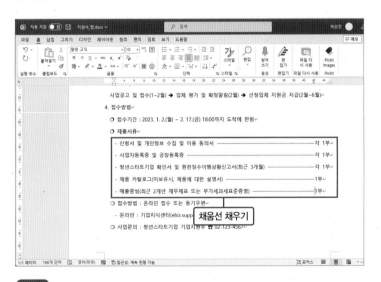

● 실습예제 : 지원서_균등분할.docx
● 완성예제 : 지원서_균등분할_완성.docx

활용도 ▬▬ ▬▬ ▬▬

균등 분할해 텍스트 자동 맞춤 정렬하기

① 텍스트를 균등한 간격으로 정돈하여 같은 너비로 표현하면 문서를 깔끔하게 입력할 수 있어요.
❶ 2페이지로 이동하여 ❷~❸ Ctrl 을 이용해 표 안의 **'주품목'**과 **'홈페이지'**를 함께 선택하고 ❹ **[홈] 탭-[단락] 그룹-[균등 분할]**(Ctrl+Shift+J)을 클릭하세요.

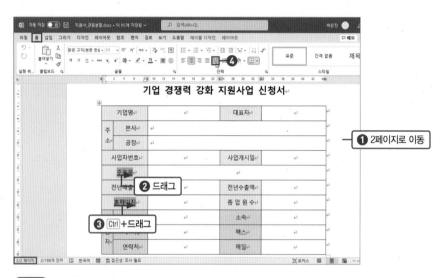

> **Tip**
> '주품목'과 '홈페이지'를 각각 선택한 후 균등 분할해도 됩니다. Ctrl 을 누르고 범위를 지정하면 떨어진 범위를 동시에 선택할 수 있습니다.

② [텍스트 자동 맞춤] 대화상자가 열리면 ❶ '새 텍스트 너비'에 글자 수를 **[5글자]**로 지정하고 ❷ **[확인]**을 클릭하세요.

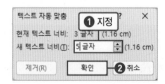

> **Tip**
> 글자 수가 가장 많은 '사업자번호'의 글자 수인 '5글자'로 지정했습니다.

③ 균등 분할을 해제하려면 ❶ 균등 분할이 설정된 단어 사이를 클릭해 커서를 올려놓고 ❷ **[홈]
탭-[단락] 그룹-[균등 분할]**(Ctrl + Shift + J)을 클릭하세요. [텍스트 자동 맞춤] 대화상자가 열리면
❸ **[제거]**를 클릭하세요.

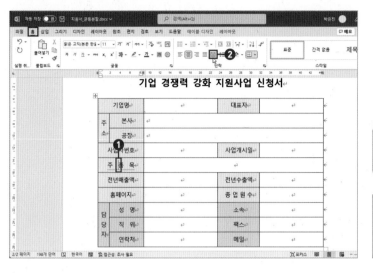
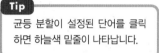

Tip

균등 분할이 설정된 단어를 클릭
하면 하늘색 밑줄이 나타납니다.

잠깐만요!

줄바꿈 위치 기호와 단락 기호 숨기기

Enter를 입력하면 표시되는 줄바꿈 위치 기호(↵)와 셀 내부에 나타나는 단락 기호(↓)를 화면에서 숨길 수 있어
요. [파일] 탭-[옵션]을 선택해 [Word 옵션] 창을 열고 [표시] 범주의 '화면에 항상 표시할 서식 기호'에서 [단락
기호]의 체크 표시를 해제한 후 [확인]을 클릭하세요.

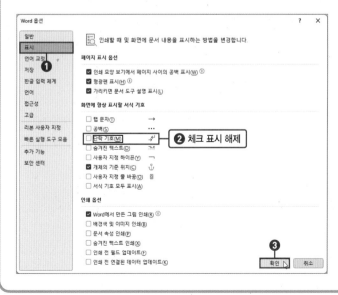

02

개체가 포함된 문서
자유롭게 다루기

문서에 개체를 삽입할 경우 텍스트와 어울리게 배치하는 방법을 선택하여 설정할 수 있습니다. 이번 섹션에서는 텍스트 상자로 제목을 특별한 모양으로 꾸미는 방법과 수학 기호 및 구조 라이브러리 기능을 이용해 복잡한 수식을 쉽게 삽입하는 방법을 배워보겠습니다.

활용도 ▨▨▨ ▨▨▨ ▨▨▨

01 그림 삽입하고 텍스트와 어울리게 배치하기

기본

✔ 실무 활용 사례
• 그림과 텍스트를 다양한 형태로 어울리게 배치해야 할 때

✔ 업무 시간 단축
• [레이아웃] 대화상자의 [텍스트 배치] 탭 → '배치 스타일' 선택

---

① 1페이지에서 ❶ 세 번째 줄 맨 앞을 클릭해 커서를 올려놓고 ❷ **[삽입] 탭-[일러스트레이션] 그룹-[그림]**을 클릭한 후 ❸ **[이 디바이스]**를 선택하세요.

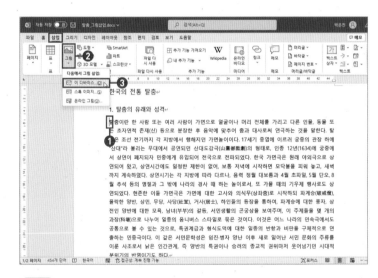

영상강의

> **Tip**
>
> 오피스 버전에 따라 [이 디바이스]가 아니라 [그림]이 표시되면 선택하여 [그림 삽입] 대화상자를 열 수 있어요.

② [그림 삽입] 대화상자가 열리면 부록 실습파일에서 ❶ **'탈춤.jpg'**를 선택하고 ❷ **[삽입]**을 클릭하세요.

Tip

그림 파일을 직접 복사(Ctrl+C)한 후 문서에서 붙여넣기(Ctrl+V)해도 됩니다.

③ ❶ 커서가 있던 위치에 그림이 삽입되었으면 적당한 크기로 조절하고 ❷ 그림의 오른쪽에 있는 **[레이아웃 옵션]**(⌒)을 클릭한 후 ❸ **[더 보기]**를 클릭하세요.

Tip

그림을 선택한 후 [그림 도구]의 [서식] 탭이나 [그림 서식] 탭-[정렬] 그룹-[텍스트 줄 바꿈]-[기타 레이아웃 옵션]을 선택해도 됩니다.

④ [레이아웃] 대화상자가 열리면 ❶ **[텍스트 배치] 탭**에서 ❷ '배치 스타일'의 **[정사각형]**을 선택합니다. ❸ '텍스트와의 간격'에서 '아래쪽'은 **[0.1cm]**로, '오른쪽'은 **[0.5cm]**로 지정하고 ❹ **[확인]**을 클릭하세요.

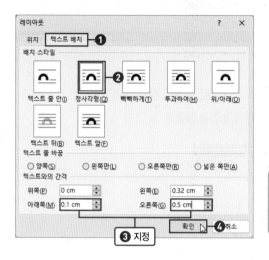

Tip

'배치 스타일'에서 그림과 텍스트의 어울림 종류를 선택할 수 있어요. 이 예제 그림의 왼쪽에 텍스트가 없으므로 왼쪽 여백은 적용되지 않습니다.

⑤ ❶~❷ 그림의 아래쪽과 오른쪽에 0.1cm, 0.5cm 간격을 띄우고 텍스트가 그림과 함께 표시되었는지 확인하세요.

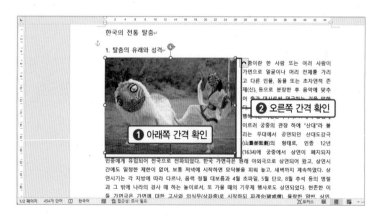

● 실습예제 : 탈춤_텍스트상자.docx
● 완성예제 : 탈춤_텍스트상자_완성.docx

활용도

기본 02 텍스트 상자로 제목 꾸미기

① ❶ [삽입] 탭-[텍스트] 그룹-[텍스트 상자]를 클릭하고 ❷ [가로 텍스트 상자 그리기]를 선택하세요.
❸ 제목 위치에서 드래그해 가로 텍스트 상자를 그리고 **한국의 전통 탈춤**을 입력하세요.

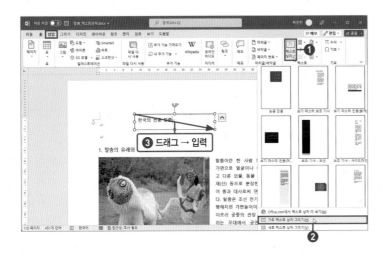

② ❶ 텍스트 상자를 선택하고 ❷ [도형 서식] 탭-[도형 스타일] 그룹-[자세히] 단추(▽)를 클릭한 후
❸ '테마 스타일'의 [미세 효과 - 검정, 어둡게 1]을 선택하세요.

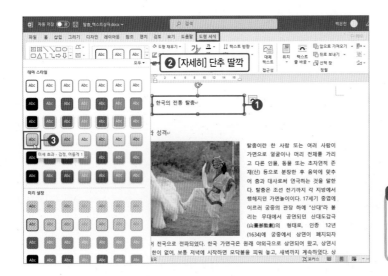

Tip

오피스 버전에 따라 [도형 서식]
탭 대신 [그리기 도구]의 [서식] 탭
으로 표시됩니다.

③ **❶ [도형 서식] 탭-[도형 스타일] 그룹-[도형 채우기]**를 클릭하고 **❷** '테마 색'의 **[흰색, 배경 1]**을 클릭하세요.

④ 텍스트 상자를 선택한 상태에서 **❶ [홈] 탭-[글꼴] 그룹-[글꼴 크기]**를 **[14]**로 지정하고 **❷ [굵게]**를 클릭한 후 **❸ [홈] 탭-[단락] 그룹-[가운데 맞춤]**을 클릭하세요.

⑤ ❶ [도형 서식] 탭-[텍스트] 그룹-[텍스트 맞춤]을 클릭하고 ❷ [중간]을 선택하세요.

Tip

텍스트 맞춤을 [중간]으로 선택해도 텍스트의 줄 간격과 단락 간격이 설정되어 있어서 텍스트 상자의 중간에 배치되지 않습니다.

⑥ ❶ [홈] 탭-[단락] 그룹-[선 및 단락 간격]을 클릭하고 ❷ [줄 간격 옵션]을 선택합니다.

⑦ [단락] 대화상자의 [들여쓰기 및 간격] 탭이 열리면 ❶ '간격'에서 '단락 뒤'는 [0pt]를, '줄 간격'은 [1줄]을 지정하고 ❷ [확인]을 클릭하세요.

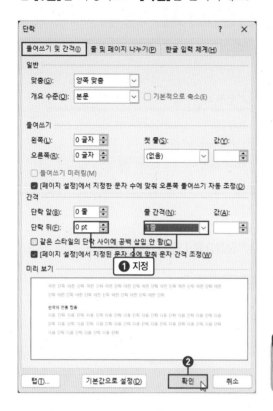

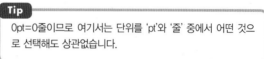

Tip
0pt=0줄이므로 여기서는 단위를 'pt'와 '줄' 중에서 어떤 것으로 선택해도 상관없습니다.

⑧ ❶ [도형 서식] 탭-[정렬] 그룹-[위치]를 클릭하고 ❷ '텍스트 배치'의 [위쪽 가운데]를 클릭해 ❸ 텍스트 상자를 위쪽 가운데에 배치하세요.

활용도 ■ ■ ■

수식 삽입하고 편집하기

✔ 실무 활용 사례

• 워드에서 기본으로 제공하는 수식을 삽입해야 할 때
• 잉크를 이용해 수식을 삽입해야 할 때
• 수학 기호 및 구조 라이브러리로 수식을 삽입해야 할 때

✔ 업무 시간 단축

• [삽입] 탭-[기호] 그룹-[수식]-기본 제공 수식 선택
• Office.com에서 수식 선택
• [삽입] 탭-[기호] 그룹-[수식]-[새 수식 삽입] 선택

---

① ● '오일러의 공식'의 윗줄을 클릭해 커서를 올려놓고 ❷ **[삽입] 탭-[기호] 그룹-[수식]**을 클릭하세요.

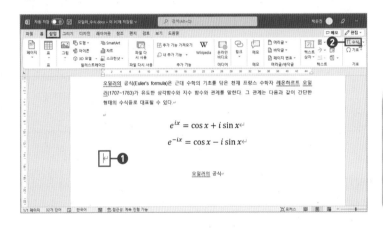

> **Tip**
>
> [수식]의 목록 단추(⌄)를 클릭하면 워드에서 기본으로 제공하는 근의 공식, 삼각 함수, 원 면적, 이항 정리, 테일러 전개식, 푸리에 급수, 피타고라스의 정리 등의 수식을 빠르게 삽입할 수 있어요.

---

② ● 수식 상자가 삽입되었으면 ❷ **[수식] 탭-[구조] 그룹-[함수]**를 클릭하고 ❸ '삼각 함수'의 **[코사인 함수]**를 클릭하세요

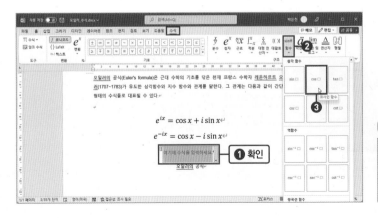

영상 강의

30

③ 자동으로 'cos'가 입력되었으면 'cos'의 오른쪽 텍스트 상자를 클릭해 커서를 올려놓고 **x=**를 입력하세요.

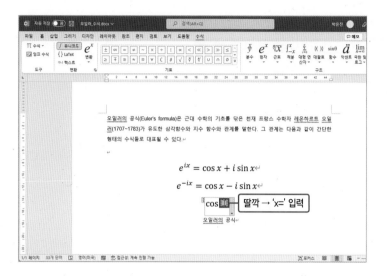

④ ❶ **[수식] 탭-[구조] 그룹-[분수]**를 클릭하고 ❷ '분수'의 **[상하형 분수]**를 클릭하세요.

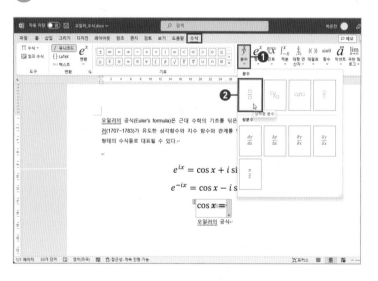

⑤ 상하형 분수 구조가 삽입되었으면 ❶ 분모에는 **2**를, 분자에는 **1**을 입력하고 분수의 오른쪽 옆에 **(**를 입력합니다. ❷ **[수식] 탭-[구조] 그룹-[첨자]**를 클릭하고 ❸ '아래 첨자 및 위 첨자'의 **[위 첨자]**를 클릭하세요

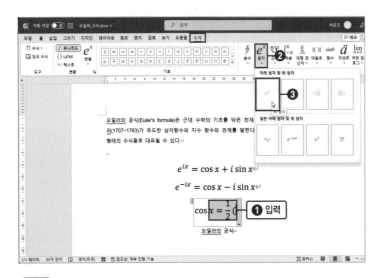

⑥ 첨자 구조가 삽입되었으면 e^{ix}를 입력하세요.

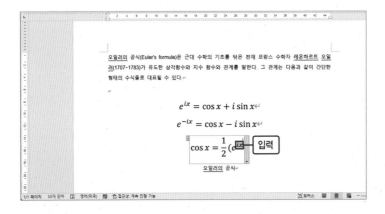

⑦ ❶ 수식의 오른쪽 끝에 커서를 올려놓고 **+**를 입력합니다. ❷ **[수식] 탭-[구조] 그룹-[첨자]**를 클릭하고 ❸ '아래 첨자 및 위 첨자'의 **[위 첨자]**를 클릭하세요.

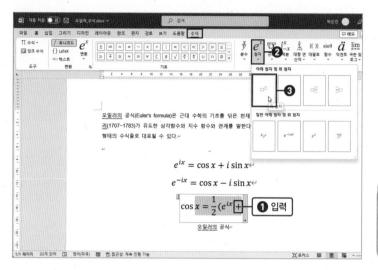

Tip
첨자 옆에 +를 이어쓰면 +도 첨자가 되므로 커서의 위치를 잘 이동한 후 입력하세요.

⑧ 첨자 구조에 **e⁻ⁱˣ**를 입력하고 마지막 위치에서 **)**를 입력해 수식을 완성하세요.

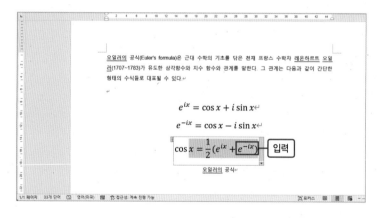

03

표와 차트 삽입하기

수식 기능을 이용하면 워드에서도 표에 입력된 간단한 데이터를 계산할 수 있습니다. 또한 표를 중간에 분할하거나 구조가 같으면서 둘 이상으로 나눠진 표를 하나로 합칠 수도 있어요. 이번 섹션에서는 기본형 차트를 삽입하고 차트의 모양을 변경하는 방법을 배워보겠습니다.

◉ 실습예제 : 컴퓨터_표수식.docx
◉ 완성예제 : 컴퓨터_표수식_완성.docx

활용도 ▮▮▮▮ ▮▮▮ ▮▮▮

표 데이터의 평균 계산하기

✓ **실무 활용 사례**

• 표의 숫자 데이터로 평균과 같은 간단한 수식을 계산
해야 할 때

✓ **업무 시간 단축**

• [레이아웃] 탭-[데이터] 그룹-[수식] 선택
• F4 로 같은 수식 반복 실행

---

① ❶ 첫 번째 표에서 마지막 행을 클릭해 커서를 올려놓고 ❷ **[레이아웃] 탭-[행 및 열] 그룹-[아래에 삽입]**을 클릭해 표의 맨 끝에 한 행을 추가하세요.

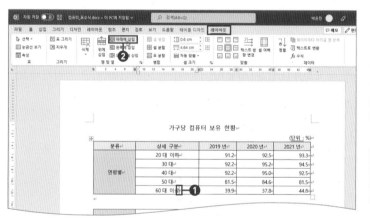

영상 강의

Tip
마지막 행의 마지막 셀에서 Tab 을 눌러도 마지막 행 다음 줄에 한 행이 추가됩니다.

---

② 이와 같은 방법으로 모든 표의 마지막 셀에 행을 하나씩 추가하고 추가한 행의 1열에 **평균**을 입력하세요.

행 추가 → '평균' 입력

③ ❶ 첫 번째 표에서 '2019년'의 **'평균'** 셀을 클릭해 커서를 올려놓고 ❷ **[레이아웃] 탭-[데이터]** 그룹-**[수식]**을 클릭하세요.

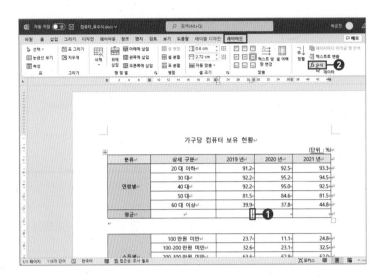

④ [수식] 대화상자가 열리면 ❶ '수식'에 있는 내용을 지우고 '='만 남긴 후 ❷~❸ '함수 마법사'에서 **[AVERAGE]**를 선택합니다. ❹ '수식'에 **=AVERAGE(ABOVE)**를 입력하고 ❺ **[확인]**을 클릭하세요.

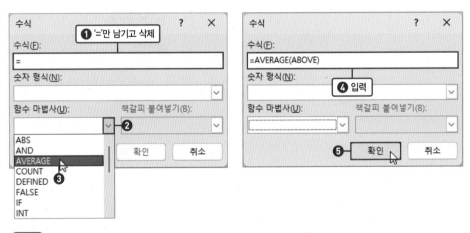

Tip
• =AVERAGE(LEFT): 왼쪽 셀의 평균   • =AVERAGE(RIGHT): 오른쪽 셀의 평균
• =AVERAGE(ABOVE): 위쪽 셀의 평균   • =AVERAGE(BELOW): 아래쪽 셀의 평균

5 ❶ '2019년'의 '평균' 셀에 위쪽 셀의 평균값을 구했으면 ❷ 오른쪽 셀을 클릭하고 F4를 눌러 반복해서 평균값을 계산합니다. 이와 같은 방법으로 ❸ 모든 평균값을 구하세요.

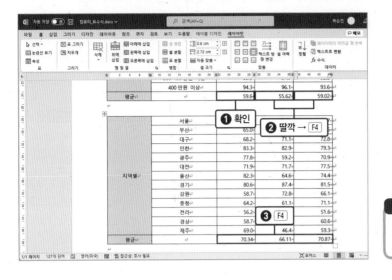

Tip
F4를 누르면 앞에서 실행한 기능을 빠르게 반복할 수 있어요.

🌸 **잠깐만요!**

워드에서 함수를 계산하는 방법 살펴보기

워드에서는 '수식' 기능을 통해 표 안의 값을 대상으로 연산할 수 있는 함수를 제공합니다. SUM(합계), AVERAGE(평균), COUNT(개수), IF(조건), PRODUCT(곱), MAX(최대), MIN(최소), MOD(나머지)를 구합니다. 그리고 논리값 또는 정수값, 절대값, 반올림값을 구하는 함수는 NOT, AND, OR, DEFINED, TRUE, INT, ABS, ROUND, SIGN입니다.

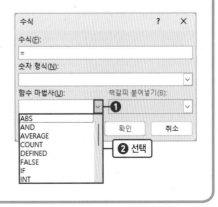

● **실습예제** : 컴퓨터_표분할.docx
● **완성예제** : 컴퓨터_표분할_완성.docx

활용도 ▮▮▮▮ ▮▮▮▮ ▮▮▮▮

기본 02 표 분할하고 연속된 표를 하나로 합치기

① ❶ 표에서 1열의 **'소득별'** 셀을 클릭해 커서를 올려놓고 ❷ **[레이아웃] 탭-[병합] 그룹-[표 분할]**을 클릭하세요.

영상강의

Tip
1열이 아니어도 표를 나누고 싶은 행을 클릭하고 [표 분할]을 선택하세요.

② ❶ '소득별' 셀부터 두 번째 표로 분할되었는지 확인합니다. 이와 같은 방법으로 ❷ 1열의 **'지역별'** 셀을 클릭하고 ❸ **[레이아웃] 탭-[병합] 그룹-[표 분할]**을 클릭해 표를 한 번 더 분할하세요.

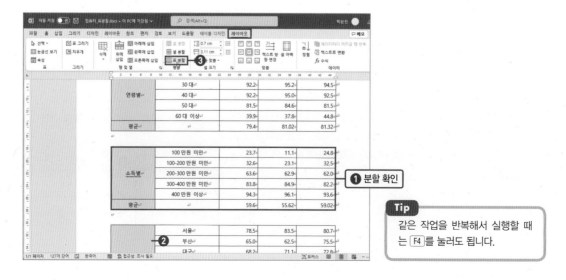

Tip
같은 작업을 반복해서 실행할 때는 F4 를 눌러도 됩니다.

③ ❶ 첫 번째 표에서 1행을 범위로 지정하고 ❷ **[홈] 탭-[클립보드] 그룹-[복사]**(Ctrl+C)를 클릭하세요.

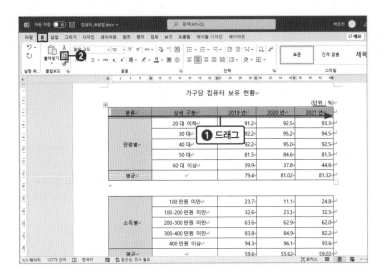

④ ❶ 첫 번째 표의 아래쪽에서 Enter를 눌러 빈 행을 추가하고 ❷ **[홈] 탭-[클립보드] 그룹-[붙여넣기]**(Ctrl+V)를 클릭하세요.

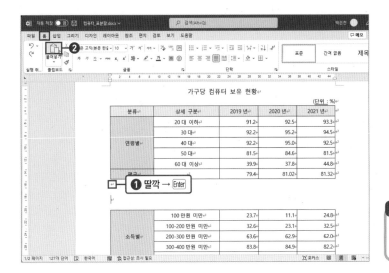

Tip

셀 붙여넣기와 표 병합을 동시에 실행했습니다.

5 ❶ 두 번째 표의 1행에 제목 행을 복사했으면 분할된 두 번째와 세 번째 표를 다시 하나로 합쳐볼게요. ❷ 두 번째 표의 다음에 있는 단락 기호 ↵ 를 선택하고 Delete 를 눌러 삭제하세요.

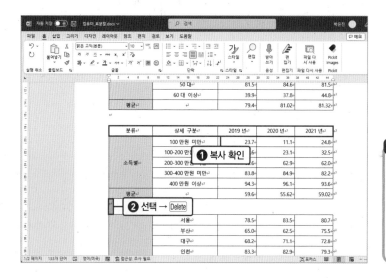

6 분할되었던 표를 다시 하나로 합쳤으면 ❶ '**지역별**' 행을 범위로 지정하고 ❷ **[레이아웃] 탭-[행 및 열] 그룹-[아래에 삽입]**을 클릭하세요.

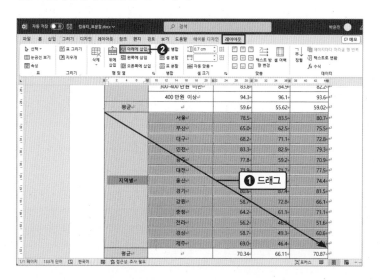

⑦ 행이 추가로 삽입되면서 표가 다음 페이지에 걸쳐서 나타나면 ❶ 두 번째 표의 1행을 선택해 커서를 올려놓고 ❷ **[레이아웃] 탭-[데이터] 그룹-[페이지마다 머리글 행 반복]**을 클릭하세요.

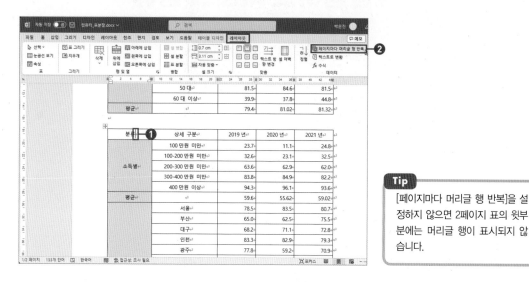

⑧ 각 페이지마다 머리글 행이 반복해서 표시되었는지 확인하세요.

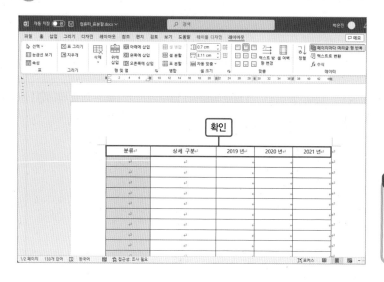

서식

표 & 차트

문서 정렬

스타일

◉ 실습예제 : 주택보급률_차트삽입.docx
◉ 완성예제 : 주택보급률_차트삽입_완성.docx

활용도 ▦▦▦ ▦▦▦

기본 03 차트 삽입하고 차트의 종류 변경하기

① ● 표의 왼쪽 위에 있는 ⊞를 클릭하여 표를 선택하고 표 데이터를 복사(Ctrl+C)합니다. ❷ 표의 아래쪽을 클릭해 커서를 올려놓은 후 ❸ **[삽입] 탭-[일러스트레이션] 그룹-[차트]**를 클릭하세요.

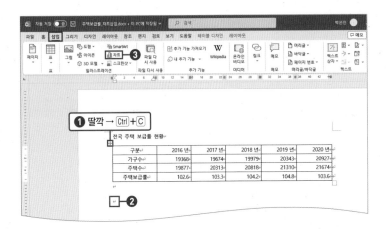

② [차트 삽입] 대화상자의 [모든 차트] 탭이 열리면 ● **[세로 막대형]** 범주에서 ❷ **[묶은 세로 막대형]**을 선택하고 ❸ **[확인]**을 클릭하세요.

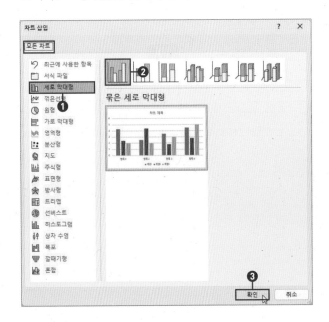

③ [Microsoft Word의 차트] 창이 열리면 ❶ **[A1] 셀**을 선택하고 Ctrl+V를 눌러 ① 과정에서 복사한 데이터를 붙여넣습니다. ❷ 데이터 끝에 있는 표식 ▄에 마우스 포인터를 올려놓고 ⬔ 모양으로 변경되면 **[F4] 셀**까지 드래그한 후 ❸ [닫기] 단추(✖)를 클릭해 [Microsoft Word의 차트] 창을 닫으세요.

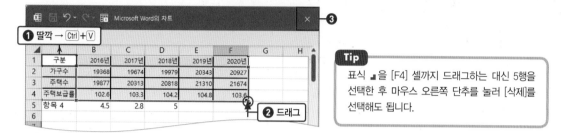

Tip

표식 ▄을 [F4] 셀까지 드래그하는 대신 5행을 선택한 후 마우스 오른쪽 단추를 눌러 [삭제]를 선택해도 됩니다.

④ ❶ 묶은 세로 막대형 차트가 삽입되었으면 ❷ **[차트 디자인] 탭-[데이터] 그룹-[데이터 선택]**을 클릭하세요.

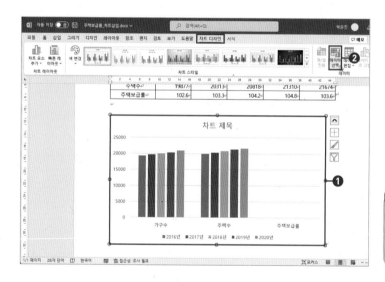

Tip

오피스 버전에 따라 [차트 디자인] 탭 대신 [차트 도구]의 [디자인] 탭으로 표시됩니다.

⑤ [데이터 원본 선택] 대화상자가 열리면 ❶ **[행/열 전환]**을 클릭하고 ❷ **[확인]**을 클릭하세요.

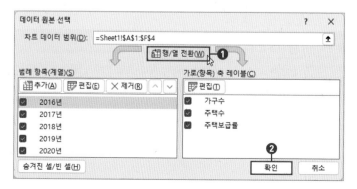

⑥ ❶ 차트 제목에 **전국 주택 보급률 현황**을 입력하고 ❷ **[차트 디자인] 탭-[종류] 그룹-[차트 종류 변경]**을 클릭하세요.

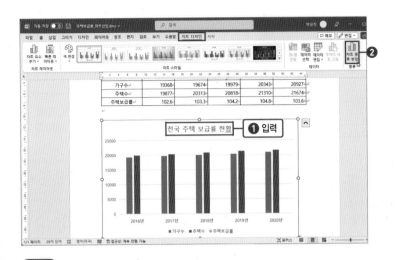

Tip
비교하는 계열 간의 값의 차이가 클 경우 같은 축으로 비교하면 값이 작은 주택 보급률은 잘 드러나지 않는 문제가 발생합니다.

⑦ [차트 종류 변경] 대화상자의 [모든 차트] 탭이 열리면 ❶ **[혼합] 범주**를 선택하고 ❷ '주택보급률'에서 **[꺾은선형]**을 선택합니다. ❸ **[보조 축]**에 체크 표시하고 ❹ **[확인]**을 클릭하세요.

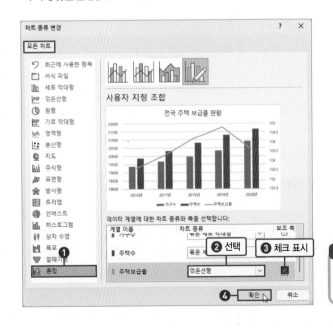

Tip
오피스 버전에 따라 [혼합] 범주가 [콤보] 범주로 표시됩니다.

⑧ 비교하는 계열 간의 값 차이가 클수록 보조 축을 사용하는 콤보 차트(이중 축 혼합형 차트)를 사용해서 효과적으로 비교할 수 있어요.

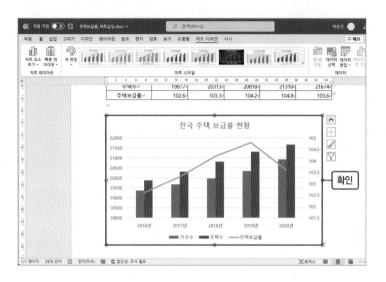

⑨ 차트를 선택한 상태에서 차트의 오른쪽에 있는 **❶ [차트 스타일] 단추**(✎)를 클릭하고 **❷ [색]**의 **❸** '단색형'에서 **[단색 색상표 8]**을 선택해 **❹** 차트 색을 변경하세요.

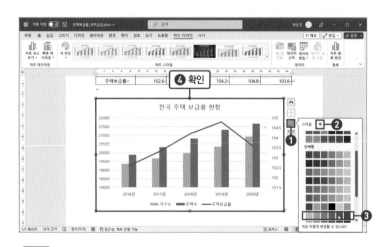

> **Tip**
>
> [차트 디자인] 탭-[차트 스타일] 그룹-[색 변경]을 클릭해도 됩니다.

CHAPTER 02

편리한 기능 이용해
체계적으로 문서 작성하기

순서가 있는 문서를 작성할 때 글머리 기호나 번호 목록을 이용하면 좀 더 쉽고 체계적으로 내용을 읽을 수 있습니다. 문서에 머리글과 바닥글을 삽입하고 구역에 따라 다른 모양의 문서 설정을 적용할 수 있어야 합니다. 이번 장에서는 이들 기능뿐만 아니라 스타일 기능을 이용해 텍스트 서식을 효과적으로 적용하고 변경하는 방법을 배워보겠습니다.

04

순서가 있는 문서 작성하기

번호 스타일 목록과 글머리 기호를 이용해 순서가 있는 문서를 작성할 수 있습니다. 이번 섹션에서는 문단 목록에 수준 별로 다른 모양의 글머리 기호 또는 번호 체계를 사용해 좀 더 쉽게 내용을 알아볼 수 있도록 수준이 있는 문서를 작성하는 방법을 배워보겠습니다.

◉ 실습예제 : 한국어교원_번호목록.docx
◉ 완성예제 : 한국어교원_번호목록_완성.docx

활용도 ■■■ ■■■ ■■

기본 01 번호 스타일 목록 만들기

✔ **실무 활용 사례**

• 문단 목록에 순서가 있는 번호로 표현해야 할 때

✔ **업무 시간 단축**

• [홈] 탭-[단락] 그룹-[번호 매기기]-[번호 매기기 라이브러리] 선택

① 1페이지에서 ❶~❸ [Ctrl]을 이용해 굵은 텍스트를 함께 선택하고 ❹ [홈] 탭-[단락] 그룹-[번호 매기기]를 클릭한 후 ❺ '번호 매기기 라이브러리'의 ⬚를 클릭하세요.

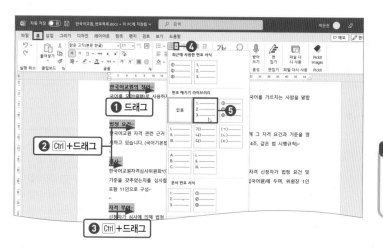

Tip

[번호 매기기]를 직접 클릭하면 [번호 매기기] 기능을 적용하거나 해제할 수 있습니다.

② 이와 같은 방법으로 ❶~❷ [Ctrl]을 이용해 아래쪽의 '1급', '2급', '3급'도 함께 선택하고 ❸ [홈] 탭-[단락] 그룹-[번호 매기기]를 클릭한 후 ❹ '번호 매기기 라이브러리'의 ⬚를 클릭하세요.

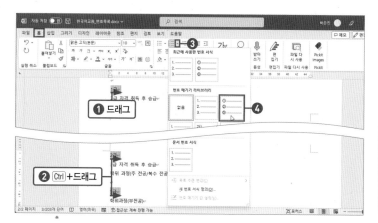

Tip

한꺼번에 범위로 지정하지 않고 한 단락씩 번호 매기기를 설정해도 됩니다. 반복 작업을 할 때는 [F4]를 누르면 편리합니다.

● 실습예제 : 한국어교원_글머리기호.docx
● 완성예제 : 한국어교원_글머리기호_완성.docx

활용도 ▰▰▰ ▰▰▰ ▰▰▰

글머리 기호의 스타일 지정하기

✔ **실무 활용 사례**

• 문단 목록에 수준별로 다른 글머리 기호를 표현해야
  할 때

✔ **업무 시간 단축**

• [홈] 탭-[단락] 그룹-[글머리 기호]-[새 글머리 기호
  정의] 선택

---

① 1페이지에서 ❶ 맨 마지막 줄의 '**2급 자격 취득 후 승급**'에 커서를 올려놓고 ❷ [홈] 탭-[단락] 그
룹-[글머리 기호]를 클릭한 후 ❸ [새 글머리 기호 정의]를 선택하세요.

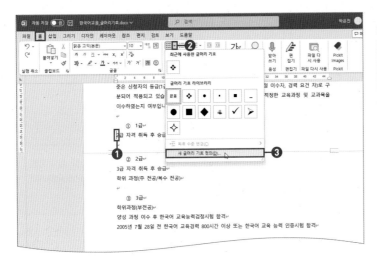

영 상 강 의

Tip

페이지 경계 부분의 공백에서 마
우스 포인터가 🛉 모양으로 변경
되었을 때 더블클릭하면 공백을
숨길 수 있어요. 그리고 다시 더블
클릭하면 원래대로 공백이 표시됩
니다.

② [새 글머리 기호 정의] 대화상자가 열리면 '글머리 기호'의 [**기호**]를 클릭하세요.

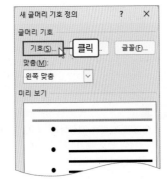

③ [기호] 대화상자가 열리면 ❶ '글꼴'에서 [Wingdings]를 선택하고 ❷ [☞]를 선택한 후 ❸ [확인]을 클릭합니다. [새 글머리 기호 정의] 대화상자로 되돌아오면 ❹ '미리 보기'에서 글머리 기호가 바뀌었는지 확인하고 ❺ [확인]을 클릭하세요.

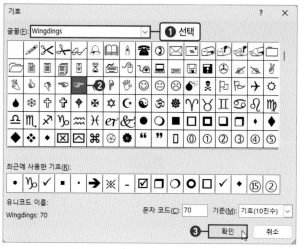

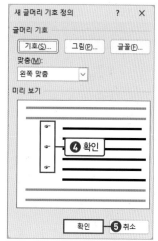

> **Tip**
>
> [기호] 대화상자에서 '글꼴'은 [현재 글꼴]을, '하위 집합'은 [도형 기호]를 선택해도 다양한 모양의 글머리 기호를 삽입할 수 있습니다.

④ ❶ '2급 자격 취득 후 승급'에 글머리 기호가 적용되었는지 확인하고 ❷ [홈] 탭-[단락] 그룹-[들여쓰기]를 클릭하세요.

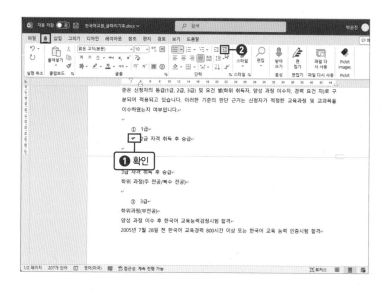

⑤ '**2급 자격 취득 후 승급**'을 범위로 지정하고 Ctrl + Shift + C 를 눌러 서식을 복사하세요.

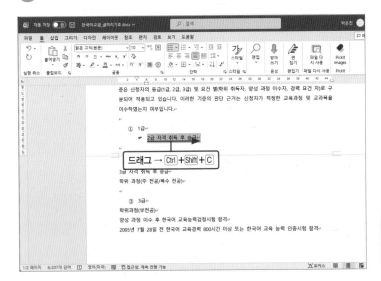

⑥ ❶~❷ Ctrl 을 이용해 '2급'과 '3급'을 제외한 아래쪽 내용을 범위로 함께 지정하고 Ctrl + Shift + V 를 눌러 같은 모양의 서식을 적용하세요. 그러면 글머리 기호와 들여쓰기가 함께 적용됩니다.

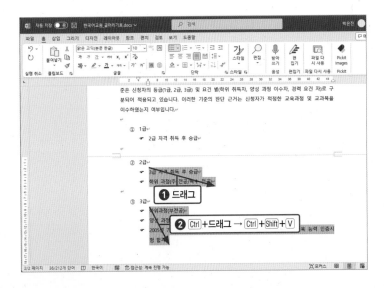

● 실습예제 : 오방색_다단계목록.docx
● 완성예제 : 오방색_다단계목록_완성.docx

활용도 ▰▰▰ ▰▰▰ ▰▰▰

다단계 수준별 목록 지정하기

기본 **03**

① ❶~❷ [Ctrl]을 이용해 2페이지의 '**2 오방정색**'과 '**3 오방간색**'을 함께 선택하고 ❸ [**홈**] 탭-[**단락**] 그룹-[**다단계 목록**]을 클릭한 후 ❹~❺ [**목록 수준 변경**]-[**수준 2**]를 선택하세요.

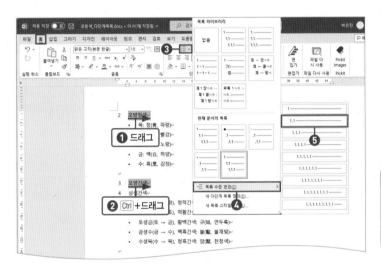

> **Tip**
>
> 여러 범위를 함께 지정하지 않고 한 단락씩 선택하여 글머리 기호를 설정해도 됩니다. [F4]를 누르면 반복 작업을 쉽게 할 수 있어요.

② ❶~❷ [Ctrl]을 이용해 '**2 상생간색**'과 '**3 상극간색**'을 함께 선택하고 ❸ [**홈**] 탭-[**단락**] 그룹-[**다단계 목록**]을 클릭한 후 ❹~❺ [**목록 수준 변경**]-[**수준 3**]을 선택하세요.

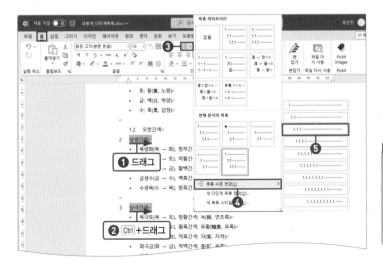

> **Tip**
>
> [수준 1]에서 [수준 2]로 변경하려면 텍스트의 맨 앞에 커서를 올려놓고 [Tab]을 눌러도 됩니다. 반대로 [Shift]+[Tab]을 누르면 [수준 2]에서 [수준 1]로 변경할 수 있어요.

서식

표 & 차트

문서 정렬

스타일

53

◉ **실습예제** : 오방색_시작번호.docx
◉ **완성예제** : 오방색_시작번호_완성.docx

활용도 ▨▨▨ ▨▨▨ ▨▨▨

번호 매기기의 시작 번호 변경하기

✓ **실무 활용 사례**

• 시작 번호를 새로 매겨야 할 때
• 앞 번호를 연결해야 할 때

✓ **업무 시간 단축**

• [홈] 탭-[단락] 그룹-[번호 매기기]-[번호 매기기 값 설정] 선택

---

① 1페이지에서 ❶ 아래쪽의 **'1 오방정색과 오방간색'**에 커서를 올려놓고 ❷ **[홈] 탭-[단락] 그룹-[번호 매기기]**를 클릭한 후 ❸ **[번호 매기기 값 설정]**을 선택하세요. [번호 매기기 값 설정] 대화상자가 열리면 ❹ **'시작 번호'**에 3을 입력하고 ❺ **[확인]**을 클릭하세요.

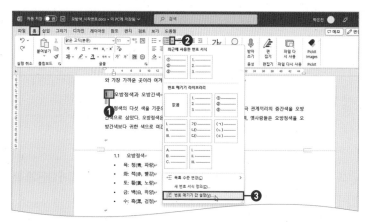
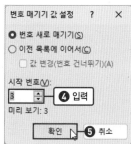

② ❶ 시작 번호가 '3'으로 변경되면서 ❷ 그 아래에 연결된 번호도 함께 변경되었는지 확인하세요.

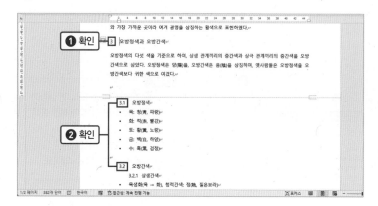

◉ **실습예제** : 오방색_글머리간격.docx
◉ **완성예제** : 오방색_글머리간격_완성.docx

05 글머리 기호와 텍스트 간격 조정하기

실무

핵심

① ❶ 2페이지에서 ❷ **'3.1 오방정색'**의 아래쪽에 있는 글머리 기호 목록 5줄을 범위로 지정합니다. ❸ 눈금자의 표식에서 ⌂ 모양을 왼쪽으로 드래그해 글머리 기호와 텍스트 사이의 여백을 적당히 줄이세요.

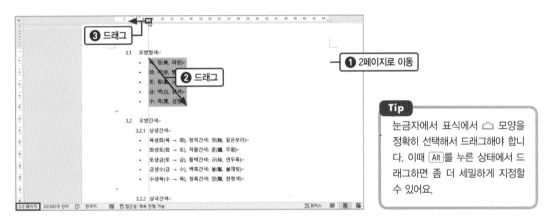

Tip

눈금자에서 표식에서 ⌂ 모양을 정확히 선택해서 드래그해야 합니다. 이때 Alt 를 누른 상태에서 드래그하면 좀 더 세밀하게 지정할 수 있어요.

② 이와 같은 방법으로 ❶~❸ **'3.2.1 상생간색'**과 **'3.2.2 상극간색'**의 아래쪽 글머리 기호 목록에도 글머리 기호와 텍스트 사이의 여백을 적당히 줄이세요.

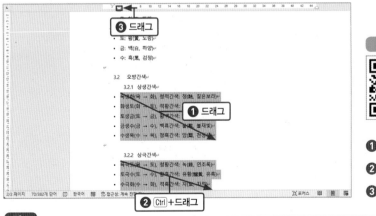

영 상 강 의

❶ ▽ : 글머리 기호가 시작하는 위치
❷ ⌂ : 텍스트가 시작하는 위치
❸ ☐ : 왼쪽 들여쓰기 여백

Tip

다른 목록에도 똑같이 간격을 설정하는 방법

방법1 F4 를 눌러 같은 작업을 반복해서 적용합니다.

방법2 Ctrl + Shift + C 를 눌러 서식을 복사한 후 Ctrl + Shift + V 를 눌러 원하는 부분에서 서식을 붙여넣습니다.

05

쪽 기능 이용해
문서 정리하기

머리글/바닥글 기능을 이용하면 일정한 위치에 페이지 번호를 쉽게 삽입할 수 있습니다. 만약 페이지를 설정하거나 머리글/바닥글의 모양을 특정 페이지에서 다르게 설정하려면 변경되는 수만큼 구역을 나누어야 합니다. 이번 섹션에서는 구역을 나누어 이러한 쪽 설정을 다르게 지정하는 방법을 배워보겠습니다.

● 실습예제 : 플로리스트_머리글.docx
● 완성예제 : 플로리스트_머리글_완성.docx

활용도 ▰▰▰ ▰▰ ▰

머리글과 바닥글 삽입하기

✓ **실무 활용 사례**

• 모든 페이지의 같은 위치에 로고나 텍스트를 삽입해야 할 때

✓ **업무 시간 단축**

• [머리글/바닥글] 탭-[삽입] 그룹-[그림] 선택

---

① 머리글/바닥글 기능을 이용하면 모든 페이지의 같은 위치에 로고나 텍스트를 삽입할 수 있어요. **❶ [삽입] 탭-[머리글/바닥글] 그룹-[머리글]**을 클릭하고 **❷ [머리글 편집]**을 선택하세요.

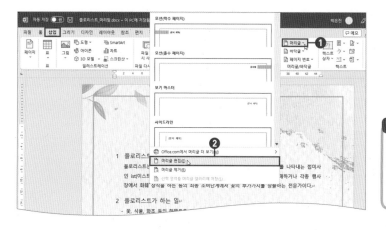

Tip

본문 위쪽의 머리글 위치에서 마우스를 더블클릭하면 좀 더 빠르게 머리글을 삽입하거나 편집할 수 있어요.

② **❶** 왼쪽 머리글 위치에 커서가 생기면 **❷ [머리글/바닥글] 탭-[삽입] 그룹-[그림]**을 클릭하세요.

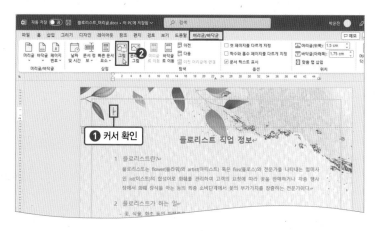

❶ 커서 확인

Tip

[머리글/바닥글] 탭-[삽입] 그룹에서 다양한 정보를 삽입하거나 텍스트를 직접 입력할 수 있어요.

③ [그림 삽입] 대화상자가 열리면 부록 실습파일에서 ❶ 'logo.png'를 선택하고 ❷ [삽입]을 클릭하세요.

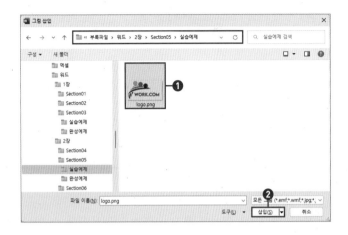

④ ❶ 삽입한 로고 그림을 선택한 상태에서 ❷ [그림 서식] 탭-[크기] 그룹-[도형 높이]에 [0.9cm]를 지정하세요.

Tip

그림에 나타난 크기 조정 핸들을 직접 드래그해서 그림의 크기를 조절할 수 있습니다.

⑤ ❶ [머리글/바닥글] 탭-[탐색] 그룹-[바닥글로 이동]을 클릭합니다. 바닥글의 왼쪽 위치로 커서가 이동하면 ❷ 직업정보안내 서비스를 입력하고 ❸ [머리글/바닥글] 탭-[위치] 그룹-[바닥글(아래쪽)]에 [1.3cm]를 지정한 후 ❹ [머리글/바닥글] 탭-[닫기] 그룹-[머리글/바닥글 닫기]를 클릭하세요.

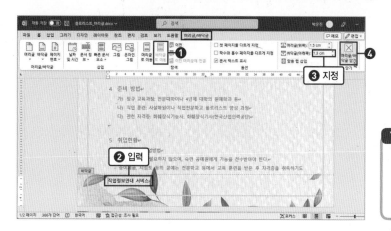

Tip

[머리글/바닥글 닫기]를 클릭하는 대신 빈 공간에서 마우스를 더블클릭하거나 Esc를 눌러도 머리글/바닥글을 닫을 수 있습니다.

⑥ 이번에는 머리글/바닥글을 편집해 볼게요. ❶ 바닥글을 더블클릭해 편집 모드를 실행하고 ❷ [홈] 탭-[단락] 그룹-[오른쪽 맞춤]을 클릭해 바닥글의 위치를 오른쪽으로 이동합니다.

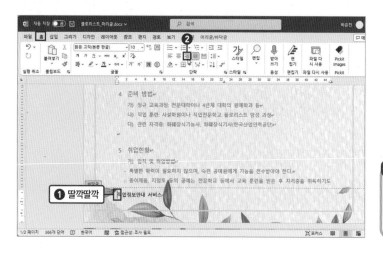

Tip

[삽입] 탭-[머리글/바닥글] 그룹-[바닥글]을 클릭하고 [바닥글 편집]을 선택해도 됩니다.

서식

표 & 차트

문서 정렬

스타일

⑦ **①** Esc를 눌러 머리글/바닥글 편집 화면을 종료한 후 **②~③** 문서에 설정된 머리글과 바닥글을 확인하세요.

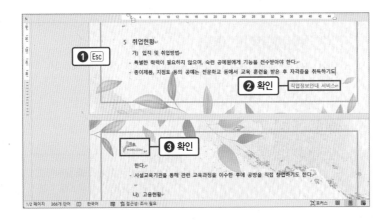

⑧ 설정된 머리글을 삭제하려면 **①** [삽입] 탭-[머리글/바닥글] 그룹-[머리글]을 클릭하고 **②** [머리글 제거]를 선택하세요.

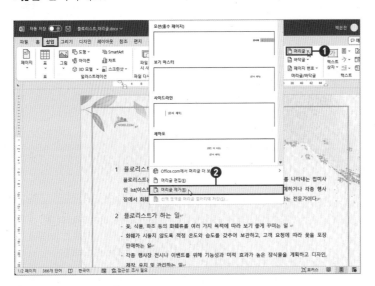

● 실습예제 : 당뇨병_페이지번호.docx
● 완성예제 : 당뇨병_페이지번호_완성.docx

활용도 ▮▮▮▮ ▮▮▮▮ ▮▮▮▮

기본 **02** **페이지 번호 삽입하기**

✓ **실무 활용 사례**

• 모든 페이지에 페이지 번호를 삽입해야 할 때

✓ **업무 시간 단축**

• [삽입] 탭-[머리글/바닥글] 그룹-[페이지 번호] 선택

① 모든 페이지의 아래쪽에 페이지 번호를 삽입해 볼게요. **❶ [삽입] 탭-[머리글/바닥글] 그룹-[페이지 번호]**를 클릭하고 **❷ [아래쪽]**을 선택한 후 '일반 번호'의 **❸ [가는 줄]**을 선택하세요.

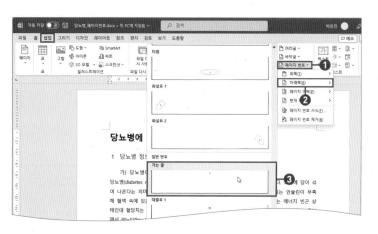

② **❶** 바닥글 영역에 페이지 번호가 삽입되었으면 **❷ [머리글/바닥글] 탭-[머리글/바닥글] 그룹-[페이지 번호]**를 클릭하고 **❸ [페이지 번호 서식]**을 선택하세요.

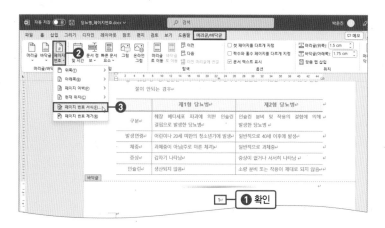

③ [페이지 번호 서식] 대화상자가 열리면 ❶ '번호 서식'에서 **[-1 -, - 2 -, - 3 -, ...]**을 선택하고 ❷ **[확인]**을 클릭하세요.

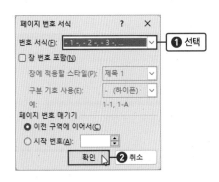

④ ❶ 페이지 번호의 서식이 변경되었는지 확인하고 ❷ **[머리글 및 바닥글] 탭-[닫기] 그룹-[머리글/바닥글 닫기]**를 클릭하세요.

Tip

Esc를 눌러서 머리글/바닥글 편집 화면을 종료해도 됩니다. 다시 바닥글 영역을 선택하려면 페이지 번호를 더블클릭하세요.

⑤ ❶ 페이지를 이동하여 ❷ 모든 페이지의 아래쪽에 설정한 페이지 번호가 삽입되었는지 확인하세요.

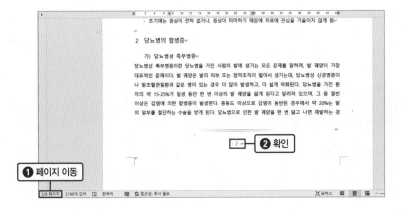

활용도 ▰▰▰ ▰▰▰

◉ 실습예제 : 당뇨병_구역.docx
◉ 완성예제 : 당뇨병_구역_완성.docx

기본 03 구역 나누기

✓ **실무 활용 사례**
- 문서 중간에 용지 방향이나 머리글/바닥글, 페이지 번호 등 문서 환경을 다르게 설정해야 할 때

✓ **업무 시간 단축**
- [레이아웃] 탭-[페이지 설정] 그룹-[나누기]-'구역 나누기'에서 선택
- 구역이 다르면 구역마다 다르게 문서 설정 가능

① 현재 구역을 확인하기 위해 ❶ 상태 표시줄에서 마우스 오른쪽 단추를 클릭하고 ❷ '상태 표시줄 사용자 지정'의 **[구역]**을 선택하세요.

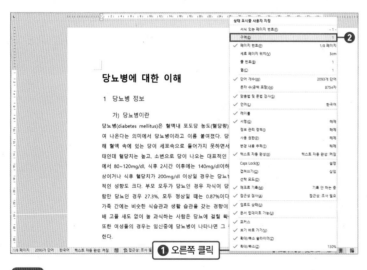

Tip

문서의 중간에서 용지 방향이나 머리글/바닥글, 페이지 번호 등 문서 설정이 달라지는 부분은 구역을 나누어야 합니다.

서식

표 & 차트

문서 정렬

스타일

63

② ❶ 모든 페이지가 1구역인지 확인하고 ❷ 2페이지 '**2 당뇨병의 합병증**'의 앞에 커서를 올려놓습니다.
❸ **[레이아웃] 탭-[페이지 설정] 그룹-[나누기]**를 클릭하고 ❹ '구역 나누기'의 **[다음 페이지부터]**를 선택하세요.

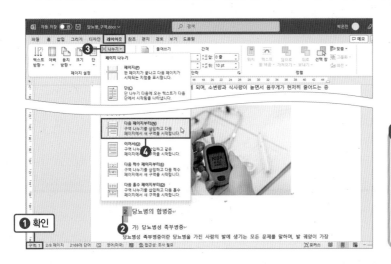

> **Tip**
>
> '구역 나누기'에서 [다음 페이지부터]를 선택하면 커서 위치에서 페이지를 나누고 새 구역을 시작합니다. [이어서]를 선택하면 페이지 나누기 없이 같은 페이지에서 새 구역을 시작합니다.

③ ❶ '2 당뇨의 합병증' 부분부터 페이지가 나누어졌어요. 2페이지와 3페이지를 각각 클릭하고 상태 표시줄을 살펴보면 ❷ 2페이지는 1구역, ❸ 3페이지는 2구역으로 나뉘어진 것을 확인할 수 있습니다.

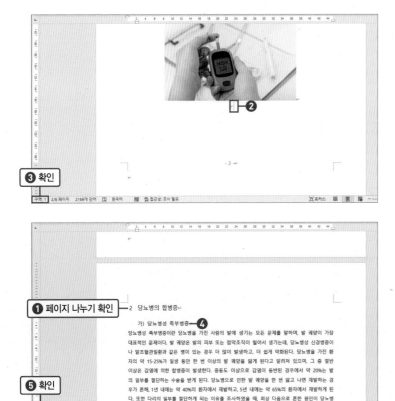

④ ❶ 4페이지로 이동해서 ❷ '**3 당뇨병의 운동효과와 식이요법 요령**'의 앞에 커서를 올려놓고 ❸ **[레이아웃] 탭-[페이지 설정] 그룹-[나누기]**를 클릭한 후 ❹ '**구역 나누기**'의 **[다음 페이지부터]**를 선택하세요.

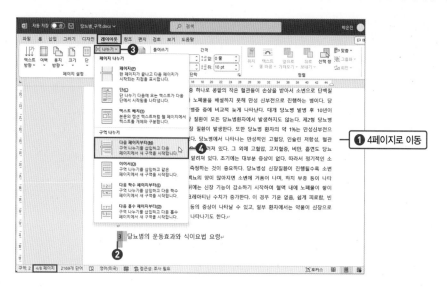

⑤ ❶ '3 당뇨병의 운동효과와 식이요법 요령' 부분부터 페이지 나누기와 구역 나누기가 실행되어 ❷ 상태 표시줄에서 5페이지, 3구역으로 표시된 것을 확인할 수 있어요.

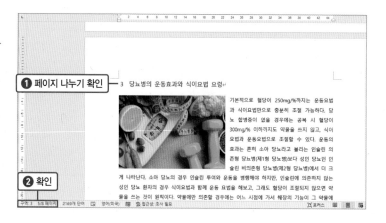

6 **❶** 3페이지로 이동해서 **❷** 커서를 올려놓고 **❸** **[레이아웃] 탭-[페이지 설정] 그룹-[용지 방향]**을 클릭하고 **❹** **[가로]**를 선택하세요.

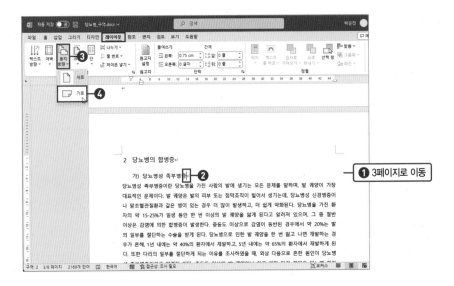

7 2구역인 3페이지와 4페이지만 용지 방향이 가로로 변경되었는지 확인하세요.

> **Tip**
>
> 1구역과 3구역에 해당하는 페이지는 용지 방향이 원래대로 세로입니다. 문서의 중간에 있는 특정 부분만 용지 방향을 변경하려면 해당 부분을 다른 구역으로 나누어야 합니다.

활용도 ▰▰▰ ▱▱▱ ▱▱▱

분리된 구역 하나로 합치기

① **①** 3페이지로 이동한 후 **②** 상태 표시줄에서 3페이지부터 2구역으로 설정된 것을 확인하고 **③** **[홈]
탭-[단락] 그룹-[편집 기호 표시/숨기기]**(Ctrl + *)를 클릭하세요.

② 2페이지에 있는 그림의 아래쪽에 '**구역 나누기(다음 페이지부터)**' 편집 기호가 표시되었으면 **①** 편
집 기호의 바로 앞에서 클릭하고 **②** Shift + → 를 눌러 선택하고 Delete 를 눌러 삭제하세요.

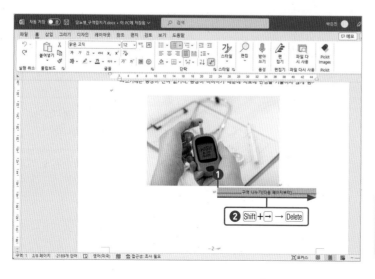

> **Tip**
>
> '구역 나누기(다음 페이지부터)' 편
> 집 기호의 바로 앞에 커서를 올려놓
> 고 Delete 를 눌러 삭제해도 됩니다.

서식

표 & 차트

문서 정렬

스타일

③ 3페이지의 내용이 2페이지로 이동하면서 구역 나누기도 삭제되어 하나의 구역으로 합쳐진 것을 상태 표시줄에서 확인할 수 있습니다.

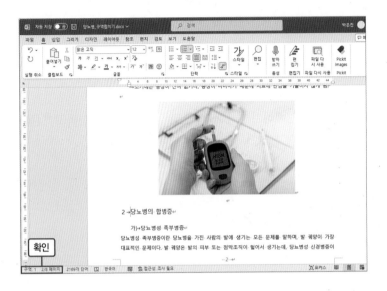

④ ❶ 4페이지로 이동해서 ❷ 아래쪽에 있는 '**구역 나누기(다음 페이지부터)**' 편집 기호의 앞에 커서를 올려놓고 ❸ **[레이아웃] 탭-[페이지 설정] 그룹-[나누기]**를 클릭한 후 ❹ '페이지 나누기'의 **[페이지]**를 선택하세요.

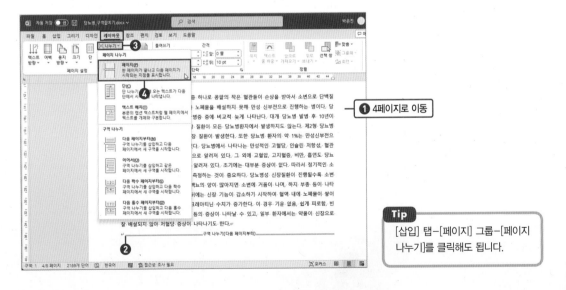

Tip

[삽입] 탭-[페이지] 그룹-[페이지 나누기]를 클릭해도 됩니다.

⑤ 앞에 있는 **'페이지 나누기'** 편집 기호는 남겨두고 뒤쪽의 **'구역 나누기(다음 페이지부터)'**를 Delete 를 눌러서 삭제하세요.

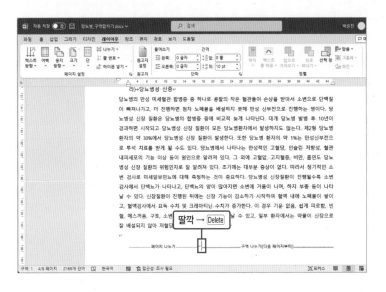

⑥ '구역 나누기' 편집 기호가 삭제되면서 모든 페이지가 1구역으로 설정되었는지 확인하세요.

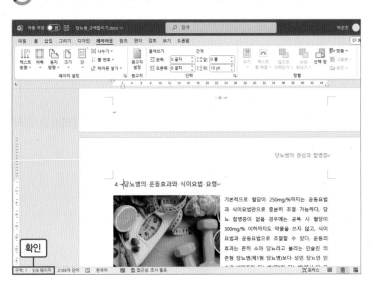

◉ 실습예제 : 당뇨병_구역별머리글.docx
◉ 완성예제 : 당뇨병_구역별머리글_완성.docx

활용도 ■■■■ ■■■■ ■■■■

실무 05 구역마다 머리글 다르게 지정하기

① 모든 페이지에 같은 내용의 머리글이 입력되어 있는지 확인합니다.

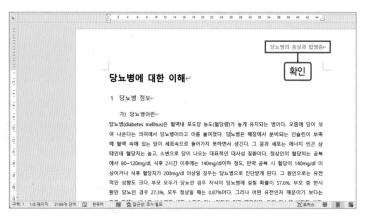

영상강의

Tip
여러 구역으로 나뉘어져 있어도 머리글/바닥글을 삽입하면 기본적으로 모든 페이지에 똑같이 적용됩니다.

② ❶ 5페이지로 이동한 후 ❷ 머리글을 더블클릭합니다. 머리글 편집 상태로 바뀌면 ❸ **[머리글/바닥글] 탭-[탐색] 그룹-[이전 머리글에 연결]**을 클릭해 선택을 해제하세요.

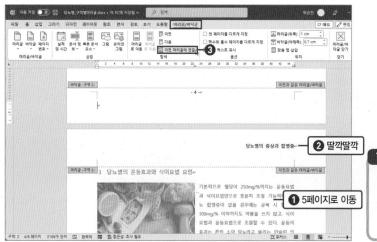

Tip
현재 구역에서 이전 구역과 다른 머리글/바닥글을 사용하려면 [이전 머리글에 연결]의 선택을 먼저 해제해야 합니다.

3 머리글을 **당뇨병의 운동효과와 식이요법**으로 수정하고 Esc 를 눌러 머리글 편집 화면을 종료합니다.

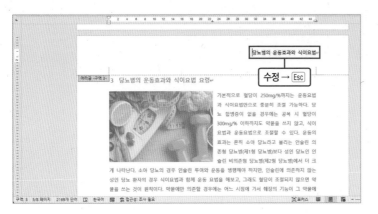

Tip

새로운 머리글을 입력하기 전에 [머리글/바닥글] 탭-[탐색] 그룹-[이전 머리글에 연결]의 선택이 해제되었는지부터 먼저 확인하세요.

4 페이지를 이동하면서 5페이지부터 머리글이 변경되었는지 확인하세요.

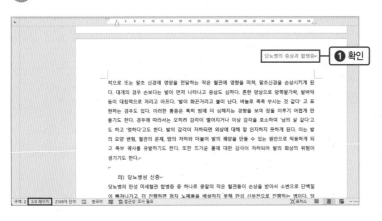

06

문서에 스타일 적용하기

스타일 기능을 이용하면 텍스트의 서식을 쉽게 변경하고 일관성 있게 관리할 수 있습니다. 그리고 텍스트의 서식을 개별적으로 관리하고 똑같은 모양을 반복해서 변경하는 것이 아니라 스타일로 등록해 두고 자동으로 적용할 수 있어요. 이번 섹션에서는 이렇게 작성한 스타일을 이용해 자동 목차도 만들어 보겠습니다.

● 실습예제 : 라켓볼_새스타일.docx
● 완성예제 : 라켓볼_새스타일_완성.docx

활용도 ▰▰▰ ▰▰▰ ▱▱▱

새로운 스타일 만들고 모든 문서에 적용하기

핵심 ⚡

① ● 1페이지의 아래쪽에 있는 '**라켓볼 코트**'를 범위로 지정하고 ❷ **[홈] 탭-[글꼴] 그룹-[글꼴 크기]**는 **[12pt]**, ❸ **[굵게]**, ❹ **[글꼴 색]**은 '테마 색'의 **[파랑, 강조 1]**을 지정합니다. ❺ **[홈] 탭-[단락] 그룹-[번호 매기기]**를 클릭하고 ❻ ☰를 클릭하세요.

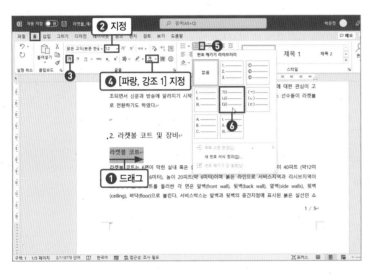

서식

표 & 차트

영상 강의

> **Tip**
> [홈] 탭-[글꼴] 그룹에서 글꼴 속성을 설정하면 범위로 지정한 텍스트에만 반영됩니다.

문서 정렬

② ❶ 과정에서 설정한 글꼴 속성을 스타일로 만들어 볼게요. ● **[홈] 탭-[스타일] 그룹-[자세히] 단추** (▽)를 클릭하고 ❷ **[스타일 만들기]**를 선택하세요.

스타일

③ [서식에서 새 스타일 만들기] 대화상자가 열리면 ❶ '이름'에 **1단계강조**를 입력하고 ❷ **[수정]**을 클릭하세요.

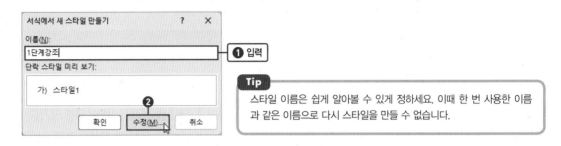

❶ 입력

❷

④ [서식에서 새 스타일 만들기] 대화상자가 열리면 ❶ '속성'의 '스타일 기준'과 '다음 단락의 스타일'에서 **[표준]**을 지정하고 ❷ **[이 서식 파일을 사용하는 새 문서]**를 선택한 후 ❸ **[확인]**을 클릭하세요.

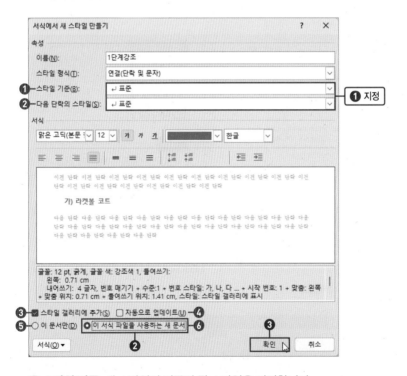

❶ 지정

❶ **스타일 기준**: 새 스타일의 기준이 될 스타일을 지정합니다.

❷ **다음 단락의 스타일**: 새 스타일을 입력하고 Enter 를 눌렀을 때 다음 단락에 적용될 스타일을 지정합니다.

❸ **스타일 갤러리에 추가**: [홈] 탭-[스타일] 그룹-[스타일 갤러리]에 새 스타일을 추가합니다.

❹ **자동으로 업데이트**: 스타일이 적용된 단락의 서식을 변경하면 해당 스타일이 설정된 단락의 서식이 자동 업데이트되면서 반영됩니다.

❺ **이 문서만**: 현재 문서에서만 새 스타일을 사용할 수 있습니다.

❻ **이 서식 파일을 사용하는 새 문서**: 'Normal.dotm' 서식 파일에 저장해 모든 새 문서에서 사용할 수 있습니다.

⑤ **[홈] 탭-[스타일] 그룹**에서 스타일 갤러리에 새로 만든 스타일이 추가되었는지 확인하세요.

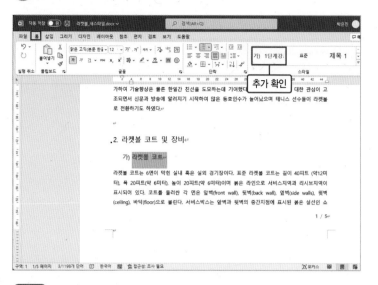

Tip

스타일 갤러리에 추가된 스타일 이름에서 마우스 오른쪽 단추를 클릭하고 [스타일 갤러리에서 제거]를 선택하면 스타일을 삭제할 수 있어요.

⑥ ❶ 2페이지로 이동해서 ❷ **'라켓볼 장비'**에 커서를 올려놓고 ❸ **[홈] 탭-[편집] 그룹-[선택]**을 클릭한 후 ❹ **[비슷한 서식의 모든 텍스트 선택(데이터 없음)]**을 선택하세요.

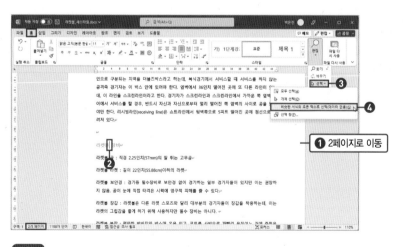

Tip

텍스트 '라켓볼 장비'에는 '맑은 고딕', '11pt', '주황', '강조 6' 색이 적용되어 있어요.

⑦ ❶ 서식이 같은 텍스트가 모두 선택되었으면 ❷ [홈] 탭-[스타일] 그룹에서 새로 만든 [1단계강조]를 클릭해서 스타일을 적용하세요.

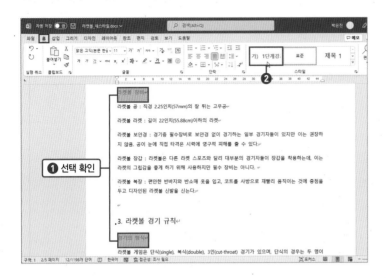

⑧ 페이지를 이동하면서 주황색으로 설정되어 있던 텍스트에 모두 '1단계강조' 스타일이 적용되었는지 확인하세요.

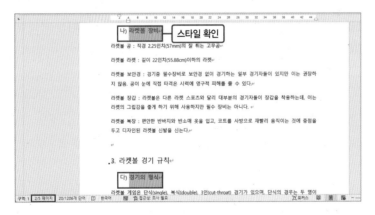

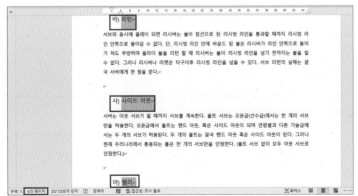

● 실습예제 : 라켓볼_스타일편집.docx
● 완성예제 : 라켓볼_스타일편집_완성.docx

02 스타일 편집하고 자동으로 적용하기

✓ **실무 활용 사례**

• 텍스트에 적용된 스타일을 변경한 후 스타일이 같은 텍스트에 일괄 적용해야 할 때

✓ **업무 시간 단축**

• [홈] 탭-[스타일] 그룹-[스타일 갤러리]-[수정] 선택
• 스타일 수정 → [스타일 수정] 대화상자에서 [이 서식 파일을 사용하는 새 문서] 선택

① **❶ [홈] 탭-[스타일] 그룹-[1단계강조]** 스타일에서 마우스 오른쪽 단추를 클릭하고 **❷ [수정]**을 선택하세요.

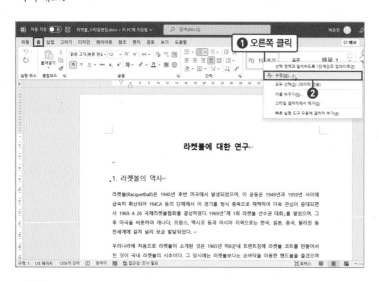

> **Tip**
>
> [홈] 탭-[스타일] 그룹의 스타일 갤러리에서 '1단계강조' 스타일이 안 보이면 [자세히] 단추(▽)를 클릭하고 찾아보세요.

② [스타일 수정] 대화상자가 열리면 ❶ **[서식]**을 클릭하고 ❷ **[테두리]**를 선택하세요.

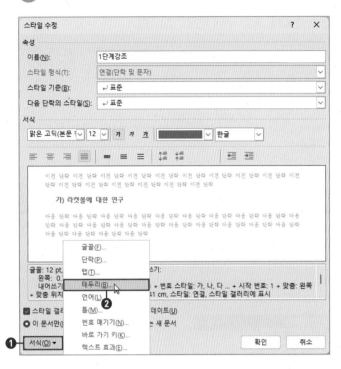

③ [테두리 및 음영] 대화상자의 [테두리] 탭이 열리면 ❶ '두께'에서 **[3/4pt]**를 선택하고 ❷~❸ '미리 보기'에서 **[위쪽]**(▣)과 **[아래쪽]**(▣)을 클릭하세요.

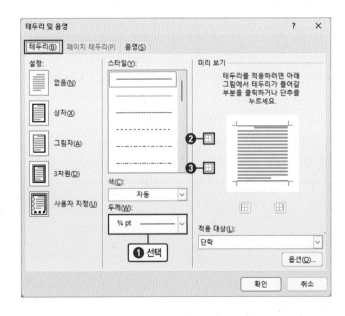

④ [테두리 및 음영] 대화상자에서 ❶ **[음영] 탭**을 선택하고 ❷ '채우기'에서 '테마 색'의 **[파랑, 강조 1, 80% 더 밝게]**를 선택한 후 ❸ **[확인]**을 클릭하세요.

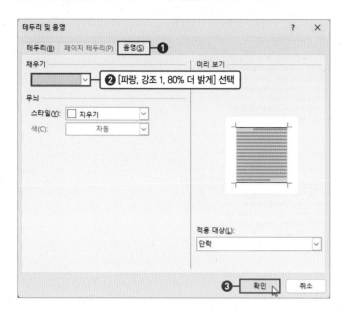

⑤ [스타일 수정] 대화상자로 되돌아오면 ❶ 미리 보기에서 변경한 내용이 적용되었는지 확인하고 ❷ **[이 서식 파일을 사용하는 새 문서]**를 선택한 후 ❸ **[확인]**을 클릭하세요.

6 페이지를 이동하면서 '1단계강조' 스타일에 변경한 서식이 자동으로 반영되었는지 확인하세요.

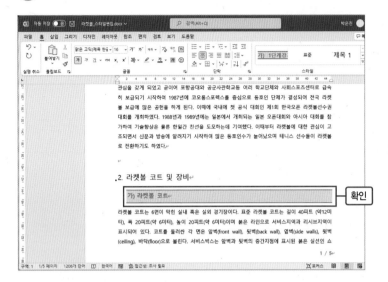

◈ 실습예제 : 한복_개요.docx
◈ 완성예제 : 한복_개요_완성.docx

활용도 ▮▮▮ ▮▮▮ ▮▮▮

03 스타일에 개요 수준 지정하기

✓ **실무 활용 사례**
- 스타일이 적용된 텍스트에 추가로 개요 수준을 지정해야 할 때

✓ **업무 시간 단축**
- [단락] 대화상자의 [들여쓰기 및 간격] 탭 → '개요 수준' 설정
- [홈] 탭-[스타일] 그룹-원하는 스타일에서 마우스 오른쪽 단추 클릭 → [선택 영역과 일치하도록 중제목 업데이트] 선택

① ❶ 2페이지에서 ❷ '중제목' 스타일이 적용된 **가) 평상복**'에 커서를 올려놓고 ❸ **[홈] 탭-[단락] 그룹-[단락 설정]**(⤵)을 클릭하세요.

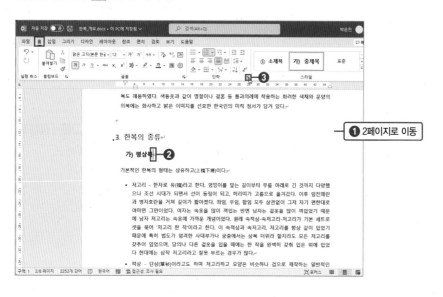

서식 | 표&차트 | 문서 정렬 | 스타일

81

② [단락] 대화상자의 [들여쓰기 및 간격] 탭이 열리면 ❶~❷ '개요 수준'에서 **[수준 2]**를 선택하고 ❸ **[확인]**을 클릭하세요.

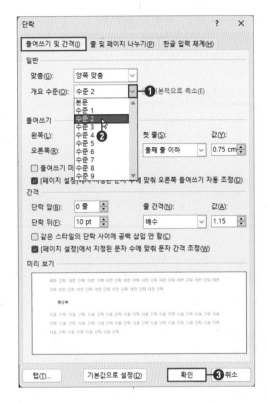

Tip

이 문서에 사용한 '제목'과 '제목1' 스타일에는 개요 수준이 이미 '수준 1'로 지정되어 있어요.

③ 변경한 개요 수준을 '중제목' 스타일의 속성에 반영해 볼게요. ❶ **[홈] 탭-[스타일] 그룹-[중제목]**에서 마우스 오른쪽 단추를 클릭하고 ❷ **[선택 영역과 일치하도록 중제목 업데이트]**를 선택하세요.

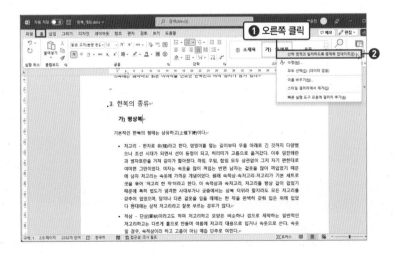

④ ❶ 4페이지로 이동한 후 ❷ '소제목' 스타일이 적용된 '① 민소매/반팔 계열'을 클릭해 커서를 올려 놓고 ❸ [홈] 탭-[단락] 그룹-[단락 설정](⌐𝄫)을 클릭하세요.

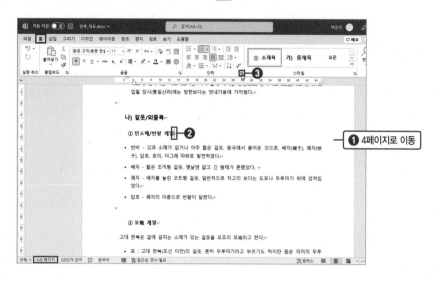

⑤ [단락] 대화상자의 [들여쓰기 및 간격] 탭이 열리면 ❶~❷ '개요 수준'에서 [수준 3]을 선택하고 ❸ [확인]을 클릭하세요.

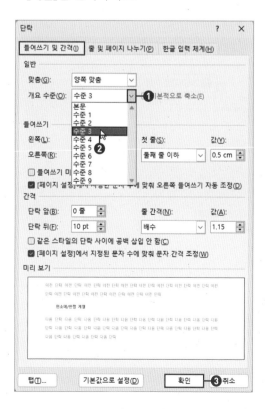

6 변경한 개요 수준을 '소제목' 스타일의 속성에 반영해 볼게요. **❶ [홈] 탭-[스타일] 그룹-[소제목]** 에서 마우스 오른쪽 단추를 클릭하고 **❷ [선택 영역과 일치하도록 소제목 업데이트]**를 선택하세요.

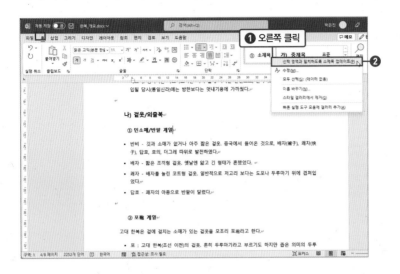

7 개요 수준이 적용되었으면 개요 수준에 따라 하위 수준의 단락을 축소 및 확대할 수 있어요. **❶** 2 페이지로 이동한 후 **❷** '가) 평상복'의 앞에 있는 ◢을 클릭해 단락을 축소하거나 확장해 보세요.

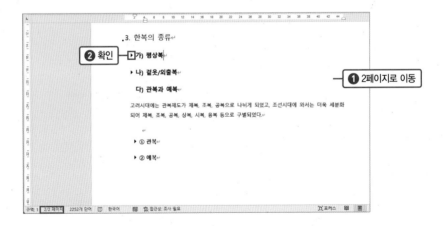

● **실습예제** : 한복_목차.docx
● **완성예제** : 한복_목차_완성.docx

활용도 ▓▓▓▓▓ ▓▓▓▓ ▓▓▓▓

스타일 이용해 자동으로 목차 작성하기

① '제목', '제목1', '중제목', '소제목' 스타일에는 개요가 지정되어 있으므로 이들 스타일을 목차로 설정할 수 있습니다. **❶** 1페이지에서 **'목차'**의 아래쪽에 커서를 올려놓고 **❷** **[참조] 탭-[목차] 그룹-[목차]**를 클릭한 후 **❸** **[사용자 지정 목차]**를 선택하세요.

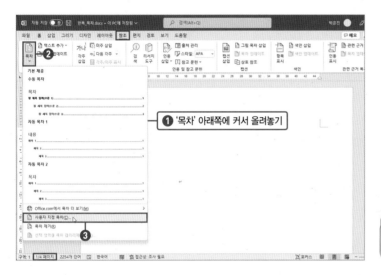

❶ '목차' 아래쪽에 커서 올려놓기

Tip
커서의 위치에 목차가 삽입됩니다.

② [목차] 대화상자의 [목차] 탭이 열리면 목차의 기준을 설정하기 위해 **[옵션]**을 클릭하세요.

목차

색인(X) | **목차(C)** | 그림 목차(F) | 관련 근거 목차(A)

인쇄 미리 보기(V)

제목 1
제목 1 1
제목 2 2

웹 미리 보기(W)

제목
제목 1
제목 2

☑ 페이지 번호 표시(S)
☑ 페이지 번호를 오른쪽에 맞춤(R)
탭 채움선(B):

☑ 페이지 번호 대신 하이퍼링크 사용(H)

일반

서식(T): 기본형
수준 표시(L): 3

클릭

옵션(O)... | 수정(M)...

확인 | 취소

서식

표 & 차트

문서 정렬

스타일

③ [목차 옵션] 대화상자에서 목차에 적용할 스타일과 수준을 지정할 수 있어요. ❶~❷ '소제목'의 '3', '제목 1'의 '1', '중제목'의 '2' 값만 남기고 ❸ 사용하지 않을 나머지 스타일의 목차 수준은 삭제한 후 ❹ [확인]을 클릭하세요.

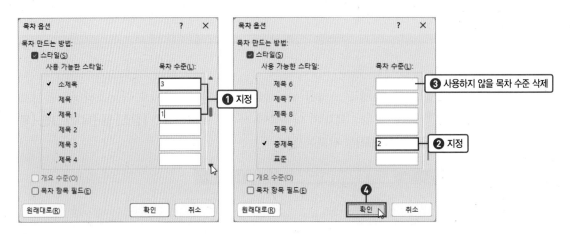

④ [목차] 대화상자의 [목차] 탭으로 되돌아오면 ❶ '일반'의 '서식'에서 [장식형]을 선택하고 ❷ '탭 채움선'은 첫 번째 모양인 ⋯⋯ 을 선택한 후 ❸ [확인]을 클릭하세요.

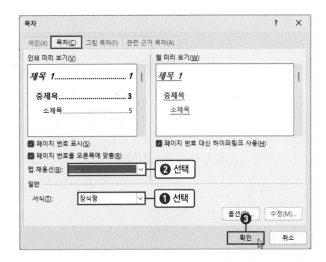

⑤ 커서 위치에 설정한 내용으로 목차가 삽입되었는지 확인하세요.

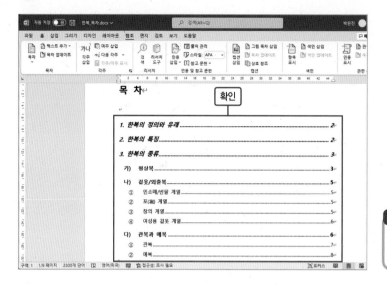

Tip

Ctrl을 누른 상태에서 목차를 클릭
하면 해당 페이지로 이동합니다.

서식

표 & 차트

문서 정렬

스타일

찾아보기

실무 완전 정복!

직장인을 위한
실무
엑셀
파워포인트
워드＋한글

WE DID IT))

한글

박미정, 박은진 지음

길벗

직장인을 위한 핵심 포인트!

실제 업무에 100% 활용할 수 있는 핵심 기능을 엄선했습니다. 쉽게 찾아 빠르게 배울 수 있도록 정리했으니, 이 책의 내용을 모두 읽은 후에도 필요할 때마다 이 페이지를 펼쳐 적극 활용하길 바랍니다.

	업무에 꼭 필요한 핵심 기능	빠른 쪽 찾기
1	조판 부호로 문서 편집하기	17쪽
2	찾아 바꾸기로 텍스트 한 번에 수정하기	22쪽
3	글자와 문단 모양 복사해 문서 빠르게 꾸미기	32쪽
4	그림 삽입하고 배치하기	48쪽
5	표의 내용을 원하는 차트로 작성하기	63쪽
6	문단 번호와 문단 수준 지정하기	73쪽
7	개요 번호 모양 사용자 정의해 만들기	79쪽
8	스타일 만들고 적용하기	83쪽
9	엑셀 자료 활용해 메일 머지 작성하기	92쪽

 QR코드로 동영상 강의를 시청해 보세요!

책에 실린 QR코드를 통해 저자의 동영상 강의를 바로 시청할 수 있습니다. 유튜브에서 『오피스랩』을 검색해도 강의를 무료로 볼 수 있어요.

❶ 책 속 QR코드를 찾으세요. ❷ 스마트폰 카메라를 실행하고 QR코드를 비춰보세요. ❸ 동영상 강의 링크가 나타나면 화면을 터치해 강의를 시청하세요.

목차

CHAPTER **03** 기능적으로 편리한 문서 작성하기

예제 파일 및 완성 파일은 홈페이지에서 다운로드하세요!

이 책에 사용된 예제 파일 및 완성 파일은 **길벗출판사 홈페이지**(www.gilbut.co.kr)에서 다운로드할 수 있어요. 홈페이지 검색 창에 『**직장인을 위한 실무 엑셀 파워포인트 워드 한글**』을 검색하고 **[자료실]**을 클릭해 실습 파일을 다운로드하세요. 회원 가입을 하지 않아도 누구나 부록을 다운로드할 수 있습니다.

길벗출판사 홈페이지에 무엇이든 물어보세요!

책을 읽다 막히는 부분이 있거나 오류를 발견한 경우, 길벗출판사 홈페이지(www.gilbut.co.kr) 회원으로 가입하고 무엇이든 물어보세요! 지은이와 길벗 독자지원센터에서 신속하고 친절하게 답해 드립니다.

✅ 1:1 문의 게시판 이용하기

STEP 1 길벗 홈페이지(www.gilbut.co.kr) 회원 가입 후 로그인하기
STEP 2 [고객센터] 클릭하기
STEP 3 [1:1 문의] - [도서이용] 클릭하여 문의하기

✅ 해당 도서 페이지에서 질문하기

STEP 1 홈페이지의 검색 창에 『직장인을 위한 실무 엑셀 파워포인트 워드 한글』 검색하기
STEP 2 해당 도서의 페이지로 이동하여 오른쪽 퀵 메뉴의 [도서문의] 클릭하기
STEP 3 문의 내용 입력하기

❶ 문의 종류를 선택해 주세요.
❷ 문의할 도서가 맞는지 확인해 주세요.
❸ 질문에 대한 답을 빠르게 찾을 수 있도록 해당 쪽을 적어 주세요.
❹ 문의 내용을 입력해 주세요.
❺ 길벗 독자지원센터와 저자가 질문을 빠르게 파악할 수 있도록 관련 파일을 첨부해 주면 좋아요.
❻ 모든 내용을 입력했다면 [문의하기]를 클릭해 질문을 등록하세요.

CHAPTER 01

기본 문서 작성하기

문서 작성 프로그램 중에서도 가장 많이 사용하는 프로그램이 바로 한글입니다. 많이 사용하는 만큼 활용도
를 높이고 빠르고 쉽게 문서를 작성하기 위해 여러 가지 설정 기능과 상용구 사용법을 익히는 것이 좋습니다.
그리고 문서 작성의 기본이 되는 블록 지정 방법부터 글자 모양, 문단 모양, 탭 설정 방법은 반드시 학습해야
합니다. 이번 장에서는 글자판을 설정하는 방법부터 빈도 높고 편리한 Tip, 그리고 문서 작성의 기본이 되는
다양한 편집 기술을 익혀보겠습니다.

01

알아두면 편리한
문서 작성 Tip 익히기

글자판 설정을 변경하거나 상용구 기능을 이용하면 자주 사용하는 기호뿐만 아니라 문구, 로고, 표 등을 쉽고 빠르게 입력할 수 있습니다. 이번 섹션에서는 간단한 글자판 설정 방법과 상용구 등록 기능을 통해 편리한 문서 작성 Tip을 익혀 보겠습니다.

겹낫표 기호(『』) 사용하기

기본 01

✓ **실무 활용 사례**

• 문서에서 키보드로 겹낫표(『』)를 빠르게 입력해야 할 때

✓ **업무 시간 단축**

• Alt + F2 → [입력기 환경 설정] 대화상자의 [기타] 탭에서 [겹낫표 입력]에 체크 표시

서식

① 글자판 설정을 변경해 책 제목이나 신문 이름 등을 표시할 때 사용하는 겹낫표(『』)를 빠르게 입력할 수 있어요. ❶ **[도구] 탭-[글자판]**을 클릭하고 ❷ **[글자판 바꾸기]**(Alt + F2)를 선택하세요.

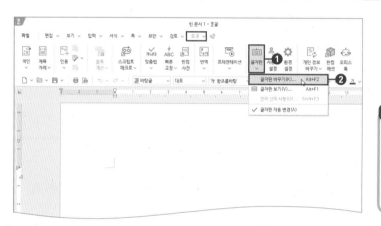

개체 삽입

> **Tip**
>
> [입력] 탭-[문자표](Ctrl + F10)를 클릭해 [문자표] 대화상자를 열고 [사용자 문자표] 탭의 '문자 영역'에서 [괄호]를 선택하면 겹낫표(『』)를 입력할 수 있어요.

② [입력기 환경 설정] 대화상자가 열리면 ❶ **[기타] 탭**을 선택하고 ❷ **[겹낫표 입력]**에 체크 표시한 후 ❸ **[확인]**을 클릭하세요.

문서 정렬

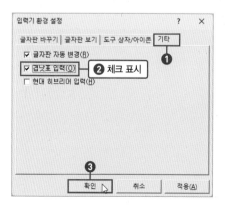

스타일

③ **❶** 한글 모드에서 **{ }**를 입력하면 **❷** 겹낫표를 쉽게 입력할 수 있습니다. 이와 같은 방법으로 **[ ]**를 입력하면 낫표를 입력할 수 있어요.

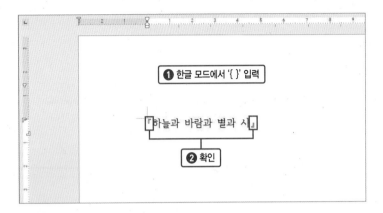

잠깐만요!

가운데 온점(·) 빠르게 입력하기

가운데 온점(·)은 Ctrl + F10 을 눌러 [문자표] 대화상자를 열고 [사용자 문자표] 탭의 '문자 영역'에서 [기호1]을 선택한 후 온점 기호를 삽입해도 됩니다. 하지만 글자판을 변경하면 좀 더 쉽게 가운데 온점을 입력할 수 있어요. Alt + F2 를 눌러 [입력기 환경 설정] 대화상자를 열고 [글자판 바꾸기] 탭에서 한글 글자판을 '제 1 글자판'의 [두벌식 표준 2]를 선택하여 변경합니다. 그리고 문서에서 숫자 ①의 왼쪽에 있는 ⌐를 입력하면 가운데 온점(·)을 빠르게 입력할 수 있어요.

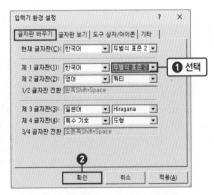

▲ 한글 글자판을 [두벌식 표준 2]로 선택하기

● 실습예제 : 로고.hwp
● 완성예제 : 로고_완성.hwp

활용도 ▰▰▰ ▰▰▰ ▰▰▰

실무 02 상용구에 로고 등록해 자동으로 삽입하기

① 자주 사용할 로고 이미지를 상용구로 등록해 볼게요. ❶ 로고 이미지를 선택하고 ❷ [입력] 탭-[입력 도우미]를 클릭한 후 ❸~❹ [상용구]-[상용구 등록]([Alt]+[I])을 선택하세요.

Tip

자주 사용하는 문구나 복잡한 인사말 또는 개체 등을 선택한 후 [Alt]+[I]를 클릭해 상용구로 등록하면 편리합니다. 텍스트뿐만 아니라 그림, 표, 도형 등의 개체도 상용구로 등록할 수 있어요.

② [본문 상용구 등록] 대화상자가 열리면 ❶ '준말'에는 **로고1**을, '설명'에는 **머리말 오른쪽 작은 로고**를 입력하고 ❷ [설정]을 클릭하세요.

Tip

'준말'과 '설명'은 쉽게 알아볼 수 있게 설정하세요.

11

③ 상용구 기능으로 로고를 삽입해 볼게요. ❶ [파일] 탭-[새 문서](Alt+N)를 선택하여 새 문서를 열고 ❷ [입력] 탭-[입력 도우미]를 클릭한 후 ❸~❹ [상용구]-[상용구 내용]($Ctrl$+$F3$)을 선택하세요.

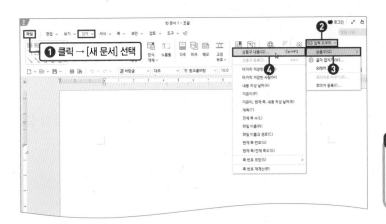

Tip
$Ctrl$+$F3$을 눌러 [상용구] 대화상자를 열고 등록된 상용구를 편집하거나 삭제할 수 있습니다.

④ [상용구] 대화상자가 열리면 ❶ [본문 상용구] 탭을 선택하고 ❷ 등록된 [로고1]을 선택한 후 ❸ [넣기]를 클릭하세요.

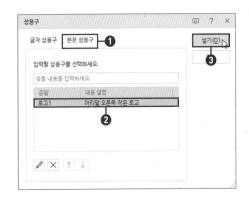

Tip
'로고1'을 입력한 후 Alt+I를 누르면 곧바로 로고가 삽입됩니다.

⑤ 로고 이미지가 등록한 크기로 등록한 위치에 삽입되었는지 확인하세요.

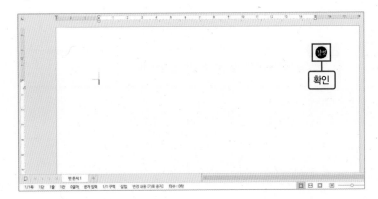

12

◉ 실습예제 : 에너지_강조행.hwp
◉ 완성예제 : 에너지_강조행_완성.hwp

활용도 ■■■■■ ■■■■■ ■■■■■

03 상용구에 표 등록해 강조 행 빠르게 삽입하기

실무

① 테두리를 강조한 표를 상용구로 등록하면 쉽고 빠르게 서식이 지정된 제목 행을 삽입할 수 있어요. ❶ '1. 신재생에너지의 정의' 표를 선택하고 ❷ [입력] 탭-[입력 도우미]를 클릭한 후 ❸~❹ [상용구]-[상용구 등록]([Alt]+[I])을 클릭하세요.

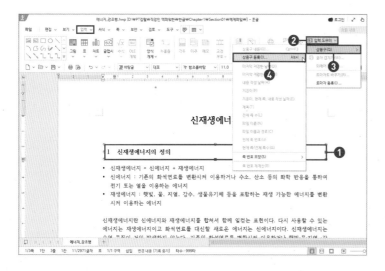

② [본문 상용구 등록] 대화상자가 열리면 ❶ '준말'에는 **강조행**을, '설명'에는 **상하 파란 테두리의 1수준 제목**을 입력하고 ❷ [설정]을 클릭하세요.

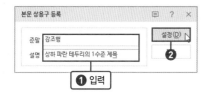

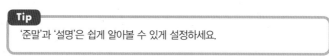

> **Tip**
> '준말'과 '설명'은 쉽게 알아볼 수 있게 설정하세요.

③ **❶** '**2. 신재생에너지의 특징**'의 아래쪽에 커서를 올려놓고 **❷** **[입력] 탭-[입력 도우미]**를 클릭한 후
❸~❹ **[상용구]-[상용구 내용]**(Ctrl + F3)을 선택하세요.

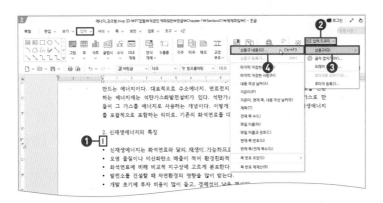

④ [상용구] 대화상자가 열리면 **❶** **[본문 상용구] 탭**을 선택하고 **❷** 등록된 **[강조행]**을 선택한 후 **❸** **[넣기]**를 클릭하세요.

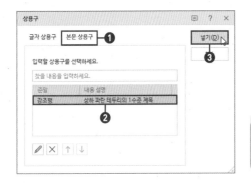

> **Tip**
> 준말인 '강조행'을 입력하고 Alt + I 를 눌러 빠르게 적용할 수 있습니다.

⑤ **❶** ①에서 선택한 표가 삽입되었으면 표의 내용을 수정하여 강조 행을 완성하고 **❷** 원래 있던 '2. 신재생에너지의 특징'을 삭제합니다. 이와 같은 방법으로 아래쪽에 있는 4번까지 반복 실행하세요.

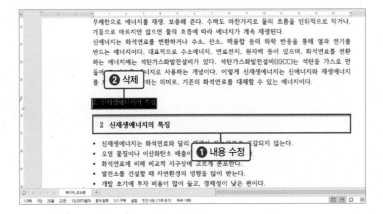

04
기본

자주 사용하는 글자판 설정하고 빠르게 변경하기

✓ **실무 활용 사례**

• 자주 입력하는 일본어나 특수 문자 글자판을 빠르게 변경해서 사용해야 할 때

✓ **업무 시간 단축**

• Alt + F2 → [입력기 환경 설정] 대화상자의 [글자판 바꾸기] 탭에서 제3글자판은 [일본어], [Hiragana]로, 제4글자판은 [특수 기호], [도형]으로 설정

① ❶ **[도구] 탭-[글자판]**을 클릭하고 ❷ **[글자판 바꾸기]**(Alt + F2)를 선택하면 자주 사용하는 글자판을 쉽게 등록하고 변경할 수 있어요.

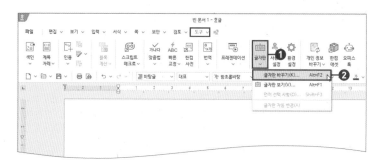

② [입력기 환경 설정] 대화상자의 [글자판 바꾸기] 탭이 열리면 '제 1 글자판'은 **[한국어]**, **[두벌식 표준]**으로, '제 2 글자판'은 **[영어]**, **[쿼티]**로, '제 3 글자판'은 **[일본어]**, **[Hiragana]**로, '제 4 글자판'은 **[특수 기호]**, **[도형]**으로 지정합니다.

입력기 환경 설정	? ✕

글자판 바꾸기 | 글자판 보기 | 도구 상자/아이콘 | 기타

현재 글자판(C): 한국어 ▾ 두벌식 표준 ▾

제 1 글자판(1): 한국어 ▾ 두벌식 표준 ▾
제 2 글자판(2): 영어 ▾ 쿼티 ▾
1/2 글자판 전환 왼쪽Shift+Space

→ 지정

제 3 글자판(3): 일본어 ▾ Hiragana ▾
제 4 글자판(4): 특수 기호 ▾ 도형 ▾
3/4 글자판 전환 오른쪽Shift+Space

확인   취소   적용(A)

③ '제 1 글자판'과 '제 2 글자판'을 전환하려면 왼쪽 Shift와 Spacebar를, '제 3 글자판'과 '제 4 글자판'을 전환하려면 오른쪽 Shift와 Spacebar를 누릅니다. 글자판을 직접 보면서 입력하려면 **[도구] 탭-[글자판]**을 클릭하고 **[글자판 보기]**(Alt+F1)을 선택하세요. 이와 같은 방법으로 원하는 기호를 입력해 보세요.

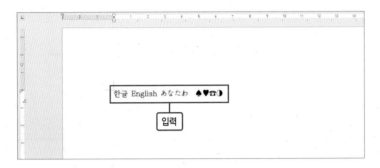

▲ 특수 기호 글자판

◉ **실습예제** : 반려동물등록제.hwp
◉ **완성예제** : 반려동물등록제_완성.hwp

조판 부호로 문서 편집하기

✔ **실무 활용 사례**

• 쪽 번호가 여러 개 삽입되어 정확하게 표시되지 않았을 때

✔ **업무 시간 단축**

• [Alt], [U], [R]로 조판 부호 표시

① 표, 쪽 번호 등이 제대로 나타나지 않는 등 편집 상태를 판단하기 어려울 때는 조판 부호를 보면서 문서를 수정하면 편리합니다. **❶ [보기] 탭-[조판 부호]**에 체크 표시하여 조판 부호를 표시하면 **❷** 머리말과 1행에 쪽 번호가 중복해서 삽입된 것을 볼 수 있습니다. 이 중 하나를 지워야 하므로 **❸** 1행의 **[쪽 번호 위치]** 앞에 커서를 올려놓고 [Delete]를 누르세요.

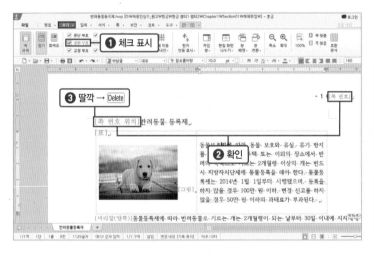

영상강의

Tip
조판 부호가 보이게 [조판 부호]에 체크 표시하면 문단 부호도 함께 보이게 설정됩니다.

② [쪽 번호 위치]를 지울 것인지 물어보는 메시지 창이 열리면 **[지움]**을 클릭하세요.

③ 중복된 쪽 번호를 삭제했으면 **[보기] 탭-[조판 부호]**에 체크 표시를 해제하고 조판 부호와 문단 부호가 보이지 않게 숨겨졌는지 확인합니다.

조판 부호 지우기로 하이퍼링크 한 번에 삭제하기

문서에 삽입된 개체나 특정 기능을 가진 내용은 하나씩 선택해서 삭제해야 하지만, 조판 부호로 나타나는 기능은 한 번에 삭제할 수 있어요. 특히 하이퍼링크는 문서에 조판 부호가 나타나므로 [편집] 탭-[조판 부호 지우기]를 클릭하세요. [조판 부호 지우기] 대화상자가 열리면 '조판 부호 목록'에서 [하이퍼링크]에 체크 표시하고 [지우기]를 클릭하면 하이퍼링크가 한 번에 없어집니다.

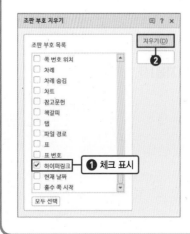

01 자동 교정 기능 끄기

① **❶ 설겆이**를 입력하고 Spacebar를 누르면 빠른 교정 기능이 실행되면서 '설거지'로 자동 고침됩니다. 빠른 교정 기능은 편리하지만 원하지 않는 자동 고침 때문에 오히려 불편할 수 있어요. 그러므로 **❷ [도구] 탭-[빠른 교정]**을 클릭하고 **❸ [빠른 교정 동작]**을 선택해 앞의 체크 표시를 해제하여 이 기능이 실행되지 않도록 설정하세요.

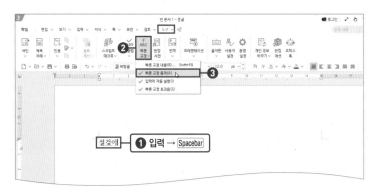

> **Tip**
>
> [빠른 교정]은 Spacebar나 Tab, Enter 등을 눌러 낱말 입력을 끝냈을 때만 동작하고 자동 고침되었을 때 즉시 실행을 취소하려면 Ctrl+Z를 누르세요. 그리고 [도구] 탭-[빠른 교정]을 클릭하고 [빠른 교정 내용](Shift+F8)을 선택해 [빠른 교정 내용] 대화상자를 열고 [빠른 교정 사용자 사전] 탭과 [입력 자동 서식] 탭에 설정된 내용을 확인한 후 불필요한 부분만 선택해서 해제해도 됩니다.

② **❶ SNS**를 입력하면 한영 오타 변환 기능 때문에 '눈'으로 자동 고침되는데, 이 기능도 해제해 볼게요. **❷ [도구] 탭-[글자판]**을 클릭하고 **❸ [글자판 자동 변경]**을 선택해 앞의 체크 표시를 해제하세요.

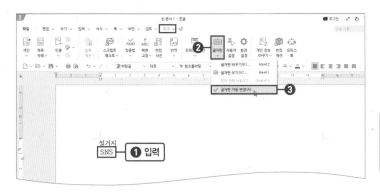

> **Tip**
>
> 한글 버전에 따라 [글자판 자동 변경]이 [한영 자동 전환 동작]으로 표시될 수 있습니다.

서식

개체 삽입

문서 정렬

스타일

19

02

서식 지정해 문서 꾸미기

텍스트에 서식을 지정하여 문서를 보기 좋게 꾸며볼게요. 찾아 바꾸기로 텍스트를 한 번에 다른 내용으로 수정하거나 서식을 변경하고 줄 간격과 단락 간격을 조정해 가독성을 높일 수 있습니다. 또한 글자와 문단 모양을 복사해 빠르게 적용하는 방법도 매우 유용합니다.

기본 01 다양한 방법으로 블록 지정하기

블록은 편집 기능이 적용될 범위를 미리 지정하는 것으로, 텍스트를 복사하거나 지울 때 또는 글자 모양이나 문단 모양을 바꿀 때 원하는 부분을 블록으로 지정해야 합니다. 블록은 마우스와 키보드를 이용해서 지정할 수 있습니다.

방법1 마우스 이용하기

문서의 왼쪽 여백에 마우스 포인터를 올려놓고 ⚠ 모양일 때 한 번 클릭하면 한 줄을 블록으로 지정합니다. 두 번 클릭하면 문단을, 세 번 클릭하면 문서 전체를 블록으로 지정합니다.

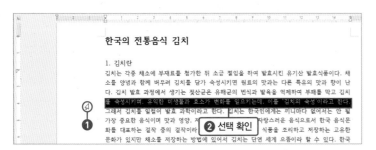

방법2 키보드 이용하기

'김치는 한국인에게는'의 앞을 클릭해 커서를 올려놓고 Shift를 누른 상태에서 **'개발했다'** 뒤를 클릭하면 이 부분이 블록으로 지정됩니다.

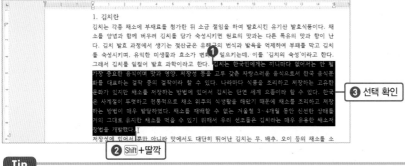

Tip

- Shift+**방향키**(←, →, ↑, ↓): 커서가 이동한 방향과 위치만큼 블록으로 지정합니다.
- F3 : F3 을 한 번 누르면 한 단어를, 두 번 누르면 한 문단을, 세 번 누르면 문서 전체를 블록으로 지정합니다.
- Ctrl + A : 문서 전체를 블록으로 지정합니다.

서식

개체 삽입

문서 정렬

스타일

활용도 ▰▰▰ ▰▰▰ ▱▱▱

기본 02 찾아 바꾸기로 텍스트 한 번에 수정하기

✔ **실무 활용 사례**

• 문서에 있는 같은 텍스트나 서식을 한 번에 바꾸거나 편집해야 할 때

✔ **업무 시간 단축**

• Ctrl+H 또는 Ctrl+F2 → [찾아 바꾸기] 대화상자의 [서식 찾기] 단추(🔍)에서 찾을 서식과 바꿀 서식 지정

---

① ❶ **[편집] 탭-[찾기]**를 클릭하고 ❷ **[찾아 바꾸기]**(Ctrl + F2)를 선택하세요.

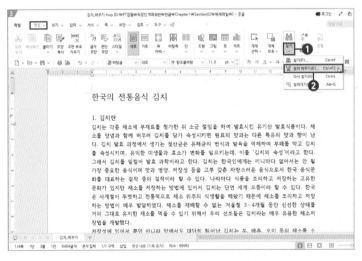

영상강의

Tip
• 찾기 : Ctrl + F
• 찾아 바꾸기 : Ctrl + H , Ctrl + F2

② [찾아 바꾸기] 대화상자가 열리면 ❶ '찾을 내용'에는 **젖갈**을, '바꿀 내용'에는 **젓갈**을 입력하고 ❷ '찾을 방향'에서 **[문서 전체]**를 선택한 후 ❸ **[모두 바꾸기]**를 클릭합니다. 잘못 표기된 '젖갈' 5개를 모두 '젓갈'로 수정했다는 메시지 창이 열리면 ❹ **[확인]**을 클릭하세요.

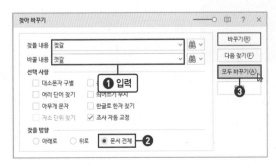

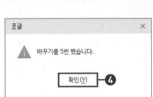

③ 이번에는 텍스트의 글자 모양을 이용해 찾아 바꾸기를 실행해 볼게요. [찾아 바꾸기] 대화상자의 ❶ '찾을 내용'과 '바꿀 내용'의 텍스트를 모두 지우고 ❷ '찾을 내용'의 오른쪽에 있는 **[서식 찾기] 단추(🔍∨)**를 클릭한 후 ❸ **[찾을 글자 모양]**을 선택하세요.

④ [글자 모양] 대화상자의 [기본] 탭이 열리면 ❶ '기준 크기'를 **[11pt]**로 지정하고 ❷ **[설정]**을 클릭합니다. 이제 '11pt'로 설정된 문단 제목을 찾아 서식을 바꿀 수 있어요.

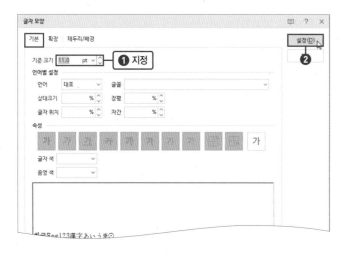

⑤ [찾아 바꾸기] 대화상자로 되돌아오면 ❶ '바꿀 내용'의 오른쪽에 있는 **[서식 찾기] 단추(🔍∨)**를 클릭하고 ❷ **[바꿀 글자 모양]**을 선택하세요.

서식

개체 삽입

문서 정렬

스타일

⑥ [글자 모양] 대화상자의 [기본] 탭이 열리면 ❶ '기준 크기'를 [12pt]로 지정하고 ❷ '속성'은 [굵게]를, ❸ '글자 색'은 [파랑]을 지정한 후 ❹ [설정]을 클릭하세요.

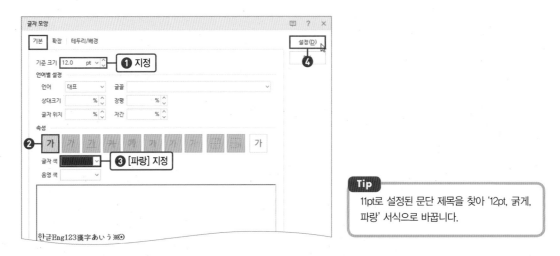

Tip

11pt로 설정된 문단 제목을 찾아 '12pt, 굵게, 파랑' 서식으로 바꿉니다.

⑦ [찾아 바꾸기] 대화상자로 되돌아오면 ❶ [모두 바꾸기]를 클릭합니다. 서식을 찾아 4번 바꾸었다는 메시지 창이 열리면 ❷ [확인]을 클릭하고 [찾아 바꾸기] 대화상자에서 ❸ [닫기]를 클릭하세요.

⑧ 다음 쪽으로 이동하면서 문단 제목에 해당하는 텍스트의 서식이 모두 변경되었는지 확인하세요.

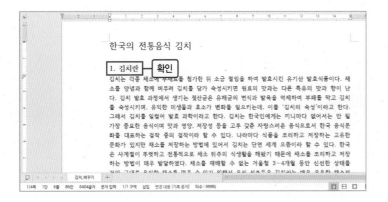

◎ 실습예제 : 김치_정렬.hwp
◎ 완성예제 : 김치_정렬_완성.hwp

활용도 ■■■■ ▨▨▨ ▨▨▨

기본 03 다양한 형태로 문단 정렬하기

① ❶ '1. 김치란'의 아래쪽 문단을 클릭해 커서를 올려놓고 ❷ [서식] 탭-[문단 정렬]을 클릭한 후
❸ [왼쪽 정렬]([Ctrl]+[Shift]+[L])을 선택하세요.

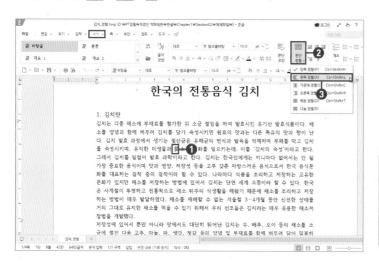

Tip

텍스트를 블록으로 지정하지 않으면 커서가 있는 문단에 기본적으로 양쪽 정렬([Ctrl]+[Shift]+[M])이 적용됩니다. 2줄 이상이면 양쪽으로 가지런하게 정렬됩니다.

② ❶ 커서가 있는 문단에 왼쪽 정렬이 적용되면서 왼쪽을 기준으로 가지런히 줄이 맞추어졌고 오른쪽은 어절 단위로 줄바꿈되었어요. ❷ [서식] 탭-[문단 정렬]을 클릭하고 ❸ [오른쪽 정렬]([Ctrl]+[Shift]+[R])을 선택하세요.

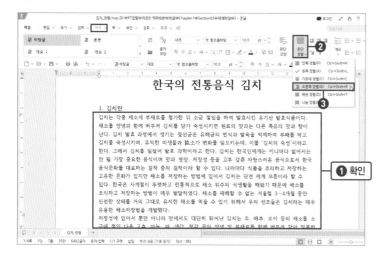

서식

개체 삽입

문서 정렬

스타일

25

③ ● 커서가 있는 문단에 오른쪽 정렬이 적용되면서 오른쪽을 기준으로 가지런히 줄이 맞추어
졌고 왼쪽은 어절 단위로 줄바꿈되었어요. ❷ **[서식] 탭-[문단 정렬]**을 클릭하고 ❸ **[배분 정렬]**(Ctrl +
Shift + T)을 선택하세요.

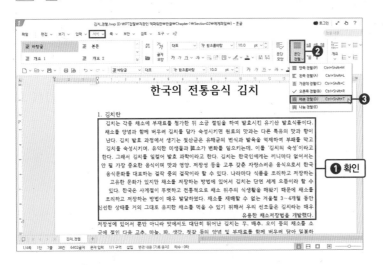

④ ● 커서가 있는 문단이 배분 정렬이 적용되면서 글자 수에 상관 없이 양쪽 정렬되어 글자 사이가
일정하게 띄어쓰기되었습니다. ❷ **[서식] 탭-[문단 정렬]**을 클릭하고 ❸ **[나눔 정렬]**을 선택하세요.

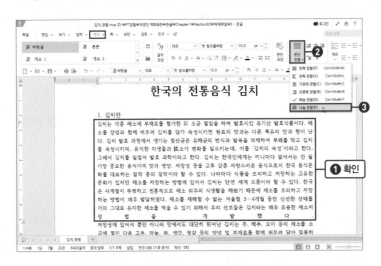

⑤ 커서가 있는 문단에 나눔 정렬이 적용되면서 글자 수에 상관 없이 양쪽 정렬되어 어절 사이가 일정하게 띄어쓰기 되었습니다.

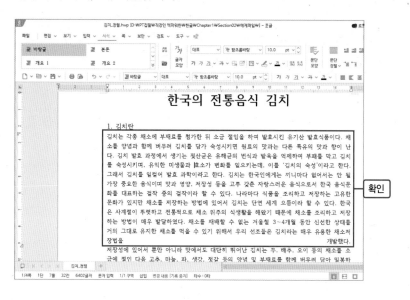

활용도 ▮▮▮▮ ▮▮▮▮ ▮▮▮▮

04 첫 줄 들여쓰기와 문단 여백 지정하기

① **❶ '1. 김치란'**의 아래쪽 문단을 클릭해 커서를 올려놓고 **❷ [서식] 탭-[문단 모양]**(Alt+T)을 클릭하세요.

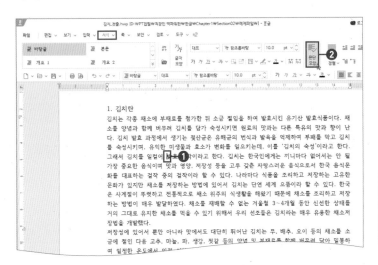

Tip

[편집] 탭-[문단 모양]을 클릭하거나 단축키 Alt+T를 눌러도 문단모양을 지정할 수 있습니다.

② [문단 모양] 대화상자의 [기본] 탭이 열리면 **❶ '첫 줄'**에서 **[들여쓰기]**를 선택하고 **❷~❹ [10pt]**를 지정한 후 **❺ [설정]**을 클릭하세요.

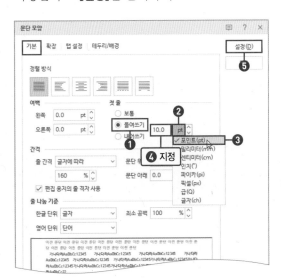

Tip

단위는 포인트(pt), 밀리미터(mm), 센티미터(cm), 인치("), 파이카(pi), 픽셀(px), 급(Q), 글자(ch) 중에서 선택할 수 있어요. 텍스트 크기가 10pt일 때 들여쓰기 10pt는 1ch와 같습니다.

③ **❶** 첫 줄이 10pt 간격만큼 들여쓰기되었으면 **❷** 다시 **[서식] 탭-[문단 모양]**($\boxed{\text{Alt}}$+$\boxed{\text{T}}$)을 클릭하세요.

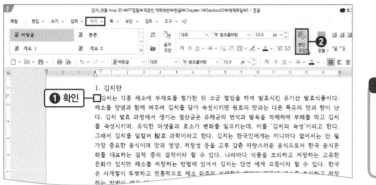

Tip

눈금자에서 표식을 직접 드래그해 여백을 지정할 수 있습니다.

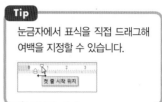

④ [문단 모양] 대화상자의 [기본] 탭이 열리면 **❶** '여백'의 '왼쪽'과 '오른쪽'에 **[10pt]**를 지정하고 **❷** **[설정]**을 클릭하세요.

⑤ **❶** 문단의 왼쪽과 오른쪽에 여백이 10pt씩 설정되면서 **❷** 첫 줄은 10pt 더 들여쓰기되었어요.

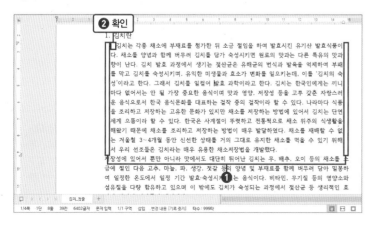

● 실습예제 : 김치_줄간격.hwp
● 완성예제 : 김치_줄간격_완성.hwp

활용도 ▰▰▰ ▰▰▰ ▱▱▱

실무 05 줄 간격과 단락 간격 조정해 가독성 높이기

① **❶ '1. 김치란 ~ 생성된다'** 부분을 블록으로 지정하고 **❷ [서식] 탭-[문단 모양]**(Alt+T)을 클릭하세요.

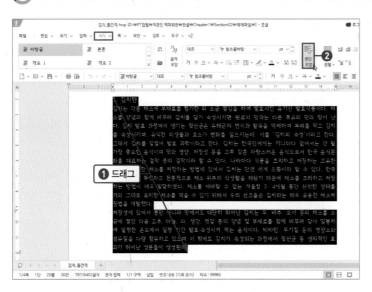

② [문단 모양] 대화상자의 [기본] 탭이 열리면 **❶** '간격'의 '줄 간격'에서 **[글자에 따라]**, **[150%]**를 지정하고 '문단 아래'에 **[10pt]**를 설정한 후 **❷ [설정]**을 클릭하세요.

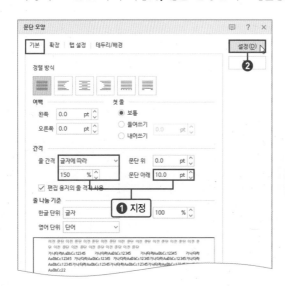

Tip

'줄 간격'은 기본적으로 [글자에 따라], [160%]로 설정되어 있지만, 글자 크기가 달라지면 줄 간격도 달라집니다. 문단은 Enter를 누른 곳에서 나눠집니다. 그리고 서식 도구 상자의 오른쪽 끝에 있는 '줄 간격' 도구(160 % ∨)를 클릭해도 편리하게 자간을 조정할 수 있어요.

30

③ 줄 사이의 간격은 150%이고 단락 아래에 10pt 간격의 추가 여백이 설정되었습니다.

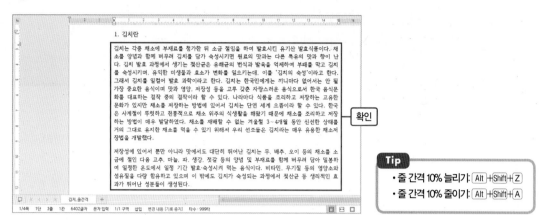

확인

Tip
• 줄 간격 10% 늘리기: `Alt`+`Shift`+`Z`
• 줄 간격 10% 줄이기: `Alt`+`Shift`+`A`

잠깐만요!

첫 줄 본문에 맞춰 나머지 줄 빠르게 들여쓰기

문서에서 문단 번호나 글머리표처럼 단락을 표시하는 기능을 사용하지 않고 일반 문자로 번호나 문자표를 사용하면 첫 줄에 맞춰 나머지 줄을 정렬하기가 어렵습니다. 이 경우에는 `Shift`+`Tab`을 눌러 첫 줄 문자 위치부터 나머지 줄을 빠르게 맞출 수 있습니다.

딸깍 → `Shift`+`Tab`   한국의 전통음식 김치

▲ '1. 김치란:'의 '김' 앞에 커서를 올려놓고 `Shift`+`Tab`을 눌러 두 번째 줄부터 '김'에 맞춰 들여쓰기한 경우

◉ 실습예제 : 김치_모양복사.hwp
◉ 완성예제 : 김치_모양복사_완성.hwp

활용도 ▰▰▰ ▰▰▰ ▰▰▰

06
실무

글자와 문단 모양 복사해 문서 빠르게 꾸미기

① ❶ '1. 김치란'의 아래쪽을 클릭해 커서를 올려놓고 ❷ [편집] 탭-[모양 복사]([Alt]+[C])를 클릭하세요.

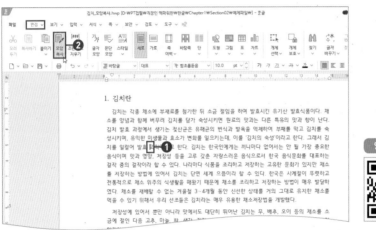

영상강의

② [모양 복사] 대화상자가 열리면 ❶ '본문 모양 복사'의 [글자 모양과 문단 모양 둘 다 복사]를 선택하고 ❷ [복사]를 클릭하세요. 해당 텍스트에는 '글자 모양'은 [함초롬돋움], '장평'은 [95%], '글자 색'은 [검정, 텍스트 1, 25% 더 밝게], '문단 모양'은 왼쪽 여백 [5pt], 오른쪽 여백 [5pt], '첫 줄' 들여쓰기 [10pt], 문단 위 간격 [5pt] 등의 서식이 설정되어 있으므로 '글자 모양'과 '문단 모양'을 둘 다 복사하세요.

Tip

블록을 지정하지 않고 커서를 올려놓은 상태에서 모양 복사해야 합니다.

③ 모양을 복사했으면 똑같이 적용할 부분을 블록으로 지정해 볼게요. ❶ '2. 김치의 역사'의 아랫부분을 블록으로 지정하고 ❷ [편집] 탭-[모양 복사]([Alt]+[C])를 클릭하세요.

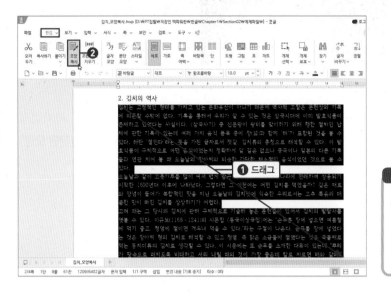

Tip

커서를 올려놓고 [Alt]+[C]를 눌러 모양을 복사한 후 블록을 설정한 상태에서 다시 [Alt]+[C]를 누르면 복사한 모양을 똑같이 적용할 수 있습니다.

④ 이와 같은 방법으로 '3. 김치의 영양과 효능' 부분까지 모양을 복사하여 빠르게 문서를 꾸며보세요.

서식

개체 삽입

문서 정렬

스타일

● 실습예제 : 매출_탭.hwp
● 완성예제 : 매출_탭_완성.hwp

활용도 ▓▓▓▓ ▓▓▓▓ ▓▓▓▓

탭 설정해 세로로 가지런히 내용 입력하기

① 탭은 한꺼번에 일정한 거리로 간격을 띄울 때 사용하는데, 여러 개의 항목을 세로로 가지런히 나열해서 입력할 때도 편리합니다. ❶ **'권혜정'**부터 끝까지 블록으로 지정하고 ❷ **[서식] 탭-[문단 모양]** (Alt + T)을 클릭하세요.

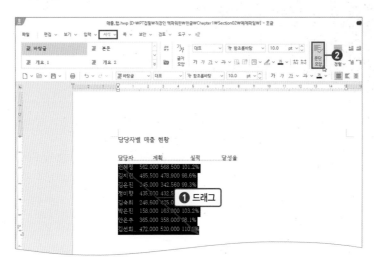

Tip

탭은 문단 단위로 설정되므로 탭을 설정할 부분을 블록으로 지정한 후 설정해야 합니다.

② [문단 모양] 대화상자가 열리면 ❶ **[탭 설정] 탭**을 선택하고 ❷ **'탭 종류'**는 **[오른쪽]**을, ❸~❺ **'탭 위치'**는 **[30mm]**를 지정한 후 ❻ **[추가]**를 클릭하세요.

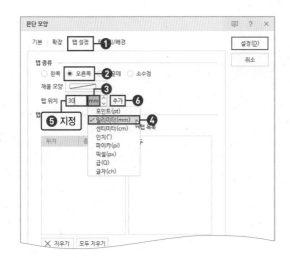

③ ❶ '탭 목록'에 30mm 오른쪽 탭을 추가했으면 ❷ 다음과 같이 탭을 추가한 후 ❸ **[설정]**을 클릭하세요.

- **탭 종류**: 오른쪽, **탭 위치**: 55mm
- **탭 종류**: 소수점, **탭 위치**: 75mm

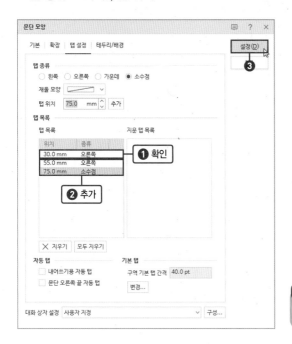

> **Tip**
> 탭을 지울 때는 [지우기] 또는 [모두 지우기]를 클릭하세요.

④ 탭 설정을 이용해 세로로 가지런하게 내용을 입력했습니다.

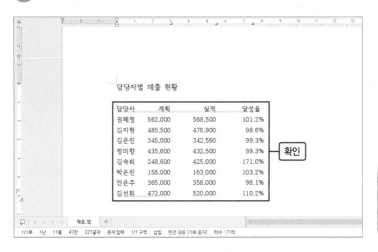

> **Tip**
> 눈금자에서 마우스 오른쪽 단추를 클릭하면 탭을 설정할 수 있는 빠른 메뉴가 나타납니다.

CHAPTER 02

다양한 개체 삽입해
문서 작성하기

문서 작성에 필요한 개체는 다양할 수 있습니다. 그림을 비롯해 도형과 동영상, 표, 차트 등을 포함하고 이런 개체들은 문서 내용을 더욱 풍부하게 해주는 도구가 됩니다. 특히 문서에 가장 많이 적용되는 표는 내용을 정리하는 기능뿐만 아니라 엑셀처럼 계산식과 차트로 활용할 수 있습니다. 이번 장에서는 표의 여러 가지 문제 등을 해결할 수 있는 다양한 Tip과 기능에 대한 단축키를 사용해서 본격적으로 실무 작업을 진행해 보겠습니다.

03

개체 포함한 문서 다루기

한글은 글상자를 비롯해서 그림과 그리기 개체, 동영상 등의 다양한 멀티미디어 개체를 이용해 쉽게 문서를 작성할 수 있습니다. 글상자의 경우 문서의 제목을 표현하는 데 적당하고 그림이나 동영상을 쉽게 삽입하고 편집할 수 있어서 수월하게 멀티미디어 문서를 작성할 수 있습니다.

◉ 실습예제 : 새활용_그리기.hwp
◉ 완성예제 : 새활용_그리기_완성.hwp

기본

01

그리기 개체 삽입하기

✔ **실무 활용 사례**

• 문서에 도형을 삽입해 적절하게 배치해야 할 때

✔ **업무 시간 단축**

• [도형] 단추(🔳)-[자리 차지]
• 도형 추가 → [도형] 탭-[회전]-[개체 회전] 선택

① ❶ 1쪽에서 문서에 삽입된 도형을 선택하고 ❷ **[도형] 단추**(🔳)를 클릭한 후 ❸ **[자리 차지]**(🔳)를 클릭하세요.

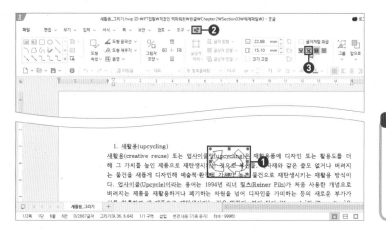

Tip

도형에서 마우스 오른쪽 단추를 클릭하고 [배치]-[자리 차지]를 선택해도 됩니다. [자리 차지]는 도형의 왼쪽과 오른쪽 여백에 텍스트가 표시되지 않습니다.

② ❶ **[편집] 탭-[도형]**을 클릭하고 ❷ **[다른 그리기 조각]**을 선택하세요.

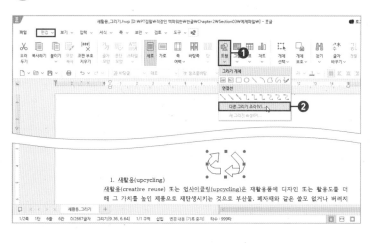

③ [그리기마당] 대화상자의 [그리기 조각] 탭이 열리면 ❶ '선택할 꾸러미'에서 **[블록화살표] 범주**를 선택하고 ❷ '개체 목록'에서 **[위쪽 화살표]**를 선택한 후 ❸ **[넣기]**를 클릭하세요.

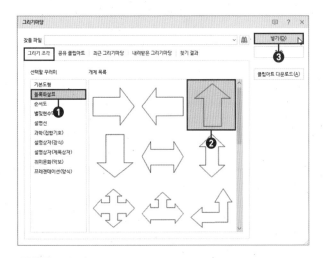

④ 문서에서 마우스로 드래그해 위로 향하는 블록 화살표를 삽입하세요.

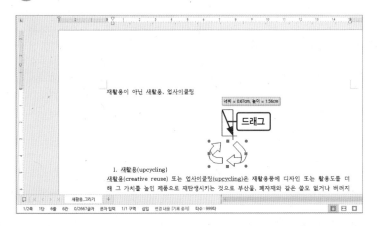

⑤ 삽입한 블록 화살표를 선택한 상태에서 ❶ **[도형] 단추**( )를 클릭하고 ❷ **[회전]**을 클릭한 후
❸ **[개체 회전]**을 선택합니다.

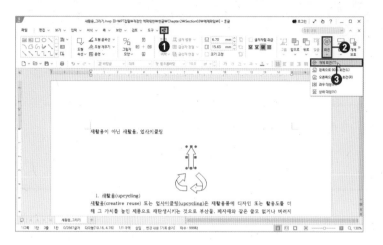

⑥ 개체 중심에 회전 중심점 ✛이 생기면서 개체의 모서리에 연두색 조절점이 나타나면 ❶~❷ 마우
스 포인터( )를 올려놓은 상태에서 오른쪽으로 회전한 후 화살표 방향에 맞게 이동하세요.

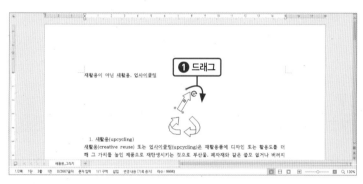

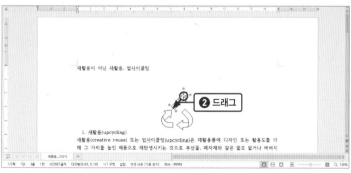

◉ **실습예제** : 새활용_글상자.hwp
◉ **완성예제** : 새활용_글상자_완성.hwp

활용도 ■■■ ■■■ ■■■

글상자 이용해 제목 꾸미기

✔ **실무 활용 사례**

• 문서의 제목을 글상자로 다양하게 꾸미고 싶을 때

✔ **업무 시간 단축**

• [입력] 탭-[가로 글상자] 선택 → 도형 그리고 제목 내용 삽입
• **도형 속성** : 글상자 선택 → P

---

① ❶ **[편집] 탭-[도형]**을 클릭하고 ❷ '그리기 개체'의 **[가로 글상자]**(📃)를 클릭하세요.

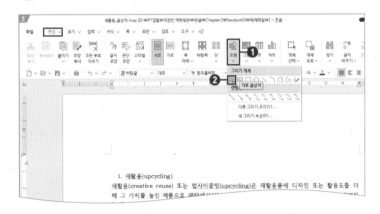

② 제목 부분에서 드래그해 가로로 길게 글상자를 그리고 제목 **재활용이 아닌 새활용, 업사이클링**을 입력하세요.

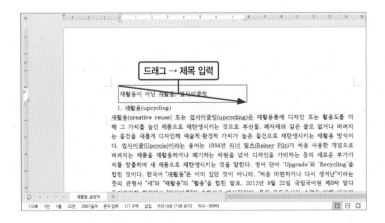

③ ❶ 글상자를 선택하고 [서식] 도구 상자에서 ❷ **[12pt]**, ❸ **[굵게]**, ❹ **[가운데 맞춤]**을 클릭해 제목 텍스트의 서식을 설정합니다. ❺ **[도형] 단추( )**를 클릭하고 ❻ **[글자처럼 취급]**에 체크 표시하세요.

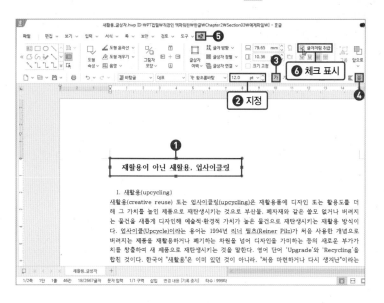

④ ❶ 글상자의 옆을 클릭해 커서를 올려놓고 [서식] 도구 상자에서 ❷ **[가운데 맞춤]**(Ctrl+Shift+C)을 클릭해 글상자를 본문 가운데에 위치시킵니다.

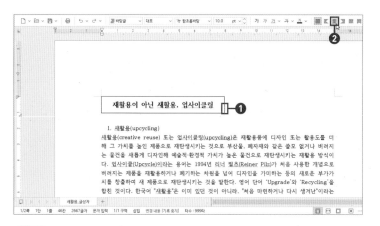

Tip

글상자를 선택하고 '가운데 맞춤'을 설정하면 글상자 안의 텍스트에 가운데 맞춤이 설정됩니다.

⑤ ❶ 글상자를 선택하고 ❷ **[도형] 단추**( )를 클릭한 후 ❸ **[도형 속성]**(P)을 클릭하세요.

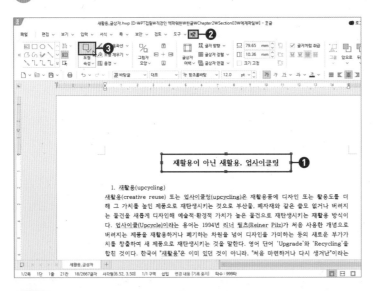

Tip

글상자를 선택한 후 P를 누르거나 마우스 오른쪽 단추를 클릭하고 [개체 속성]을 선택해도 됩니다.

⑥ [개체 속성] 대화상자가 열리면 ❶ **[선] 탭**에서 ❷ '선'의 '색'은 **[하늘색]**을, '굵기'는 **[0.5mm]**를 지정하고 ❸ '사각형 모서리 곡률'의 **[둥근 모양]**을 선택합니다.

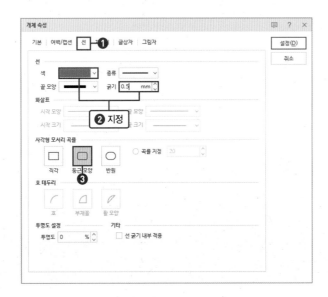

⑦ ❶ **[그림자] 탭**을 선택하고 ❷ '종류'의 **[작게]**를 선택한 후 ❸ **[설정]**을 클릭하세요.

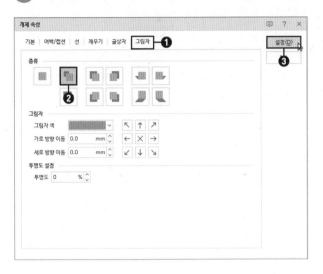

⑧ 글상자를 이용해 꾸민 제목을 확인하세요.

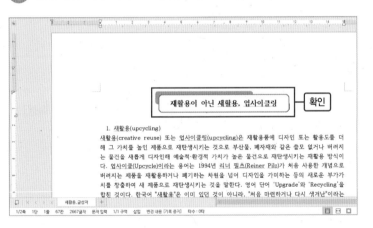

◉ 실습예제 : 새활용_문단띠.hwp
◉ 완성예제 : 새활용_문단띠_완성.hwp

활용도 ▩▩▩▩ ▩▩▩▩ ▩▩▩

문단띠 삽입해 두문과 본문 구분하기

① 문단의 왼쪽 여백부터 오른쪽 여백까지 수평선 개체인 문단띠를 그려서 발문과 본문을 구분해 볼게요. 첫 번째 문단 아래에 커서를 올려놓고 하이픈(-)을 3번 눌러 **---**를 입력한 후 Enter를 누릅니다.

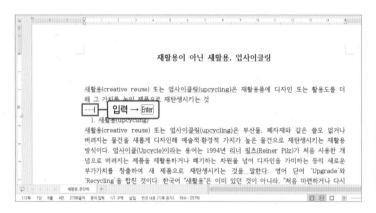

② ❶ 문단띠가 삽입되었으면 문단띠를 선택합니다. ❷ [도형] 단추(⬛)를 클릭하고 ❸ [도형 속성]을 클릭한 후 ❹ [도형 속성]을 선택하거나 문단띠 개체를 더블클릭합니다.

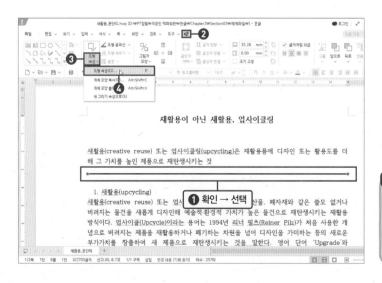

③ [개체 속성] 대화상자가 열리면 ❶ **[선] 탭**을 선택하고 ❷ '선'의 '색'은 **[초록]**을, '종류'는 **[점선]**을, 굵기는 **[0.5mm]**를 지정한 후 ❸ **[설정]**을 클릭합니다.

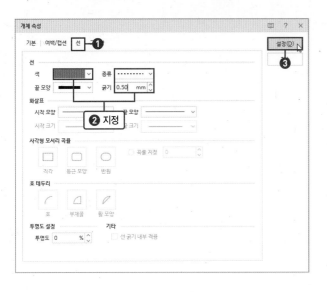

④ 문단띠를 꾸며 위쪽 문단과 아래쪽 본문의 내용을 분리했습니다.

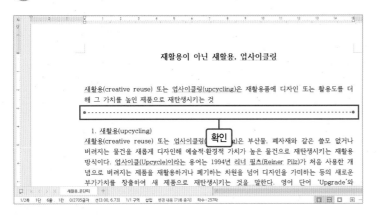

Tip

문단띠는 개체이므로 문단띠를 선택한 후 Delete 를 눌러 삭제할 수 있어요.

◉ **실습예제** : 새활용_그림.hwp
◉ **완성예제** : 새활용_그림_완성.hwp

실무 04

그림 삽입하고 배치하기

✔ 실무 활용 사례

• 문서에 그림을 포함해서 작성해야 할 때

✔ 업무 시간 단축

• Ctrl + N, I 로 문단에 그림 삽입(글자처럼 취급 해제)
• [그림] 단추(🎙)-[여백]-[보통] 선택

---

① **[편집] 탭-[그림]**(Ctrl + N, I)을 클릭하세요.

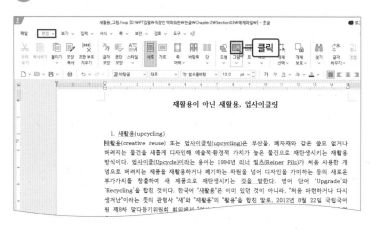

② [그림 넣기] 대화상자가 열리면 부록 실습파일에서 **❶** '**upcycle.jpg**'를 선택하고 **❷** **[열기]**를 클릭하세요.

> **Tip**
>
> [그림 넣기] 대화상자의 체크 표시 항목을 확인하고 필요한 부분에 체크 표시하세요. [글자처럼 취급]에 체크 표시하면 클릭한 위치에 글자처럼 그림을 삽입할 수 있습니다.

③ 마우스 포인터가 + 모양으로 바뀌면 원하는 위치에서 원하는 크기로 드래그해 그림을 삽입하세요.

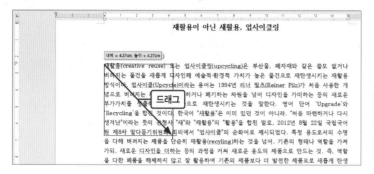

Tip

[그림 넣기] 대화상자에서 [마우스로 크기 지정]에 체크 표시했으므로 마우스를 드래그해 삽입할 그림의 크기를 지정할 수 있어요.

④ 삽입한 그림을 선택한 상태에서 ❶ [그림] 단추(🌱)를 클릭하고 ❷~❸ [여백]-[보통]을 선택하세요.

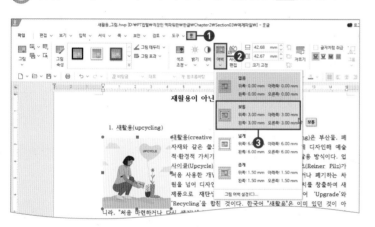

Tip

그림의 상하좌우에 모두 3mm씩 여백이 설정되어 있지만 특정한 위치에 원하는 여백을 지정할 수 있습니다. [그림] 단추(🌱)를 클릭하고 [여백]–[그림 여백 설정]을 선택하거나 [그림 속성]을 클릭해 [개체 속성] 대화상자를 열고 [여백/캡션] 탭에서 설정해 보세요.

⑤ 그림의 주변에 '보통'의 여백이 설정되었는지 확인하세요.

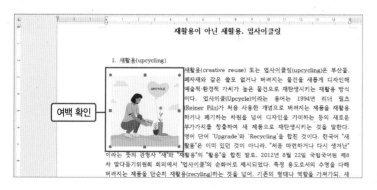

여백 확인

04

표와 차트 삽입하기

문서의 내용을 깔끔하게 정리해서 문서에 삽입하거나 엑셀
표와 같은 기능으로 문서에 삽입할 때 표를 사용하는 것이
편리합니다. 표를 이용하면 다양한 문서 레이아웃을 표현하
거나, 값을 계산할 수 있을 뿐만 아니라 차트로 삽입할 수 있
는 자료가 되기도 합니다. 표와 차트를 사용하면 좀 더 전문
적인 문서를 만들 수 있습니다.

활용도 ▮▮▮▮▮ ▮▮▮▮▮ ▮▮▮▮

기본 01 셀 합치고 셀 크기 조정하기

① ❶ 1행의 2~5열을 블록으로 지정하고 ❷ **[표 레이아웃] 단추**(▦)를 클릭한 후 ❸ **[셀 합치기]**(M)를 클릭하세요.

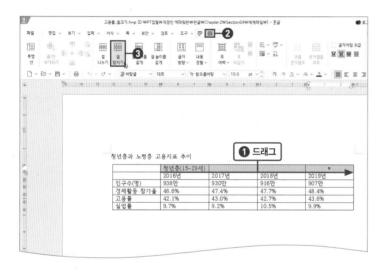

② 이와 같은 방법으로 ❶ 1열의 1~2행을 블록으로 지정하고 ❷ **[표 레이아웃] 단추**(▦)를 클릭한 후 ❸ **[셀 합치기]**(M)를 클릭하세요.

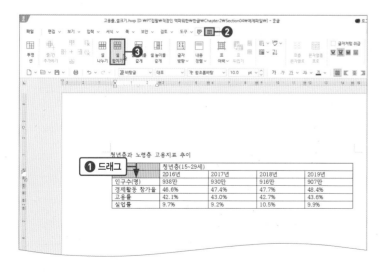

③ ❶ 1열을 블록으로 지정하고 ❷ Ctrl을 누른 상태에서 ←를 10번 눌러 가로 너비를 줄이세요.

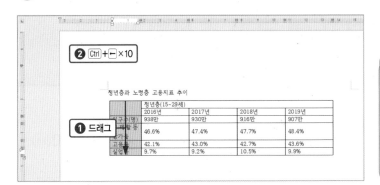

Tip

열 경계선에서 마우스 포인터가 ⊪ 모양으로 바뀌면 왼쪽으로 드래그해도 열 너비를 줄일 수 있습니다. Ctrl을 누른 상태에서 드래그하면 1열의 너비만 줄어들고 2열의 너비는 변경되지 않아요.

④ 2~4열을 블록으로 지정하고 Ctrl을 누른 상태에서 ←를 14번 눌러 가로 너비를 줄이세요.

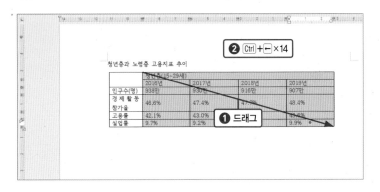

잠깐만요!

마우스와 키보드로 셀 블록 지정하기

셀(cell)은 표의 한 칸을 의미하고 드래그하면 필요한 만큼 블록을 지정할 수 있어요.

블록 지정 범위	방법
하나의 셀	Ctrl을 누른 상태에서 마우스로 하나의 셀을 클릭하거나 셀에 커서를 올려놓고 F5를 누릅니다.
연속 셀	하나의 셀을 블록으로 지정하고 F5를 한 번 더 누른 후 연속으로 블록 설정(빨간색 점이 표시됨)할 방향으로 방향키를 필요한 만큼 누릅니다.
세로 열	하나의 셀을 블록으로 지정하고 F7을 누릅니다.
가로 행	하나의 셀을 블록으로 지정하고 F8을 누릅니다.
표 전체	F5를 세 번 누릅니다.
블록 지정 해제	Enter나 Esc를 누릅니다.

활용도 ■■■■ ■■■ ■■■

기본 02 표에 열 추가하고 행 높이 조절하기

① **①** 마지막 열을 클릭해 커서를 올려놓고 **②** **[표 레이아웃] 단추**(▦)를 클릭한 후 **③** **[줄/칸 추가하기]** 를 클릭하세요.

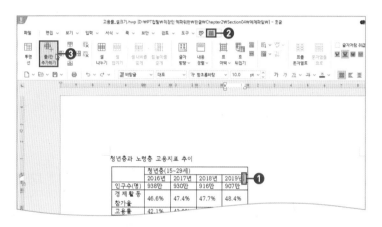

② [줄/칸 추가하기] 대화상자가 열리면 **①** **[오른쪽에 칸 추가하기] 단추**(▦)를 클릭하고 **②** '줄/칸 수' 에 **4**를 입력한 후 **③** **[추가]**를 클릭하세요.

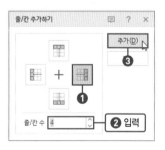

잠깐만요!

키보드로 셀 크기 조절하기

조절 방법	조절 결과
Ctrl+방향키(→, ←, ↑, ↓)	블록으로 지정한 셀 크기만 조절되고 다음 셀의 크기는 변하지 않습니다.
Alt (또는 Shift)+방향키(→, ←, ↑, ↓)	블록으로 지정한 셀 크기가 바뀐 만큼 다음 셀의 크기가 조절됩니다.

③ ● 표의 오른쪽에 4개의 열이 삽입되었으면 다음과 같이 표 내용을 입력하세요. ● 1행에 추가한 열을 블록으로 지정하고 ● **[표 레이아웃] 단추**(▦)를 클릭한 후 ● **[셀 합치기]**(M)를 클릭하세요.

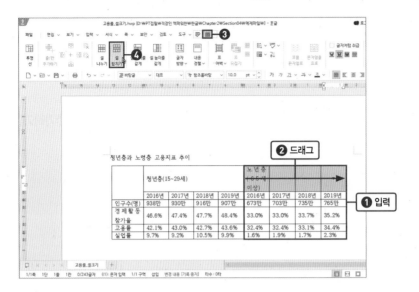

④ ●~● Ctrl을 이용해 제목 열과 제목 행을 함께 블록으로 지정하고 [서식] 도구 상자에서 ● **[가운데 정렬]**(≡, Ctrl+Shift+C)을 클릭하세요.

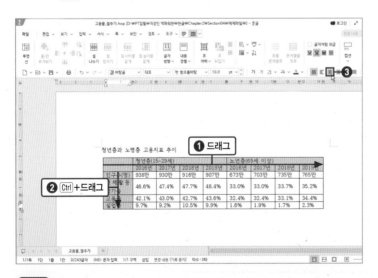

Tip
Ctrl을 누른 상태에서 드래그하면 떨어진 셀들을 함께 블록으로 지정할 수 있어요.

⑤ ❶ 숫자 셀을 블록으로 지정하고 [서식] 도구 상자에서 ❷ **[오른쪽 정렬]**(▤, Ctrl+Shift+R)을 클릭하세요.

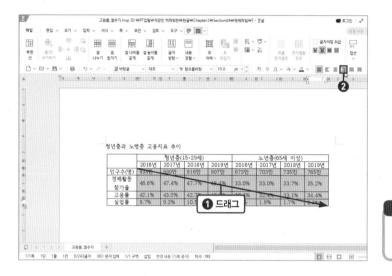

Tip

숫자는 오른쪽 정렬해야 값을 정확하게 파악하는 데 유용합니다.

⑥ 표의 모든 셀을 블록으로 지정하고 Ctrl을 누른 상태에서 ↓를 4번 눌러 행 높이를 늘리세요.

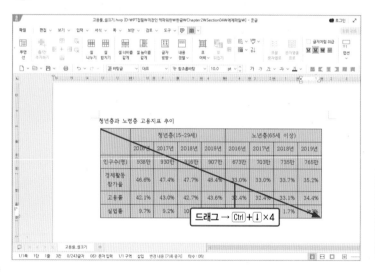

Tip

Ctrl+방향키 ↓나 ↑를 누르면 블록으로 지정한 행의 높이만 조절하고 다음 행의 크기에는 변화가 없습니다.

서식

개체 삽입

문서 정렬

스타일

⑦ **❶** 제목 행을 제외한 아래쪽 4개의 행을 블록으로 지정하고 **❷** **[표 레이아웃] 단추**(▦)를 클릭한 후 **❸** **[셀 높이를 같게]**(H)를 클릭해 선택한 행의 높이를 같게 설정하세요.

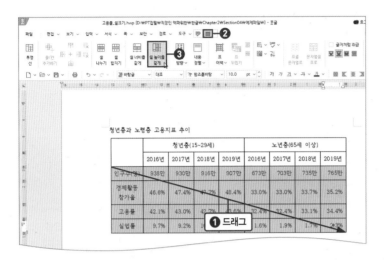

⑧ **❶** Esc를 눌러 범위 지정을 해제합니다. **❷** 표에 열을 추가하고 행 높이를 변경했어요.

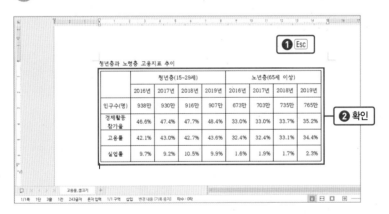

잠깐만요!

표 편집 단축키 살펴보기

표의 셀을 블록으로 지정하고 표를 편집할 때 다음의 단축키를 사용하면 편리합니다.

단축키	기능	단축키	기능
S	셀 나누기	M	셀 합치기
L	셀 테두리	C	셀 배경
Alt + Insert	줄/칸 추가하기	Alt + Delete	줄/칸 지우기
H	셀 높이를 같게	W	셀 너비를 같게

활용도 ▨▨▨▨▨ ▨▨▨▨▨ ▨▨▨▨▨

실무 03 표에 배경색과 테두리 지정하기

① ❶ 표를 선택하고 ❷ **[표 디자인]** 단추(▥)를 클릭한 후 ❸ **[셀 배경]**의 체크 표시를 해제하고 ❹ **[일반 - 투명]** 스타일을 클릭하세요.

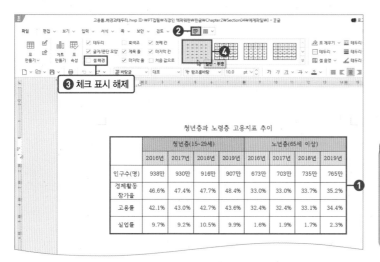

❸ 체크 표시 해제

청년층과 노령층 고용지표 추이

	청년층(15~29세)				노령층(65세 이상)			
	2016년	2017년	2018년	2019년	2016년	2017년	2018년	2019년
인구수(명)	938만	930만	916만	907만	673만	703만	735만	765만
경제활동 참가율	46.6%	47.4%	47.7%	48.4%	33.0%	33.0%	33.7%	35.2%
고용률	42.1%	43.0%	42.7%	43.6%	32.4%	32.4%	33.1%	34.4%
실업률	9.7%	9.2%	10.5%	9.9%	1.6%	1.9%	1.7%	2.3%

Tip

셀 배경색도 선택한 디자인에 따라 자동으로 적용되므로 기존에 설정해 둔 셀 배경색을 사용하려면 [셀 배경]의 체크 표시를 해제하세요.

② ❶ 표의 테두리가 모두 투명하게 설정되었으면 ❷ 1열에서 텍스트가 있는 부분을 블록으로 지정하고 ❸ **[표 디자인]** 단추(▥)를 클릭한 후 ❹~❺ **[표 채우기]-[하양 5% 어둡게]**를 클릭하세요.

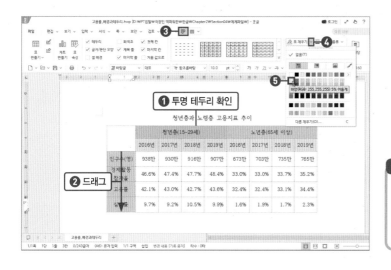

❶ 투명 테두리 확인

❷ 드래그

Tip

표 테두리의 빨간색 점선은 투명한 테두리를 의미하는데, 편집 화면에서만 보일 뿐 인쇄되지는 않습니다.

③ ● 제목 부분을 제외하고 아래쪽 4개의 행을 모두 블록으로 지정한 후 ❷ **[테두리 종류]**는 **[점선]**을, ❸ **[테두리 굵기]**는 **[0.1mm]**를, ❹~❺ **[테두리 색]**은 **[하양 50% 어둡게]**를 클릭하세요.

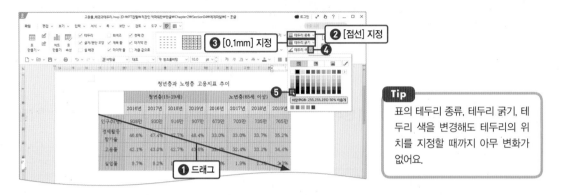

> **Tip**
>
> 표의 테두리 종류, 테두리 굵기, 테두리 색을 변경해도 테두리의 위치를 지정할 때까지 아무 변화가 없어요.

④ ● **[테두리]**를 클릭하고 ❷ **[안쪽 가로 테두리]**(⊞)를 클릭해 블록으로 지정된 영역의 안쪽 가로 테두리를 점선으로 설정하세요.

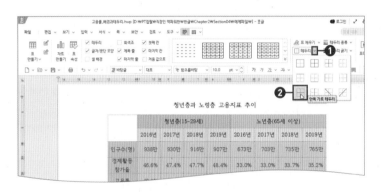

⑤ ● 표 전체를 블록으로 지정하고 ❷ **[테두리 종류]**는 **[실선]**을, ❸ **[테두리 굵기]**는 **[0.3mm]**를 지정한 후 ❹~❺ **[테두리]**에서 **[바깥쪽 테두리]**(□)를 클릭하세요.

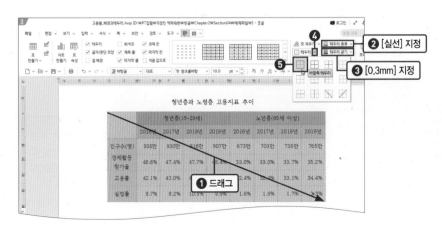

6 ● '**청년층(15~29세)**' 부분을 블록으로 지정하고 ❷~❸ [**테두리**]에서 [**왼쪽 테두리**](⊞)와 ④ [**오른쪽 테두리**](⊞)를 클릭하세요.

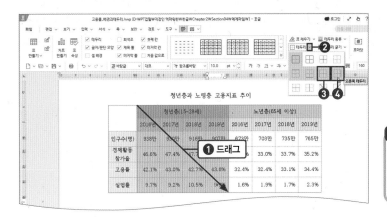

Tip
테두리의 위치 설정은 블록을 어떻게 지정했는지에 따라서도 달라질 수 있어요.

7 ● 표의 제목 부분을 블록으로 지정하고 ❷~❸ [**테두리**]에서 [**아래쪽 테두리**](⊞)를 클릭하세요.

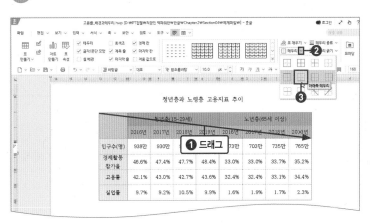

8 표에 배경색과 테두리를 보기 좋게 지정했어요.

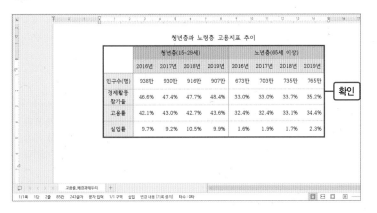

● **실습예제** : 자동차등록_제목행.hwp
● **완성예제** : 자동차등록_제목행_완성.hwp

활용도 ▮▮▮▮▮ ▮▮▮▮▮ ▮▮▮▮▮

04 제목 행이 자동으로 반복되는 표 만들기

실무

① 표가 1쪽을 넘을 때 자동으로 다음 쪽으로 표를 넘기는 방법을 알아볼게요. **❶ 표를 선택하고 ❷ [표 디자인] 단추(🗒)**를 클릭한 후 **❸ [표 속성](P)**을 클릭하세요.

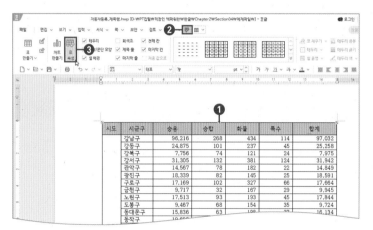

영상강의

Tip

표를 선택하고 마우스 오른쪽 단추를 클릭한 후 [개체 속성]을 선택해도 됩니다.

② [표/셀 속성] 대화상자의 [기본] 탭이 열리면 '위치'에서 **[글자처럼 취급]**의 체크 표시를 해제합니다.

Tip

[글자처럼 취급]에 체크 표시되어 있으면 표의 쪽이 넘어가지 않습니다. 이 경우에는 [표 레이아웃] 단추(▦)를 클릭하고 [글자처럼 취급]의 체크 표시를 해제해야 합니다.

③ ❶ **[표] 탭**을 클릭하고 ❷ '여러 쪽 지원'의 '쪽 경계에서' **[나눔]**을 선택한 후 ❸ **[제목 줄 자동 반복]**에 체크 표시되었는지 확인하고 ❹ **[설정]**을 클릭하세요.

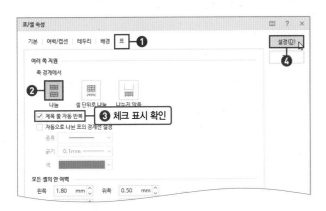

④ ❶ 다음 쪽으로 이동하면서 표 모양을 살펴보면 ❷ 뒤쪽으로는 표가 자연스럽게 넘어가는데, 제목 행이 자동으로 반복되지 않는 것을 확인할 수 있어요.

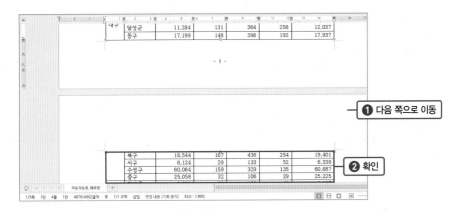

⑤ ❶ 제목 행을 블록으로 지정하고 ❷ **[표 디자인] 단추**(🖋)를 클릭한 후 ❸ **[표 속성]**(P)을 클릭하세요.

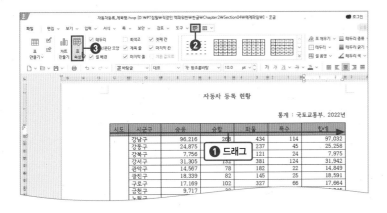

⑥ [표/셀 속성] 대화상자가 열리면 ❶ [셀] 탭을 선택하고 ❷ '속성'의 [제목 셀]에 체크 표시한 후 ❸ [설정]을 클릭하세요.

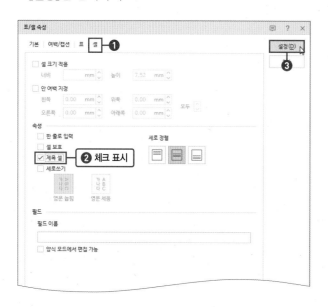

⑦ ❶ 다음 쪽으로 이동한 후 ❷ 표의 제목 행이 반복적으로 나타나는지 확인하세요.

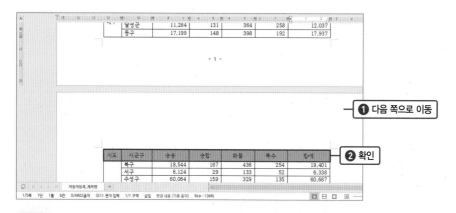

Tip

제목 셀 설정을 취소하려면 [표/셀 속성] 대화상자의 [셀] 탭에서 '속성'의 [제목 셀]의 체크 표시를 해제하세요.

● 실습예제 : 에너지_차트.hwp
● 완성예제 : 에너지_차트_완성.hwp

05 표의 내용을 원하는 차트로 작성하기

기본

✓ **실무 활용 사례**

- 숫자 데이터가 있는 표와 함께 시각적 개체를 차트로 추가해야 할 때

✓ **업무 시간 단축**

- **차트 삽입**: Alt, D, C
- **차트의 행/열 바꾸기**: [차트 디자인] 단추(📊)-[줄/칸 전환] 클릭

① 표의 내용을 이용해서 차트를 작성해 볼게요. ❶ 표 전체를 블록으로 지정하고 ❷ [편집] 탭-[차트]를 클릭한 후 ❸ '세로 막대형'의 [묶은 세로 막대형]을 선택하세요.

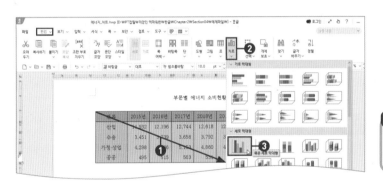

> **Tip**
> [입력] 탭-[차트]를 클릭해도 됩니다.

② ❶ 표 데이터를 이용해서 묶은 세로 막대형 차트를 작성했으면 ❷ [차트 데이터 편집] 시트 창을 닫고 ❸ [차트 디자인] 단추(📊)를 클릭한 후 ❹ [줄/칸 전환]을 클릭하세요.

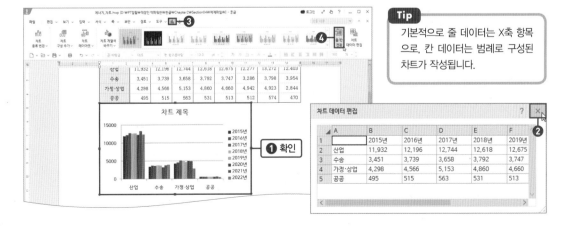

> **Tip**
> 기본적으로 줄 데이터는 X축 항목으로, 칸 데이터는 범례로 구성된 차트가 작성됩니다.

차트 데이터 편집 표

	A	B	C	D	E	F
1		2015년	2016년	2017년	2018년	2019년
2	산업	11,932	12,196	12,744	12,618	12,675
3	수송	3,451	3,739	3,658	3,792	3,747
4	가정·상업	4,298	4,566	5,153	4,860	4,660
5	공공	495	515	563	531	513

③ 차트의 가로 크기를 좀 더 크게 조절하고 차트를 표의 아래쪽으로 조금 이동합니다.

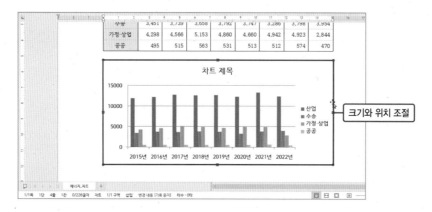

④ ❶ 차트 제목을 선택하고 ❷ 마우스 오른쪽 단추를 클릭한 후 ❸ **[제목 편집]**을 선택하세요.

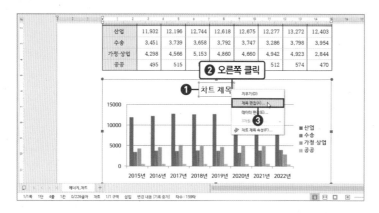

⑤ [차트 글자 모양] 대화상자가 열리면 ❶ '글자 내용'에 **부문별 에너지 소비 현황**을 입력하고 ❷ **[설정]**을 클릭하세요.

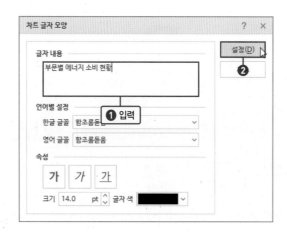

6 차트 제목이 입력되었는지 확인하세요.

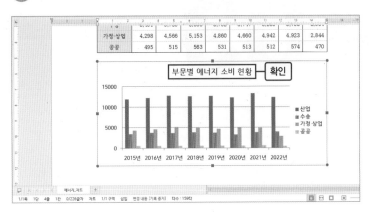

서식

개체 삽입

잠깐만요!

표에서 빠르게 합계 구하기

한글 표에서도 엑셀처럼 합계, 평균, 최댓값, 최솟값 등의 통계값을 빠르게 계산할 수 있습니다. '소계' 행을 클릭해 커서를 올려놓고 [표 레이아웃] 단추(▦)-[계산식]을 클릭한 후 '쉬운 계산식'의 [세로 합계]([Ctrl]+[Shift]+[V])를 클릭하면 빠르게 소계값을 계산할 수 있어요.

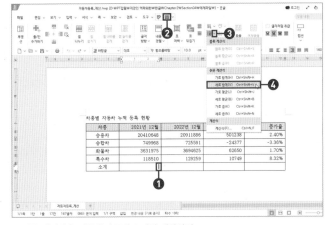

▲ 쉬운 계산식을 이용해 빠르게 소계값 계산하기

문서 정렬

스타일

CHAPTER 03

기능적으로 편리한 문서 작성하기

한 페이지의 보고서가 아닌 형식과 규칙을 갖춘 매뉴얼이나 논문과 같은 문서는 순서나 목록 또는 문서 전체의 개요를 삽입해서 문서를 작성해야 합니다. 이런 경우 좀 더 일관성 있는 문서로 만들기 위해 같은 여러 단계의 문단 구조를 작성하고 해당 문단에 적용해야 합니다. 이것을 더욱 효율적으로 관리하려면 스타일을 만들어 적용하는 것이 좋습니다. 이번 장에서는 이런 기능을 통해 좀 더 일관성 있고 기능이 우수한 문서를 작성할 수 있는 방법을 학습해 보겠습니다.

SECTION **05** 순서가 있는 문서 작성하기

SECTION **06** 기능적인 문서 작성하기

순서가 있는 문서 작성하기

문단의 흐름이 있는 문서를 만들려면 글머리표나 문단 번호를 이용해 문단을 구분해야 합니다. 그리고 단락의 순서는 문단 번호와 문단 수준을 구분하여 지정합니다. 이번 섹션에서는 여러 단계의 단락 순서를 문서 전체에 지정할 때 개요 스타일을 사용해 쉽게 문서를 작성하는 방법을 알아보겠습니다.

● 실습예제 : 창조기업_글머리.hwp
● 완성예제 : 창조기업_글머리_완성.hwp

활용도 ▮▮▮▮ ▮▮▮▮ ▯▯▯▯

글머리표 이용해 목록 만들기

① ● '**신청방법**'부터 '**~수출 관련 1인 창조기업**' 부분을 블록으로 지정하고 ❷ **[서식] 탭-[글머리표]**를 클릭한 후 ❸ '글머리표'의 ⠿을 클릭하세요.

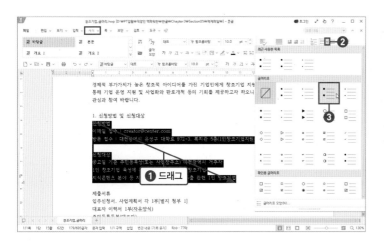

② ● '**이메일 접수~**'부터 '**~(1인창조기업지원센터)**' 부분을 블록으로 지정하고 ❷ **[서식] 탭-[글머리표]**를 클릭한 후 ❸ **[글머리표 모양]**을 선택하세요.

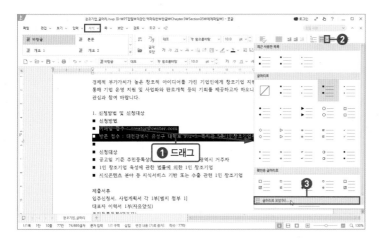

③ [글머리표 및 문단 번호] 대화상자의 [글머리표] 탭이 열리면 ❶ **[사용자 정의]**를 클릭합니다. [글머리표 사용자 정의 모양] 대화상자가 열리면 ❷ **[문자표]**를 클릭하세요.

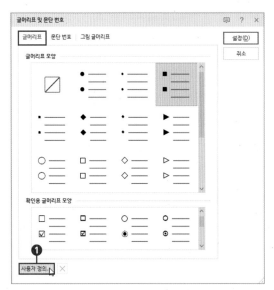

④ [문자표] 대화상자가 열리면 ❶ **[유니코드 문자표] 탭**에서 ❷ '문자 영역'의 **[특수 문자]**를 선택하고 ❸ **[⊕] 모양**을 선택한 후 ❹ **[넣기]**를 클릭하세요.

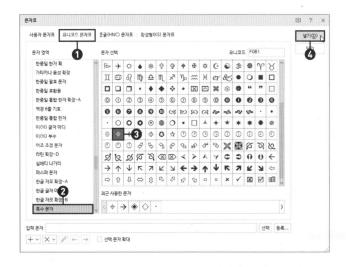

⑤ [글머리표 사용자 정의 모양] 대화상자로 되돌아오면 ❶ '미리 보기'에서 선택한 글머리표 문자가 나타난 것을 확인하고 ❷ [설정]을 클릭합니다. [글머리표 및 문단 번호] 대화상자의 [글머리표] 탭으로 되돌아오면 ❸ '글머리표 모양'에 [⊕] 모양이 선택되었는지 확인하고 ❹ [설정]을 클릭하세요.

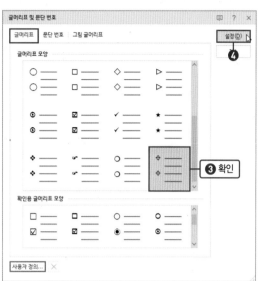

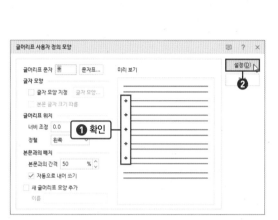

⑥ ❶ 선택한 범위에서 글머리표가 변경되었는지 확인합니다. ❷ 내용이 없는 행을 클릭해 커서를 올려놓고 ❸ [서식] 탭-[글머리표]를 클릭한 후 '글머리표'의 [(없음)]을 클릭해 글머리표를 없애세요.

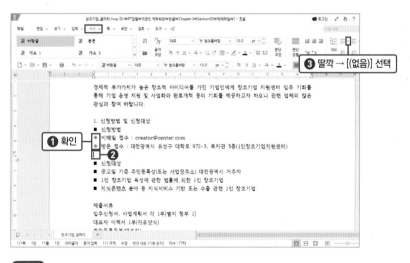

Tip

Backspace를 눌러도 글머리표를 없앨 수 있습니다.
• 글머리표 적용/해제: Ctrl + Shift + Delete

⑦ ❶ '공고일~'부터 '~수출 관련 1인 창조기업' 부분도 블록으로 지정하고 ❷ [서식] 탭-[글머리표]를 클릭한 후 ❸ [◈] 모양을 클릭해 글머리표를 지정하세요.

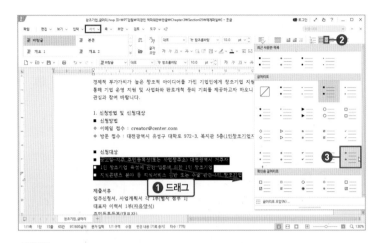

Tip

글머리표의 '최근 사용한 목록'에서 최근에 사용한 글머리표를 쉽게 선택할 수 있어요.

⑧ 선택한 글머리표 모양으로 변경되었는지 확인합니다.

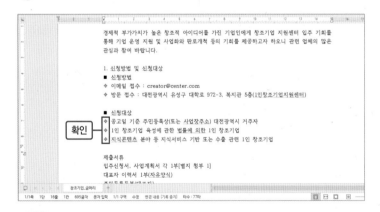

Tip

글머리표가 자동으로 매겨지지 않게 하려면 Enter를 한 번 더 누르거나 [서식] 탭-[글머리표]를 클릭해 설정을 해제하세요.

◉ 실습예제 : 창조기업_순서.hwp
◉ 완성예제 : 창조기업_순서_완성.hwp

활용도 ▩▩▩▩ ▩▩▩▩ ▩▩▩

기본 02 문단 번호와 문단 수준 지정하기

① ❶ '제출서류'부터 '~사본 1부' 부분을 블록으로 지정하고 ❷ [서식] 탭-[문단 번호]를 클릭한 후 ❸ '문단 번호'의 ▤를 클릭하세요.

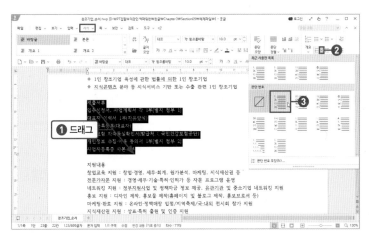

❶ 드래그

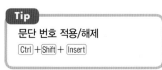

영상강의

Tip

문단 번호 적용/해제
Ctrl + Shift + Insert

② ❶ '2.~'부터 '7.~' 부분을 블록으로 지정하고 ❷ [서식] 탭-[한 수준 감소]를 클릭해 단계를 한 수준 내리세요.

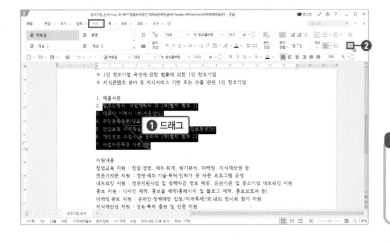

❶ 드래그

Tip

• 한 수준 감소(낮추기):
  Ctrl + NumLock +
• 한 수준 증가(높이기):
  Ctrl + NumLock -

③ 목록에 문단 번호를 삽입하고 수준을 변경했습니다.

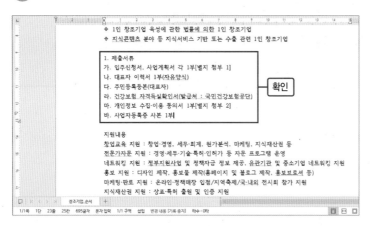

시작 번호 변경하기

앞 문단에 이어서 순서를 지정하려면 해당 영역을 함께 블록으로 설정한 후 문단 번호를 지정하거나 시작 번호를 변경해야 합니다.

① 번호를 변경할 단락에 커서를 올려놓고 마우스 오른쪽 단추를 클릭한 후 [글머리표 및 문단 번호]를 선택합니다.

② [글머리표 및 문단 번호] 대화상자가 열리면 [문단 번호] 탭의 '시작 번호 방식'에서 [새 번호 목록 시작]을 선택하고 '1수준 시작 번호'에 [2]를 지정한 후 [설정]을 클릭하세요.

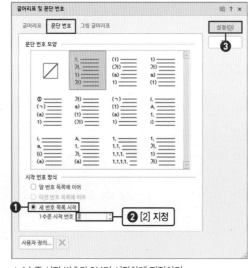

▲ 1수준 시작 번호가 2부터 시작하게 지정하기

활용도 ▰▰▰ ▰▰▰ ▰▰▰

문서에 개요 번호 지정하기

① 목록에 개요로 번호를 지정해 볼게요. ❶ 2쪽으로 이동해서 ❷ **'우리나라의~'**부터 **'~밝히고 있다'**를 블록으로 지정하고 ❸ **[서식] 탭-[개요]**를 클릭한 후 ❹ '개요'의 🔽를 클릭하세요.

❶ 2쪽으로 이동
❷ 드래그

> **Tip**
> '개요'는 문서를 구조적으로 표현하는 번호 스타일로, 주요 제목에 개요를 사용하면 문서를 요약하는 데 도움이 됩니다.

② ❶ 앞의 '3. 독도의 역사'에 이어 **'4.'**부터 개요 번호가 지정되었어요. 하지만 이 부분은 '3. 독도의 역사' 아래 수준에 해당하는 내용이므로 한 수준 낮추기 위해 ❷ **[서식] 탭-[한 수준 감소]**(Ctrl + NumLock +)를 클릭하세요.

❶ 확인
❷

서식

개체 삽입

문서 정렬

스타일

75

③ ❶ '우리나라의 옛 기록'의 하위 내용에 해당하는 **'나.~'**부터 **'바.~'** 부분을 블록으로 지정하고
❷ **[서식] 탭-[한 수준 감소]**(Ctrl+NumLock +)를 한 번 더 클릭하세요.

④ ❶ 번호가 **'1)'**부터 **'5)'**로 변경되었는지 확인합니다. 개요 스타일을 직접 클릭해서 개요 번호를 지정하기 위해 ❷ **'일본의 옛 기록'**에 커서를 올려놓고 ❸ **[서식] 탭-[개요 2]**를 클릭해 개요 번호를 지정하세요.

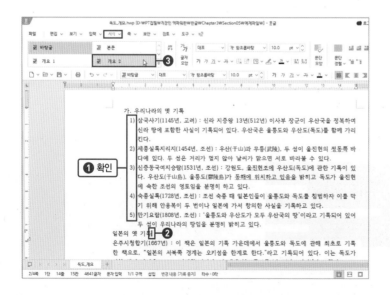

⑤ '일본의 옛 기록'에 '개요 2' 스타일에 해당하는 **'나'**가 적용되었으면 ❶ **'은주시청합기~'**부터 **'~결정을 내렸다.'**를 블록으로 지정하고 ❷ **[서식] 탭-[자세히] 단추(⌄)**를 클릭한 후 ❸ **[개요 3]**을 선택하세요.

⑥ ❶ **'1)'**부터 **'3)'**까지 '개요 3' 수준의 번호가 적용되었습니다. 개요 번호의 스타일을 다른 모양으로 변경하기 위해 ❷ **'가. 우리나라의 옛 기록'**에 커서를 올려놓고 ❸ **[서식] 탭-[개요]**를 클릭한 후 ❹ '개요'의 ▦를 클릭하세요.

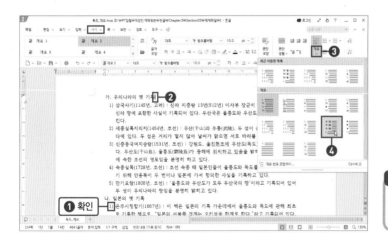

> **Tip**
> • 개요 번호 모양: Ctrl + K, O
> • 개요 적용/해제: Ctrl + Insert

7 개요 번호가 '가'에서 **'제1절'**로 변경되었습니다. 클릭한 문단뿐만 아니라 문서 전체에 적용된 개요 번호가 같은 스타일로 변경된 것을 확인할 수 있어요.

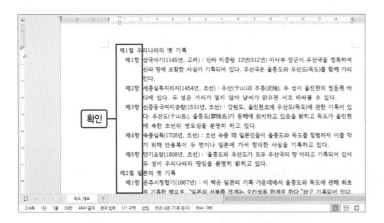

8 ❶ **[보기] 탭-[작업 창]**을 클릭하고 ❷ **[개요 보기]**를 선택합니다. 화면의 오른쪽에 문서에 사용한 모든 개요가 일목요연하게 표시된 [개요 보기] 작업 창이 열리면 ❸ 개요 문단을 클릭해 문서 편집 창의 해당 위치로 빠르게 이동할 수 있어요.

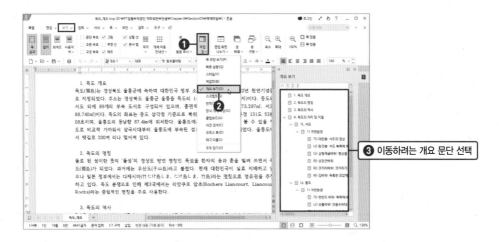

● 실습예제 : 독도_사용자정의개요.hwp
● 완성예제 : 독도_사용자정의개요_완성.hwp

04 개요 번호 모양 사용자 정의해 만들기

실무

서식

① 문서에 설정된 개요 번호의 모양을 확인합니다. 개요 스타일을 변경하기 위해 ❶ 3쪽으로 이동해서 ❷ **'가. 서도'**에 커서를 올려놓고 ❸ **[서식] 탭-[개요]**를 클릭한 후 ❹ **[개요 번호 모양]**을 선택하세요.

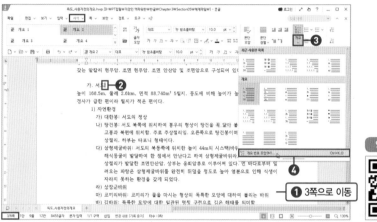

영 상 강 의

개체 삽입

> **Tip**
>
> 어떤 위치의 개요 번호를 클릭해도 상관없지만, 여기서는 개요 단계가 가장 많은 위치를 클릭해서 커서를 올려놓고 실습해 볼게요. '개요 번호 모양' 단축키(Ctrl+K, O)를 눌러도 됩니다.

문서 정렬

② [개요 번호 모양] 대화상자가 열리면 **[사용자 정의]**를 클릭하세요.

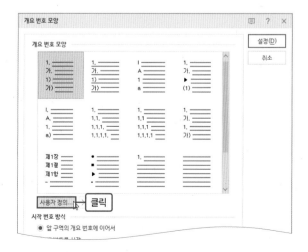

스타일

③ [개요 번호 사용자 정의 모양] 대화상자가 열리면 ❶ '수준'에서는 [2 수준]을, ❷ '번호 모양'에서는 [A, B, C]를 선택해 2수준의 번호 모양을 변경합니다. 이와 같은 방법으로 ❸ '수준'에서 [4 수준]을 선택하고 ❹ '번호 서식'에 자음 ㅁ을 입력한 후 한자를 누르세요.

④ [특수 문자로 바꾸기] 대화상자가 열리면 ❶ '특수 문자 목록'에서 [▷] 모양을 선택하고 ❷ [바꾸기]를 클릭하세요.

⑤ [개요 번호 사용자 정의 모양] 대화상자로 되돌아오면 ❶ '미리 보기'에서 '2 수준'과 '4 수준'의 모양을 확인합니다. ❷ [새 번호 모양 추가]에 체크 표시하고 ❸ '이름'에 1. A. 1) ▷을 입력한 후 ❹ [설정]을 클릭하세요.

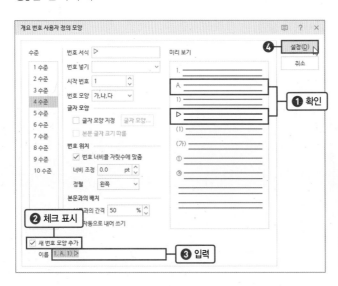

Tip

개요 번호는 최대 10수준까지 취향에 맞게 다시 구성할 수 있고 '미리 보기'에서 설정된 내용을 확인할 수 있어요. '새 번호 모양 추가'에 체크 표시하고 이름을 지정하면 '개요 번호 모양' 목록에 등록됩니다.

6 **①** [개요 번호 모양] 대화상자에서 '개요 번호 모양' 목록에 사용자가 정의한 모양을 선택하고 **②[설정]**을 클릭하세요.

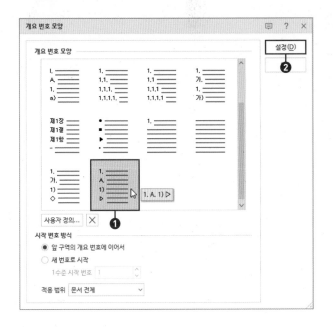

7 문서 전체의 개요 번호가 새롭게 정의한 모양으로 변경되었는지 확인하세요.

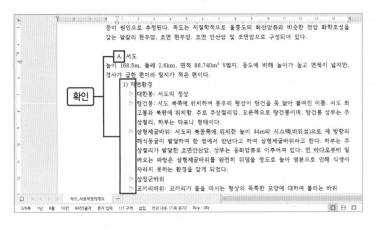

06

기능적인 문서 작성하기

스타일 기능을 이용해 서식을 변경하거나 선택 항목을 일관성 있게 문서에 적용해 작업할 수 있게 해서 업무 시간을 줄이고 효율성을 높일 수 있습니다. 또한 다양한 형식의 메일 머지와 라벨, 그리고 양식 문서를 지원해 손쉽게 기능적인 문서를 작성할 수도 있습니다.

◉ 실습예제 : 시니어교육사업_스타일.hwp
◉ 완성예제 : 시니어교육사업_스타일_완성.hwp

스타일 만들고 적용하기

✔ **실무 활용 사례**
• 작성한 제목 서식을 저장해 문서의 다른 제목에도 빠르게 적용해야 할 때

✔ **업무 시간 단축**
• Alt, J, Y로 스타일 추가
• 스타일 창에 추가된 순서에 따라 Ctrl+번호로 스타일 적용 예 제목 2는 Ctrl+2

---

① 제목에 적용된 여러 서식을 다른 단락에도 적용하려면 '스타일'로 저장해서 사용해야 합니다. ❶ '1. 배경 및 필요성'에 커서를 올려놓고 ❷ [서식] 탭-[스타일 추가하기]를 클릭하세요.

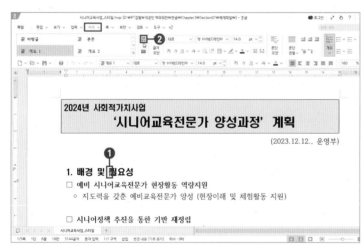

영 상 강 의

② [스타일 추가하기] 대화상자가 열리면 ❶ '스타일 이름'에 **제목1**을 입력하고 ❷ [추가]를 클릭합니다.

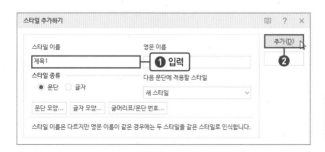

Tip
'스타일 종류'에서 '문단' 스타일로 지정되어 있지만, 글꼴 서식도 이미 적용된 상태입니다.

③ 추가한 '제목1' 스타일을 원하는 모든 단락에 적용해 볼게요. ❶ **'1. 배경 및 필요성'**을 블록으로 지정하고 ❷ **[서식] 탭-[제목1]** 스타일을 클릭해 '제목1' 스타일을 적용합니다.

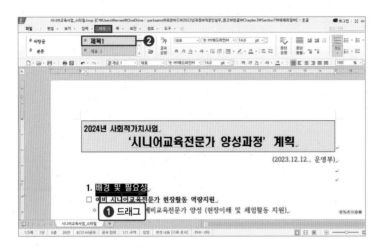

④ 이와 같은 방법으로 문서에 있는 ❶ 3쪽의 ❷ '세부내용' 제목까지 블록으로 지정하여 ❸ 모두 '제목1' 스타일을 적용하세요.

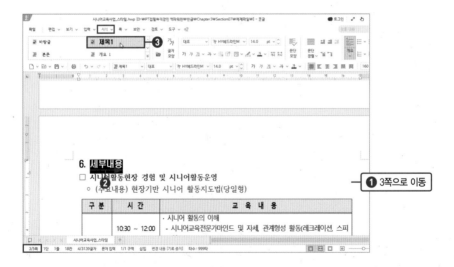

⑤ 이번에는 두 번째 스타일을 추가해 볼게요. ❶ 1쪽의 ❷ '예비 시니어교육전문가 현장활동 역량지원'에 커서를 올려놓고 ❸ **[서식] 탭-[스타일 추가하기]**를 클릭합니다.

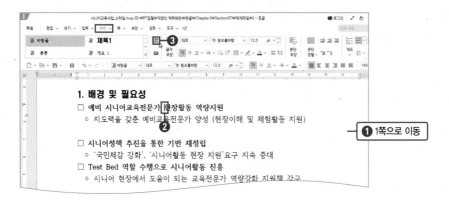

⑥ [스타일 추가하기] 대화상자가 열리면 ❶ '스타일 이름'에 **제목2**를 입력하고 ❷ **[추가]**를 클릭하세요.

⑦ ❶ 이제 서식이 같은 모든 단락에 ❷ '제목2' 스타일을 적용합니다.

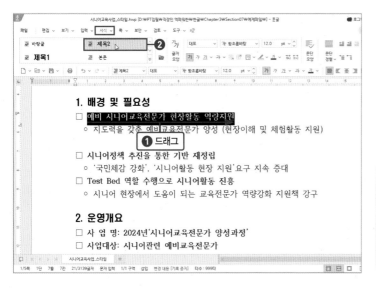

Tip
서식이 같은 단락을 모두 블록으로 지정한 후 스타일을 적용하세요. 글꼴 서식에는 별다른 변화가 없지만, 스타일을 모두 '제목2'로 변경하는 것이 중요합니다.

◉ 실습예제 : 커피_스타일복사.hwp, 시니어교육사업_스타일원본.hwp
◉ 완성예제 : 커피_스타일복사_완성.hwp

활용도 ▰▰▰ ▰▰▰ ▱▱▱

실무 02
다른 문서에 스타일 사용하기

✔ 실무 활용 사례

• 직장에서 사용하는 공통 형식의 문서 스타일을 내 보고서에 적용해야 할 때

✔ 업무 시간 단축

• F6 으로 스타일 실행, 스타일 가져오기
• [스타일 가져오기] 대화상자에서 [파일 선택] 단추 (🗀) 클릭
• 내 문서에 원하는 스타일 복사

① 스타일이 적용된 문서에서 원하는 스타일을 복사해 현재 문서에 적용해 볼게요. ❶ **[서식] 탭-[자세히] 단추(⌄)**를 클릭한 후 ❷ **[스타일]**을 클릭합니다.

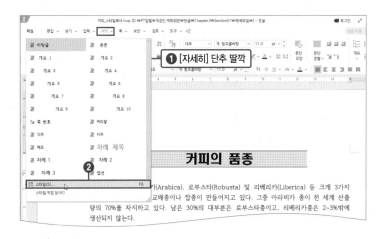

② [스타일] 대화상자가 열리면 **[스타일 가져오기] 단추(🗀)**를 클릭합니다.

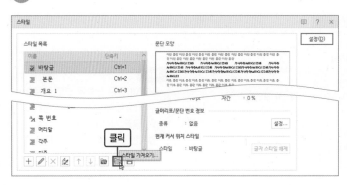

Tip

스타일 마당에는 논문 스타일, 단행본 스타일, 보고서 스타일, 신문 스타일, 편지글 스타일, 프레젠테이션 스타일 등이 있으며, 견본 문서와 함께 서로 다른 스타일을 쉽게 선택해서 적용할 수 있습니다.

③ [스타일 가져오기] 대화상자가 열리면 ❶ [파일 선택] 단추(📁)를 클릭해 '**시니어교육사업_스타일 원본.hwp**'를 선택하고 [열기]를 클릭합니다. ❷ '원본'에서 Shift를 이용해 [제목1]과 [제목2]를 함께 선택하고 ❸ [복사] 단추(▶)를 클릭하세요. 선택한 2개의 스타일을 현재 파일에 복사할 것인지 묻는 메시지 창이 열리면 ❹[복사]를 클릭합니다.

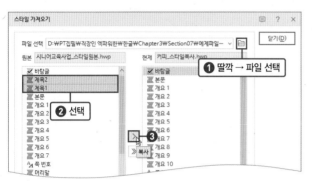

④ ❶ '제목1'과 '제목2'에 복사한 서식이 현재 문서인 '커피_스타일복사.hwp'에 스타일이 복사되었으면 ❷ [닫기]를 클릭합니다.

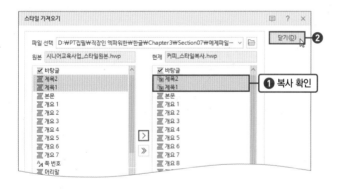

⑤ [스타일] 대화상자로 되돌아오면 ❶ '**제목1**'과 '**제목2**' 스타일이 추가되었는지 확인하고 ❷ [닫기] 단추(✕)를 클릭해 창을 닫으세요.

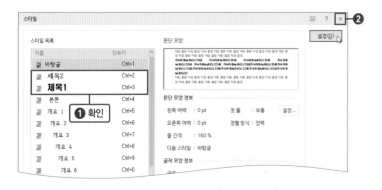

6 ❶ '**1. 아라비카종 Arabica**'에 커서를 올려놓고 ❷ **[서식] 탭-[제목 1]**을 클릭해 스타일을 적용하세요.

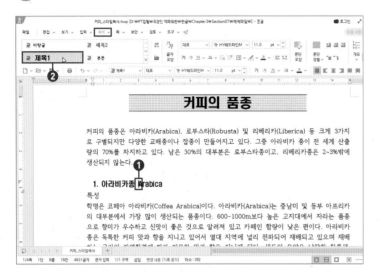

7 ❶~❷ 이와 같은 방법으로 '**특성**'에 '제목2' 스타일을 적용하고 나머지 문서에 있는 제목 단락에 스타일을 모두 적용하세요.

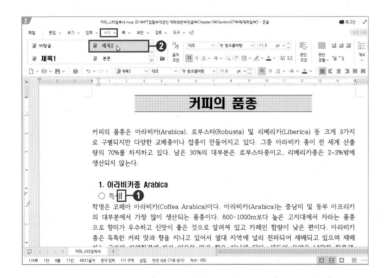

활용도 ▰▰▰▰ ▰▰▰▰ ▰▰▰▰

스타일 이용해 차례 만들기

① 차례는 기본적으로 개요나 스타일을 이용해 작성할 수 있는데, 이번에는 차례에 추가로 포함시킬 단락에 차례를 표시하여 완성해 볼게요. ❶ 5쪽으로 이동해서 ❷ '붙임'에 커서를 올려놓고 ❸ [도구]탭-[제목 차례]를 클릭한 후 ❹ [제목 차례 표시]를 선택하세요.

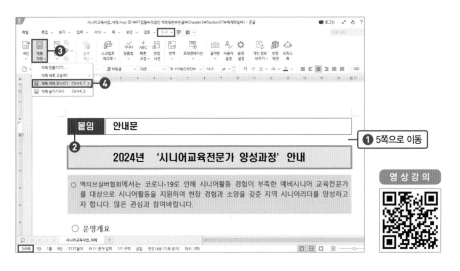

② 이와 같은 방법으로 '붙임' 아래에 있는 제목 '(주요내용) 현장기반 시니어 활동지도법(당일형)'에 제목 차례를 표시합니다.

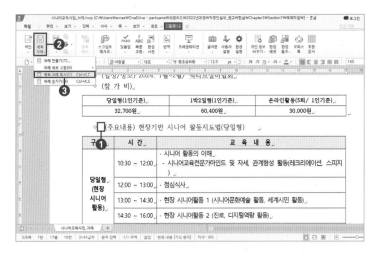

③ 아래쪽에 있는 제목 '(주요내용) 현장기반 시니어 활동지도법(1박 2일형)'과 ❶~❸ '(주요내용) 현장기반 시니어 활동지도법(온라인형)'에도 제목 차례를 표시합니다.

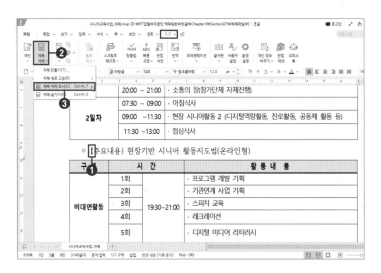

④ ❶ 1쪽으로 이동해서 ❷ 첫 줄에 커서를 올려놓고 ❸ [도구] 탭-[제목 차례]를 클릭한 후 ❹ [차례 만들기]를 선택합니다.

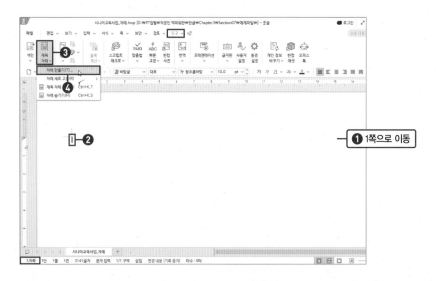

⑤ [차례 만들기] 대화상자가 열리면 ❶ '만들 차례'의 **[스타일로 모으기]**와 **[제목 1], [제목 2], [차례 코드로 모으기]**에 체크 표시합니다. ❷ **[표 차례], [그림 차례], [수식 차례]**의 체크 표시는 해제하고 나머지 항목은 그대로 둔 상태에서 ❸ **[만들기]**를 클릭하세요.

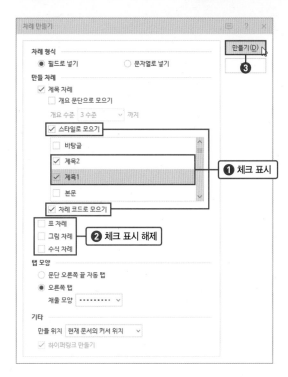

⑥ **〈제목 차례〉**가 삽입되면서 '붙임' 쪽에 표시했던 제목이 추가되었는지 확인하세요.

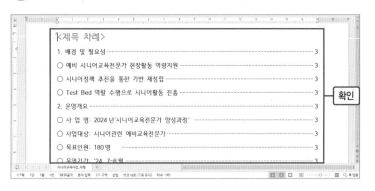

◉ **실습예제** : 초대_메일머지.hwp, 회원.xlsx
◉ **완성예제** : 초대_메일머지_완성.hwp

활용도 ▮▮▮▮ ▮▮▮▮ ▮▮▮▮

 엑셀 자료 활용해 메일 머지 작성하기

✔ 실무 활용 사례

• 초대장에 이름이나 일부 데이터를 바꿔 대량의 문서를 인쇄해야 할 때

✔ 업무 시간 단축

• 초대장 문서에 데이터를 적용할 위치에서 Ctrl+K, M으로 필드 삽입
• Alt+M으로 [메일 머지 만들기] 실행

① ❶ 문서에 연결하여 데이터로 사용할 **'회원.xlsx'**를 열고 ❷ 필드 이름인 **'회원ID'**와 **'이름'**을 확인합니다.

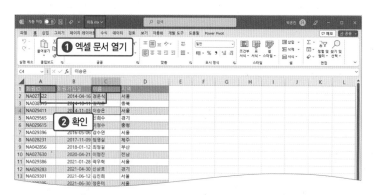

영상 강의

② ❶ **'초대_메일머지.hwp'**를 열고 ❷ '회원님' 앞에 커서를 올려놓은 후 ❸~❺ **[도구] 탭-[메일 머지]-[메일 머지 표시 달기]**를 선택하세요.

③ [메일 머지 표시 달기] 대화상자가 열리면 ❶ **[필드 만들기] 탭**을 선택하고 ❷ 추가할 필드 번호나 항목 이름으로 **이름**을 입력한 후 ❸ **[넣기]**를 클릭하세요.

Tip
필드 이름은 '회원.xlsx'에 있는 '이름'으로 입력합니다.

④ **'{{이름}}'**이 입력되었으면 ❶ '회원번호:' 뒤에 커서를 올려놓고 ❷~❹ **[도구] 탭-[메일 머지]-[메일 머지 표시 달기]**를 선택하세요.

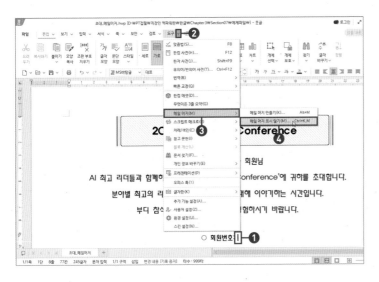

⑤ [메일 머지 표시 달기] 대화상자가 열리면 ❶ **[필드 만들기] 탭**을 선택하고 ❷ 추가할 필드 번호나 항목 이름으로 **회원ID**를 입력한 후 ❸ **[넣기]**를 클릭하세요.

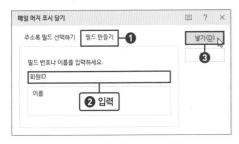

⑥ ❶ '회원번호:' 뒤에 **'{{(회원ID)}}'** 필드명이 추가되었으면 ❷~❹ **[도구] 탭-[메일 머지]-[메일 머지 만들기]**를 선택하세요.

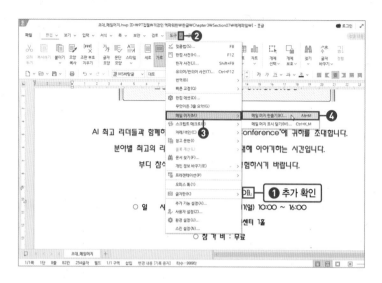

⑦ [메일 머지 만들기] 대화상자가 열리면 ❶ '자료 종류'에서 **[흔셀/엑셀 파일]**을 선택하고 부록 실습파일에서 '회원.xlsx'를 선택합니다. ❷ '출력 방향'에서 **[화면]**을 선택하고 ❸ **[만들기]**를 클릭하세요.

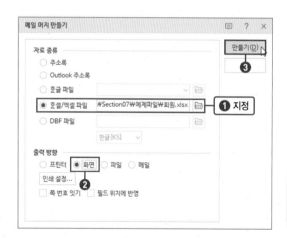

Tip

[파일 선택] 단추(📁)를 클릭해 [한셀/엑셀 파일 불러오기] 대화상자를 열고 '회원.xlsx'를 선택하세요.

⑧ [시트 선택] 대화상자가 열리면 ❶ '시트 목록'에서 **[Sheet1]**을 선택하고 ❷ **[선택]**을 클릭합니다.

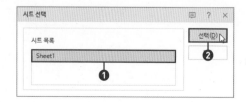

9 [주소록 레코드 선택] 대화상자가 열리면 **①** '주소록 레코드 목록'에서 레코드 목록을 확인하고 **②** **[선택]**을 클릭합니다. 여기서 원하는 레코드만 선택해도 됩니다.

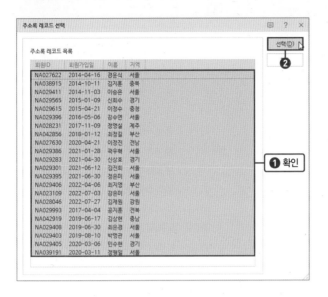

10 **①** 미리 보기 화면이 열리면 첫 번째 데이터가 적용되면서 문서가 완성되었는지 확인하고 **②** **[다음 쪽]**을 클릭해 데이터가 제대로 적용되었는지 다시 확인합니다. **[인쇄]**를 클릭하면 데이터 개수만큼 곧바로 출력할 수 있어요.

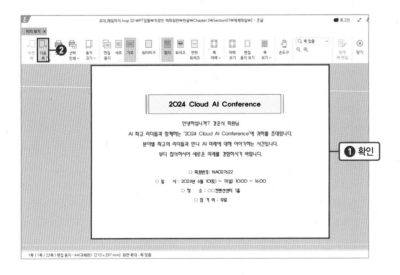

서식

개체 삽입

문서 정렬

스타일

찾아보기